고대 한국의 풍경

옛사람들의 삶의 무늬를 찾아서

고대 한국의 풍경

옛사람들의 삶의 무늬를 찾아서

전호태 지음

성균관대학교
출판부

갑작스레 한 학기 강의해달라는 부탁을 받았다. 시민을 위한 아카데미 비슷한 거다. 오래전부터 아는 이의 부탁인 데다 이야기를 주고받다 그런 강의가 필요하다는 데도 동의한 터라 하기로 했다. 준비할 시간이 두 달 남짓 있어 늘 하던 대로 강의안을 미리 쓰기로 했다. 강의 내용은 10여 년 전 미국 하버드대 한국학연구소 방문교수 시절 기획하고 세부적인 의논까지 마쳤다가 몇 가지 사정으로 진행하지 못했던 '고대 한국의 풍경' 10강을 그대로 하기로 마음먹었다.

큰 제목은 고대의 풍경이지만 선사시대까지 포함한 생활사가 내용 대부분이다. 근래 몇 차례 정리해본 적이 있는 암각화로 시작하여 고분벽화로 끝내기로 했다. 수년 전 정리를 마쳤던 고구려 생활문화사가 강의안을 정리하는 데에 큰 도움이 되었다. 여러 사정으로 강의는 무산되었던지만, 애초 구상했던 대로 글쓰기는 마쳤다.

'경관고고학Landscape Archaeology'이란 경관을 인간의 사회적 행위와 관련하여 의미화하고 이를 해석하는 고고학의 한 분야이자 연구 방법론이라고 한다. 필자는 이와 관련한 몇 편의 연구 논문을 읽어보면서 인간이 개입하여 바꾸어놓은 환경과 식생이 그 안에 사는 모든 생명체에게 영향을 주고, 다시 인간에게도 영향을 주는 상황 전반에 대해 살펴보려고 하는 것이 이 분야 연구의 목적이 아닌가 생각되었다. 그런 시각에서 경관 혹은 풍경을 보는 것이라면 역사학을 하는 입장에서도 이런 방식의 접근은 의미가 있다고 하겠다.

필자가 쓰고 있는 풍경이라는 말이 영어 표현으로는 같아도 경관고고학에서 사용하는 경관이라는 말과 같은 뉘앙스를 지니고 있다고 말할 수 있을지는 모르겠다. 환경과 식생의 변화가 포함된 한

시대, 한 사회의 풍경 전반에 대한 글은 아니기 때문이다. 타임머신을 타듯 의식상으로나마 그 시대로 돌아가 눈에 들어오는 몇 가지라도 기억에 담고 돌아오기를 소망해보았다고 할까? 벽화나 유물, 그 외 여러 가지 유적의 형태로 남은 옛 모습에서 한 사회를 조금이라도 입체적으로 다시 그려보려고 했다. 책 내용 중에 생활사의 여러 소주제가 나오는 것도 이 때문이다.

글을 쓰다 보니 이미 짜놓았던 작은 주제들에는 옷과 장신구, 놀이와 운동과 같이 그 시대 풍경의 핵심에 속하는 부분은 빠져 있다는 걸 알게 되었다. 미리 준비된 것이 아니라서 좀 시간을 두고 두 주제에 대한 글을 덧붙였다. 다 쓰고 나니 비로소 글의 여러 작은 주제들이 서로 어우러지며 고대 한국의 풍경이 더 선명해졌다는 느낌을 받았다.

글을 쓰면서 고대 한국의 풍경이 얼마나 개성적인지, 혹은 보편적인지 드러내기 위해 이웃 중국과 일본, 심지어 중근동의 유적, 유물 사진도 간간이 넣었다. 환경이 다르면 문화도 달라지지만, 환경과 상호 작용하는 사람들의 태도와 관념이 어떠냐에 따라 문화의 내용이 바뀌기도 한다. 같은 기후 환경을 겪으면서도 문화유산의 색채와 내용이 달라지는 것도 이 때문이다. 이런 점이 잘 드러났으면 좋겠다는 생각이 들어 한국 고대사회가 생산한 것을 제시하면서 동시에 다른 사회의 유적, 유물을 소개한 측면도 있다.

두 달 가까이 이 글을 쓰는 동안 곁에서 지켜준 아들 혜준에게 감사한다. 장시간 컴퓨터 앞에 앉아 있는 아버지 허리가 또 아플까 염려하며 찜질팩을 데워 건네던 아들의 마음 씀은 두고두고 기억할 일이다. 딸 혜전은 거의 매일 아침 전화로 아버지가 적절한 운동과 제대로 된 식단을 유지하는지 물으며 때론 잔소리에 가까운 주의로 아버지의 건강을 관리해주었다. 고마운 일이다. 하늘나라에 있어도 언제나 변함없이 남편을 격려하는 아내의 기도를 가슴으로 듣고 감사한 마음을 전했다. 좋은 글이면 내어야 한다며 출간을 결정하고 글이 반, 도판이 반인 이 책의 편집에 노고를 아끼지 않은 출판사 편집팀에도 감사한다.

2021년 여름
일산 호수공원 옆 서재에서
전호태

차
례

제 1 장

그가 목 놓아 부르던 고래
손짓하여 오라고 하던 사슴

| 암각화와 주술 |

황성동과 동삼동 사람들은
어떻게 고래를 잡았을까?
바닷가에 밀려 나온 죽은 고래를 발견하고
돌칼과 돌도끼로 잘라 먹은 걸까?

반구대암각화

작은 개울 지나 공룡 발자국 화석을 찾아내고는 '얼마만 한 공룡이 었을까? 어디에 알을 낳았을까? 정말 공룡시대는 화산 폭발이며, 운석 충돌 같은 큰 사건을 겪다가 끝났을까? 아니면, 쥐나 도마뱀 같은 알 도둑들이 번성하고 설치면서 시름시름 앓다 죽듯이, 거대한 공룡들의 새끼가 줄고 줄다가 마침내는 사라진 걸까?' 이런저런 생각 중에 갈대밭 지나고 자갈길 걷는데, 아하 이게 무언가 기암절벽 아닌가? 문득 눈을 드니 냇물 건너 편평한 바위에 깨알 같은 그림이 가득하다.

암각화나 암채화는 누군가 그곳에 왔다 갔음을 알리는 기록일 뿐인가? 어떤 날이며 사건을 기억하기 위한 메모에 불과한가? 아니다. 그건 아니다. 2014년 한국암각화학회 회원들과 함께 중국 운남

그림1. 반구대암각화 원경(울산), 그림2. 반구대암각화 근경: 주암면(울산)   13

창원의 와족 암각화를 조사하러 갔을 때, 암각화 앞에서 빌고, 담배에 불을 붙여 바위 틈서리에 꽂아두는 한 남자를 만났다. 그는 "우리는 생각나면 여기 와서 빌어요. 담배 놓는 게 다지만, 어떤 땐 간단하게 제사 비슷한 걸 지내기도 해요"라고 말했다.

암각화는 바위신앙의 한 유형이다.[1] 바위의 신성과 능력을 믿는 인간이 바위에 남긴 저들의 신앙 고백이다. 바위와 나눈 대화가 그림으로 바위에 남아 있는 것이다. 사람은 떠나고, 세월도 흘러 바위도, 그림도 잊혔을 뿐이다. 당연히 먼 훗날 이곳을 찾아 바위그림을 본 이들에겐 낯설고, 어떤 면에서는 기이한 옛사람의 흔적에 불과하다. 암각화를 남긴 사람들과는 생각도, 말도 통하지 않게 되었으니, 이제 어쩔 것인가? 귀하게 여기면서도 고개를 갸웃거리거나 아무것도 아닌 것으로 보아 외면하거나 할 뿐이다.

반구대암각화에는 사람이 여럿 나온다. 다 한 역할씩 하지만, 특별히 눈에 띄는 건 두 사람이다. 세 마리의 바다거북과 함께 나오는 두 팔을 올려 두 손이 볼 옆에 닿은 듯이 보이는 사람, 한 무리의 고래 아래 따로 새겨진 손과 다리를 벌린 사람. 위의 사람은 크게 소리쳐 무엇인가 부르는 듯이 보이고, 아래의 사람은 두 팔 두 다리를 벌려 무엇인가 기원하는 듯이 보인다. 물론 둘 다 이런 식으로 보일 뿐이다. 실제 두 사람이 각각 무얼 하는지 아는 건 암각화로 새겨지던 그들과 같은 시대를 살던 사람, 실제 바위를 쪼아내며 사람의 형

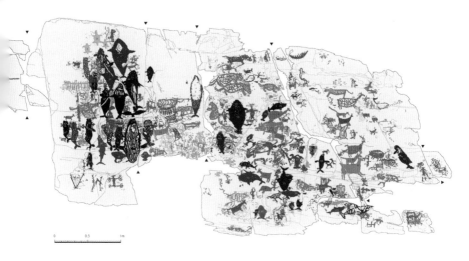

상을 남긴 사람과 그 자리에 함께 있던 사람들뿐이다.

반구대암각화에는 모두 57마리의 고래가 새겨졌다.[2] 크기도 자세도 종류도 여럿이다. 어떤 이는 7종의 고래가 보인다고 하고, 다른 이는 그보다 종류가 많다고 한다. 오늘날에도 울산 앞바다를 지나는 고래는 돌고래를 포함하여 7종을 넘나든다. 그러나 그 옛날 짧게는 3천년, 길게는 6~8천년 전, 울산만 안팎을 지났던 고래가 몇 종인지는 아무도 모른다. 생태 환경이 달라지면 식생도 달라진다. 그간 몇 차례 있었던 환경 변화가 육지와 바다의 생명에게 어떤 영

그림3. 반구대암각화 주암면 실측도(울산)   15

향을 끼쳤는지는 제대로 밝혀지지 않았기 때문이다.

새겨진 방식이나 겹쳐진 정도로 보면, 반구대 바위에 고래를 새긴 이들은 여러 차례 반구대를 찾았다. 최소 두 차례, 실제는 3~4차례나 그보다 더 자주 이곳을 찾아 바위에 고래를 새겼음이 확실하다. 처음부터 이렇게 장대하고 인상적인 고래 무리의 모습이 화면을 가득 채웠던 것은 아니다. 이전의 새김에 강한 인상을 받은 이들의 손이 고래 무리를 자꾸 키워 반구대 바위의 한 면을 고래 그림 바위로 바꾼 게 틀림없다.

작살을 맞아 몸을 뒤트는 고래는 등에 새끼를 업은 고래와 한 무리였을까? 배를 보이며 깊이 잠수해 내려가는 고래는 심해에서 올라왔다 다시 제게 익숙한 어둡고 깊은 곳으로 돌아가는 중일까? 머리 위의 분기공[숨 쉬는 구멍]으로 물안개를 뿜어내며 나란히 헤엄치는 고래 세 마리는 모처럼 찾아왔던 울산만을 떠나 북쪽 베링해 먼바다를 향해 올라가는 중일까? 고래 사이에 보이는 고래만큼 큰 상어 한 마리는 지금은 사라진 거대한 종이었을까?

한반도 동남해안 선사 유적에서는 고래 뼈가 곧잘 발견된다. 울산 해안의 신석기시대 황성동유적에서는 작살이 꽂힌 고래 뼈도 발견되었다. 부산 동래 동삼동의 신석기시대 패총에서는 여러 종류의 고래 뼈가 수습되었는데, 이 가운데에는 고래의 나이를 알 수 있는 귀 뼈도 여럿 나와 조사자들의 관심을 모았다. 동삼동 패총을 남

긴 사람들은 여러 종류의 물고기뿐 아니라 고래 고기도 먹고, 상어 고기도 먹었음이 남은 뼈로 확인된 것이다.

황성동과 동삼동 사람들은 어떻게 고래를 잡았을까? 바닷가에 밀려 나온 죽은 고래를 발견하고 돌칼과 돌도끼로 잘라 먹은 걸까? 몸에 작살이 꽂힌 바위그림은 사람들이 바다에 나가 고래를 사냥했을 거라는 추정을 하게 한다. 반구대 바위그림에는 몸에 작살이 꽂힌 커다란 고래 한 마리가 고통을 호소하는 듯한 장면이 남아 있다.

고래는 여러 가지 이유로 해안에 좌초한다. 고래가 지닌 방향 탐지 기능이 오류를 일으켜 물이 깊지 않은 해안 모래톱에 몸이 닿아 꼼짝 못 하기도 하고, 범고래같이 고래를 잡아먹는 맹수에게 쫓기다가 해안 가까이 왔는데, 썰물을 만나 모래톱이나 얕은 자갈밭에 몸이 올라와 꼼짝달싹 못 하기도 한다. 이렇게 해안에 좌초한 고래는 제 몸무게에 눌려 숨을 못 쉬다가 죽는다. 굳이 이런 고래에게 뼈에 닿을 정도로 작살을 깊이 찔러 넣을 필요는 없다. 하긴 배 타고 넓은 바다로 나갔다가 만난 고래에 작살을 던져도 작살 끝이 고래 뼈에 닿기는 힘들다. 척추에 작살이 꽂힌 고래 뼈는 '어떻게 그런 일이 일어났을까? 다 큰 어미 고래의 깊고 단단한 지방층 아래 척추뼈에까지 어떻게 작살이 파고들었을까?' 물음을 던지게 한다.

사람들은 왜 거대한 고래를 사냥하기로 마음먹었을까? 아마도 시작은 바닷가에 좌초한 고래를 먹으면서였을 것이다. 커다란 짐승을 가리키면서 하는 말처럼 '집채만 한' 운운하지만, 고래는 사람이 사는 집이 아니라 마을만 하다. 종류에 따라 고래는 자그만 마을보다 크다. 그런 고래가 반은 지방이요, 반은 살이라는 것을 알았을 때, 사람들은 너무 놀라 '이건 신이 보낸 거야'라고 했을지도 모를 일이다.

바다로 나가 고래를 사냥하는 일은 바닷가에 좌초하여 죽었거나 죽어가는 고래를 잡고 해체하여 마을의 먹거리로 삼는 일과 아예 다르다. 바다를 알아야 하고, 고래도 알아야 한다. 뭍에서 덫을 놓거나 절벽으로 내몰아 커다란 짐승을 잡는 것과는 질적으로 다른 일이다. 우선 너무 위험하다. 바닷가에서 조개를 줍고 그물과 낚시로 물고기를 잡을 때와는 다르다. 고래사냥에서 맞닥뜨리게 되는 위험은 곰이나 멧돼지를 잡으려고 마음먹을 때와도 차원이 다르다. 그런데도 사람들은 고래가 언제 먼바다에 모습을 보이는지를 알았고 무리를 이루어 배 타고 나가 고래를 잡았다. 너무나 거대한 먹거리였기 때문일 것이다. 고래 한 마리의 사냥이 지니는 가치가 너무 커서 해마다 때가 되면 울산이나 부산 앞바다에 모습을 드러내는 '고래'를 사냥하고 싶은 유혹을 물리칠 수 없었기 때문이리라. 인류의 역사에서 선사시대 고래사냥은 특별한 사건이다.

언제부턴가 고래마을 사람들에게 고래사냥이 일상의 일부가 되었음은 반구대암각화의 고래 해체 그림을 통해서도 알 수 있다. 고래사냥에 익숙해지면서 사람들은 거대한 고래를 어떻게 해체하는지도 돌에 새겨 남겼기 때문이다. 해마다 찾아오는 새나 짐승처럼 고래도 해마다 마을 사람들의 사냥터를 찾는 사냥감 가운데 하나가 되었다고 하겠다.

반구대암각화에는 여러 척의 배가 새겨졌다. 북유럽 암각화에 보이는 배와 외관이 비슷하다. 어떤 이는 창녕 비봉리 신석기유적

그림6. 반구대암각화: 사람과 바다거북(울산)

그림7. 반구대암각화: 수족과장형 사람(울산)

그림8. 반구대암각화 3D 화면: 사람과와 바다거북(울산)

그림9. 반구대암각화 3D 화면: 수족과장형 사람(울산)

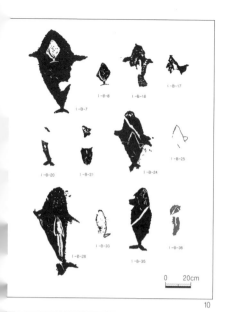

10

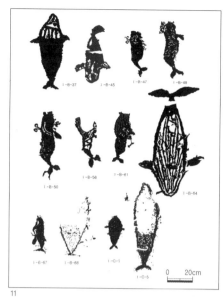

11

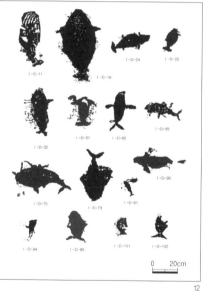

12

13

그림10~13. 반구대암각화 실측도: 고래(울산)

에서 출토된 배가 고래사냥에 쓰였던 배와 같은 종류일 수도 있다고 본다. 신석기시대의 배는 울진 죽변리유적에서도 조각의 형태로 발견되었다. 이 배도 바다에 나가 고래를 잡는 데 쓰였을까? 지금도 인도네시아 외진 섬의 고래잡이배는 바닥이 얕고 선체가 길어 여러 사람이 타고 빠른 속도로 고래를 뒤쫓을 수 있다.[3] 보통 고래잡이는 여러 척의 배에 나누어 탄 마을 사람들이 여러 번 작살을 던져 고래의 몸에 상처를 내고, 작살에 맞은 고래가 피를 흘리며 달아나다가 죽을 때까지 뒤를 쫓는 방식으로 이루어진다. 물론 고래가 바다 깊이 잠수하거나 숨이 멎은 뒤 가라앉지 않도록 작살 줄 끝에는 부구浮具를 달았다.

반구대암각화를 꼼꼼하게 살펴본 이들은 고래와 비교하면 너무 작은 고래잡이배 끝에서 흘러나온 줄이 고래의 몸과 닿아 있다며 이것이 '고래사냥의 생생한 증거'라며 기뻐한다. 어찌 보면 선이 이어져 있고, 어찌 보면 암각으로 새긴 선이 아닌 것 같은 게 이렇게 얇게 배와 고래 사이를 잇고 있다. 어쨌건 울산만 앞에 모습을 드러낸 고래 무리 가운데에는 비교적 가볍게 무장했지만, 몸은 날랜 한 무리의 바닷가 사람들에게 제 몸을 말 그대로 대단한 먹거리로 주고 마는 어미 고래나 새끼 고래도 있었던 것 같다. 등에 새끼를 업은 어미 고래는 울산 앞바다를 지나며 이런 고래잡이배를 만나지 않기를 간절히 기도했을지도 모른다.

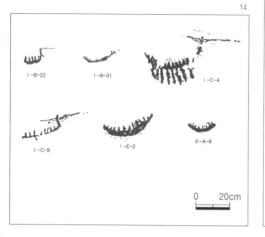

그림14. 반구대암각화 실측도: 배(울산), 그림15. 반구대암각화 실측도: 고래와 함정, 짐승(울산)
그림16. 배 복원 모형(신석기시대, 창녕 비봉리 유적 출토 국립중앙박물관)

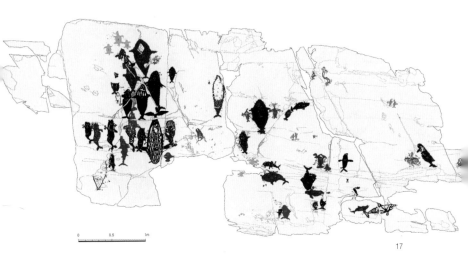

17

　고래 무리의 위, 등에 새끼를 업은 고래의 머리에 거의 닿을 듯
이 새겨진 사람은 무얼 하고 있었던 걸까? 두 손이 머리 쪽에 있는
건 먼 바다에 눈길을 두고 고래가 오는지 보는 거라는 이도 있고, 두
손을 입 근처에 대고 큰 소리로 고래를 부른다는 이도 있다. 신에게
의례를 올리는 중이라고 해석하기도 한다. 답은 뭘까? 그림으로 보
아 손에 무얼 들고 있는 것 같지는 않으니, 보거나 부르거나 둘 중
하나일 가능성이 크다. 고래를 보내 달라고 간절한 마음을 담아 신
에게 소리 지르는 건 아닐까? 그리고 나서 눈길을 수평선 너머에 주
고 혹 고래가 숨구멍으로 뿜어내는 물안개가 보이는지 온 신경을
곤두세우며 입 근처에 있던 두 손이 어느 샌가 눈 근처로 간 건 아

닐까? 그럼, 이 사람은 누군가? 고래잡이 마을의 족장인가? 마을에서 눈이 가장 밝다는 총각인가? 아니면 고래를 보내는 신과 대화할 수 있다는 이 마을의 권위 있는 샤먼인가?

문득 사냥꾼 사회의 삶에서 상식으로 통하는 사람과 짐승 사이의 보이지 않는 유대, 생명을 지닌 존재들의 내면 깊숙한 곳에서 이루어진다는 영혼의 대화라는 게 생각난다. 들소의 춤과 염소의 노래가 떠오른다. 들소와 결혼했던 인디언 처녀, 염소와 백년가약 맺었던 사냥꾼 청년을 통해 세상에 알려진 생명의 주고받음, 먹고 먹힐 수밖에 없는 생태계 먹이사슬의 고리가 귀에 들리고 눈에 들어온다. 들소와 결혼하기로 한 대신 일정한 수의 들소가 자신들을 사람의 먹이로 내주고, 그 대신 사람들은 들소의 영혼을 위로하는 춤으로 고마운 희생에 답한다.[4] 청년이 암소와 결혼하여 함께 사는 동안 숫염소들은 마을 사람들을 위해 차례대로 자신들을 희생해 사람의 먹이가 된다. 마을 사람들은 청년을 위해 암염소와 어린 새끼들은 뒤쫓지도 사냥하지도 않는다. 황성동이나 동삼동 사람들은 해마다 때가 되면 마을 앞바다에 모습을 보이는 고래 무리에도 그렇게 했을까?

고래 무리의 아래 그려진 손가락과 발가락이 강조된 사람은 머리 모양이 특이하다. 팔과 다리의 자세도 특이하다. 보는 이에게는 모든 걸 열었다는 이미지를 준다. 이런 형상의 인물은 보통 샤먼으

그림17. 반구대암각화 주암면 실측도: 고래(울산)   25

로 해석한다. 손가락이 잘 보이도록 그린 손은 구석기시대 후기와 신석기시대 유적에서도 곧잘 발견된다. 오스트레일리아 북부의 원주민 가운데 일부는 지금도 정기적인 모임 뒤, 저들의 성스러운 동굴에 들어가 손 모양을 그림으로 남긴다. 그러나 왜 그러는지는 설명하지 못한다. 아주 오래전부터 그렇게 해왔다고만 말한다.

손과 발이 강조된 사람의 그림은 북아시아의 암각화에서도 발견된다. 수족과장형 인물상으로 불리는 이런 형상의 암각을 어떤 이들은 신과 소통하는 샤먼의 특별한 능력을 보여주기 위한 것으로 본다.[5] 그럴 가능성이 크다. 신체의 어떤 부분이 특이한 모습을 띠는 걸, 고대에는 보통 사람과 다른 능력을 지닌 이의 특징으로 해석했다. 아마 선사시대 이래의 관념이었을 것이다. 겨드랑이에 날개가 달린 아기 장수 전설도 그런 사고에서 나온 것일 테니까.

반구대 바위에 남겨진 손과 발이 강조된 사람은 무얼 하는 걸까? 그도 신을 부르며 고래를 보내 달라고 하는 걸까? 먼바다를 보며 고래의 모습이 보이기를 애타게 기다리는 이에게 '신이 말씀하셨다. 올해도 어김없이 고래를 보내리니, 기다리라. 바다를 보라' 이렇게 말하려고 제가 모시는 신과 만나 이야기를 나누기 위해 펄쩍펄쩍 뛰거나 두 팔을 흔들며 신명에 빠지려는 춤을 추는 걸까?

고래를 부르는 것처럼 보이는 사람이나 신과 대화를 시도하는 사람이 보았다고 여기고 이야기를 나누었다고 믿는 신은 어떤 모습

그림18. 반구대암각화 주암면 실측도: 고래, 사람, 짐승(울산)　　　　27

을 하고 있었을까? 함경도 해안의 신석기유적인 웅기 굴포 서포항 유적에서는 사람 얼굴을 나타낸 뼈 장식품이 여럿 나왔는데, 몸통 아래쪽에 여러 개의 점을 표현하는 등의 세부 기법으로 보아 이는 여성을 나타낸 것이 확실하다. 양양 오산리 신석기유적에서는 사람의 눈과 코, 입을 표현한 사람 얼굴 토제 인형이 발견되었고, 울산 황성동 세죽마을 신석기 유적에서는 가슴이 약간 도드라지고 허리가 잘록한 여성 모습의 흙인형 하나가 수습되었다. 부산 동삼동 패총의 신석기시대 문화층에서는 사람의 얼굴을 나타낸 가리비 조개껍데기가 발견되었다. 반구대암각화에도 사람 얼굴이 하나 표현되었고 천전리 각석에도 사람 얼굴이 새겨졌다.

웅기 서포항유적 출토 뼈 장식에 표현된 사람 얼굴에는 신상의 이미지가 투영되었다는 해석이 주류를 이룬다. 울산 황성동유적 출토 토제 인형 역시 여신 신앙의 표현으로 이해되고 있다. 양양 오산리유적의 토제 사람 얼굴은 호부, 부적 역할을 하도록 몸에 지녔을 가능성도 제기된다. 그렇다면 반구대암각화와 천전리 각석의 사람 얼굴에도 신의 이미지를 투영한 걸까?

그러나 종교학자나 신화학자, 고고학자들 가운데 어떤 이들은 신석기시대 일부 지역에서는 신의 얼굴을 표현하지 않는 문화 전통이 있었다고 보기도 한다.[6] 신의 얼굴을 표현하면 저주를 받을까 두려워했다는 것이다. 실제 오래된 신화적 전승이나 기록 가운데

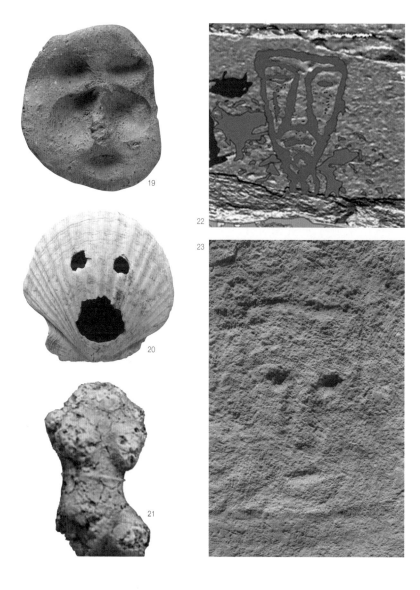

그림19. 토제 사람 얼굴(신석기시대, 양양 오산리유적 출토, 서울대박물관)

그림20. 사람 얼굴 표현 가리비 껍데기(신석기시대, 부산 동삼동 패총 출토, 국립중앙박물관)

그림21. 토제 여성상(신석기시대, 울산 신암리유적 출토, 국립중앙박물관)

그림22. 반구대암각화 3D 화면: 사람 얼굴(울산)

그림23. 천전리 각석 암각화: 사람 얼굴(울산)

신의 얼굴을 바로 보면 죽는다는 믿음이 널리 퍼져 있었음을 미루어 짐작하게 하는 내용도 있다. 신의 얼굴을 나타내면서 눈은 감은 상태로 묘사하거나 입은 아예 표현하지 않고 생략하는 사례가 있는데, 바로 이런 이유 때문이라고 한다. 과연 진실은 무엇일까? 반구대의 두 사람이 애타게 부르던 신은 어떤 모습을 하고 있었을까?

천전리 각석 암각화

반구대 앞을 흐르는 작은 내를 부지런히 거슬러 오르면 문득 물가로 펼쳐진 갈대밭이니 자그만 차밭 같은 것이 다 사라지고 바위만 남는다. 내는 바위 위 오목한 곳을 길 삼아 흐르고 냇가 좌우로는 암벽이나 산자락에 붙어 뿌리내리고 자란 상수리나무와 단풍나무, 숲을 이룬 소나무뿐이다. 길이라고는 나무꾼이 다니며 만들어낸 좁디좁은 오솔길밖에 없다. 이 산자락 오솔길 걷다 문득 눈에 들어오는 것이 냇가에 기울어놓은 병풍처럼 선 천전리 각석이다.

오솔길 끝자락 넓게 펼쳐진 너럭바위 앞에서 냇물 건너 처다본 천전리 각석 큰 바위에는 기하문으로 불리는 뜻 모를 무늬가 가득하다. 그러나 정작 내를 건너 바위 앞에 이르러 바짝 가까이 가면 기하문 말고도 슬쩍슬쩍 눈에 들어오는 것이 있다. 얕게 쪼아 새긴

24

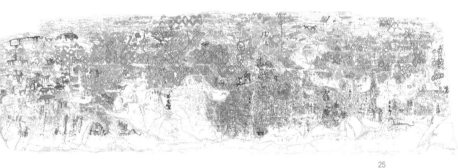

25

사람과 짐승, 철필로 그어 그린 사람과 말의 행렬, 긋고 새겨서 남긴 한자 명문 같은 게 기하문이 새겨지지 않은 곳에 있다.

철필로 그어 그린 사람이나 말은 선이 가늘어도 또렷하지만, 돌로 얕게 쪼아 새긴 사슴이며 개, 사람은 오랜 세월의 손길까지 받은 탓에 희미하다. 바위 아래쪽에 철필로 그어 그린 것은 역사시대 사

그림24. 천전리 각석 주암면 전경(울산)
그림25. 천전리 각석 암각화 실측도: 주암면(울산)

람들의 작품이지만, 돌로 얇게 쪼아 새긴 건 선사시대 언젠가 이곳을 찾은 이들이 남긴 그림이다.

풍화로 남은 부분도 얼마 없고 윤곽도 뚜렷하지 않지만, 화면에는 활을 들고 겨누는 이도 있고 사람이 그러거나 말거나 서로 머리를 맞대고 짝이 되었음을 기뻐하는 한 쌍의 사슴이며 노루도 있다. 이마 위의 뿔이 너무 거대하고 무거워 어떻게 머리를 들고 다니는지 걱정되는 큰 뿔 사슴도 보인다. 이 바위에 처음 새겨진 듯 약간 성기게 쪼아진 큰 뿔 사슴이나 무리를 이룬 사슴들은 바위 전면에 간간이 남아 있다. 하지만 두 번째로 처음보다 더 깊이 촘촘하게 쪼아 새겨진 활을 든 사람을 포함하여 짝을 이룬 짐승들은 화면의 가운데와 왼편에 일부 남아 있는 정도다. 아마도 화면 가운데에 새겨진 것들은 후대에 기하문이 굵고 깊게 새겨지는 과정에 대부분 쪼아지고 없어졌을 것이다.

인류의 가장 오래된 직업은 사냥꾼이자 채집꾼이다. 농사꾼이나 목동으로 살기 전 사람들은 너나없이 사냥도 하고 채집도 했다. 살아가는 환경에 따라 사냥이 먼저고 채집이 나중인 경우도 있고, 채집 위주에 사냥이 덧붙는 사례도 있지만, 가축을 기르거나 농사를 짓기 전 사람들은 자연에서 먹거리를 얻었다. 열매나 뿌리, 껍질 외에 알이나 달팽이, 조개, 가재 같은 걸 곁들이고 덫이나 함정, 그물로 작고 큰 짐승들을 잡아 먹거리로 삼는 게 인간의 삶이었다.

그림26. 천전리 각석 암각화 실측도(주암면): 점 쪼기로 새긴 동물(울산)
그림27. 천전리 각석 암각화 실측도(주암면): 점 쪼기로 새긴 동물 일부(울산)

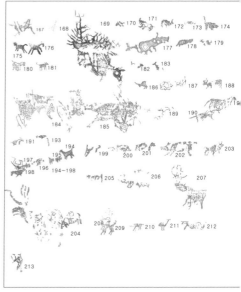

28   29

30   31

그림28~29. 천전리 각석 암각화 실측도(주암면): 점 쪼기로 새긴 동물(울산)

그림30. 천전리 각석 암각화: 허리가 긴 한 쌍의 짐승(울산)

그림31. 천전리 각석 암각화: 한 쌍의 짐승(울산)

돌로 만든 도끼나 칼, 창, 작살을 사용하던 사람들의 삶에 획기적 변화를 가져온 것은 활의 발명이었다. 사냥감을 향해 던지는 정도가 아니라 쏘게 되었으니 이보다 큰 혁신은 이전에도 이후에도 없는 일이었다. 너무 빨라서 잡기 힘들었던 중간 크기나 더 작은 짐승들이 사람들의 손에 들어왔으니, 빠르게 달아날 수 있던 사슴이나 노루에게 사람이 쏘는 화살은 재앙 중의 재앙이었다. 천전리 각석에 두 번째로 새겨진 점 쪼기 작품 속의 활은 문명사적 발명의 의미 있는 결과물이다. 물론 환경사적, 생태사적 측면에서 활의 발명과 사용은 긍정적이지 않은 결과를 가져왔다. 사람이 주도하는 동물 멸종의 속도가 빨라졌으니까.

구석기시대의 인류가 주로 사냥한 것은 대형 포유류였다. 지금과 비교하면 초대형이라고 할 수 있는 매머드나 털코뿔이, 동굴곰 같은 큰 동물이 사람의 손으로 죽임을 당했다. 시간이 흐르면서 자연 함정이나 인공 함정으로 유인되어 사냥당한 매머드의 수는 급격히 늘어나 특정 지역에서는 작은 구릉이 만들어질 정도로 매머드 뼈와 상아가 쌓이기도 했다.[7] 유럽 평원지대에서는 지금도 매머드 상아를 지지대로 삼아 만든 거주지가 간간이 발견된다.

활은 매머드 같은 대형 포유류의 수가 급격히 줄어들고, 뒤이은 환경 변화로 말미암아 이런 동물들이 냉한대기후 지역으로 옮겨 살게 되자 온대기후 지역에 남아 살게 된 사람들이 새로운 사냥 환경에 적응하는 과정에서 발명되었다고 한다. 빠르게 달아나거나 풀숲으로 재빨리 숨어 버리는 동물들을 잡으려면 던지는 데서 한 걸음 더 나아가 쏘아 맞히는 사냥 도구가 필요했던 까닭이다.

그러나 활의 사용은 예기치 않은 결과를 가져왔다. 늘 있는 일이지만 새로운 도구의 발명이 의도한 효과만 가져오지는 않는다. 활과 화살은 빠르게 달아나는 짐승을 맞히는 데 쓸모가 있었지만, 그만큼 빨리 맞혀서 잡을 수 있는 짐승의 수가 줄어들게 했다. 전혀 줄어들 것 같지 않던 들소와 사슴, 산양의 수가 너무 많이 줄어 찾아내기도 힘들어졌다면 이제 어쩔 것인가? 사냥을 그치면 사람이 굶고, 계속하다 보면 사냥할 대상이 아예 사라질 조짐이 보인다면 어떻게 해야 할까?

짐승의 주인, 동물 세계를 다스리는 신이라는 개념이 활을 사용하기 이전에 성립했는지, 활의 발명 이후에 사람들의 인식 안으로 들어왔는지는 알 수 없다. 언제부턴가 이런 신이 존재한다는 관념이 사람들 사이에 자리 잡았고, 이와 관련된 스토리텔링이 이루어졌다. 이 신은 사람이 사냥 대상을 어떻게 대해야 하는지 알려줬고, 사람들은 이를 받아들였다. 이 신은 무분별한 사냥을 금지했으며, 사냥할 짐승을 생명체로 존중할 것을 가르쳤다.[8] 나이 든 수컷을 우선 사냥하고, 암컷과 새끼는 불가피한 경우가 아니면 사냥하지 못하게 했다. 심지어 특정한 종류만 계속 사냥하는 것도 막았다. 골고루, 제한적으로 사냥하지 않으면 신이 사냥 대상을 거두어갈 수도 있다는 이야기도 흘렀다. 중국의 고대 관습법에는 농경시대 이전부터의 삶에서 유래한 것으로 보이는 규정이 있다.[9] 그중 한 가지가 일 년 중 특정한 계절, 주로 짐승들이 새끼를 배는 기간에는 사냥하지 못하게 하는 것이다. 암컷과 새끼를 보호하게 하는 규정도 보인다.

천전리 각석에는 꼬리 쪽을 맞대거나 머리를 맞대 서로 짝을 이루었음을 보이는 짐승이 여럿 등장한다. 어떤 짐승은 허리가 너무 길어 정체를 알 수 없지만, 암수 한 쌍의 사슴임을 확실히 보여주는 사례도 있다. 전근대 회화에서 암수가 짝지어 묘사되는 짐승은 '부부 사이가 좋으라'는 기원을 담고 있다. 그러나 본래의 의미는 '생산'이다. 묘사된 짐승들이 짝을 이뤄 새끼를 많이 낳고 번식하라는 것이다. 이런 짐승을 사냥하는 사람 처지에서는 너무나 당연한 기원이자 축복이다. 한 철에 사냥한 수 이상으로, 최소한 사냥한 수만큼 회복되지 않으면 내일을 기약할 수 없지 않은가?[10] 그건 곧 사냥으로 먹고사는 사람으로서는 먹거리가 없어 굶어 죽을 수도 있음을 뜻한다. 사냥하는 집단마다 사냥 구역이 있는 상태에서 먹거리가 부족해지면 어찌할 것인가? 목숨 걸고 싸워 다른 집단의 사냥터를 빼앗는 수밖에 없다. 그렇지 않으면 고스란히 굶는 수밖에 없다. 사람이든 짐승이든 사냥터를 둘러싼 싸움은 늘 있었지만, 불가피한 경우가 아니면 집단의 생존이 걸린 싸움은 가능한 피하는 게 원칙이다. 그러느니 평소에 동물의 세계를 다스리는 신의 가르침대로 먹거리가 늘 유지될 수 있도록 제한적으로 사냥하는 게 맞다. 짐승의 수가 그대로이거나 더 늘도록 기원하며 신에게 제사하는 게 옳지 않겠는가?

아프리카 칼라하리에는 세계적으로도 극소수에 불과한 사냥꾼 사회가 남아 있다. 부시맨이 그들이다. 이들은 지금도 사냥에 나가기 전에는 의식을 치르며 신에게 사냥의 성공을 빈다. 아프리카 사냥꾼 사회의 어떤 무리는 사냥 전날 접근이 어려운 신성한 장소에서 가상의 사냥을 한다. 해가 훤할 때 땅 위에 사냥 대상을 그리고 화살로 그것을 쏘아 맞히며 내일 사냥이 잘 이루어질지를 가늠한다. 그러니 가상의 사냥이라도 정성을 들일 수밖에 없다. 화살이 정확히 짐승 그림에 맞아야 하니까. 천전리 각석에 묘사된 짐승들 사이에 활을 당기는 순간의 사냥꾼이 새겨진 것도 이와 같은 이유에서일 것이다. 실제 사냥꾼 사회에서도 사냥을 나가도 빈손으로 돌아오는 날이 토끼 한 마리라도 허리춤에 차고 오는 날보다 더 많았을 것이다. 말 그대로 동물의 주인이 허락하지 않으면 어떤 작은 짐승도 사람의 손에 들어오지 않을 테니까.

반구대, 고래와 노인

바다는
따뜻한 듯 찬 듯
한여름엔 미적지근했고
동지섣달엔 손이 시렸다

철마다 오는 게 있어
호래기도 걷어 올리고
고등어며 청어도 잡았다
상어도 오고 고래도 왔다

돌고래는 쾌활했고
귀신고래는 조용하고 묵직했다
고래는
새끼도 어미도 때마다
깊고 큰 눈으로 노인에게
말 건넸다
그 눈이 감기면 세상이
닫히는 듯했다

고래사냥

아버지, 이렇게 하면 고래가 우리에게 오나요. 신이 우리를 먹이나요?

그럼, 신이 고래가 되어 우리를 먹이신단다

아버지, 이번 겨울에 우린 굶지 않겠네요

아마, 날마다 배부를 거야. 고래 신이 오실 거니까

모래밭까지 오실까요?

걱정 마라. 못 오시면 배 타고 그분에게 가면 돼. 그분은 작살을 던져
도 그냥 받아주실걸?

아플 텐데

잘 참으셔. 피가 흐를 때, 잠시 따끔거리는 정도지

난 손끝에 가시 들려도 많이 아프던데

넌 사람이니까! 그분은 신이야, 제 몸으로 우릴 먹이시는 신

천전리 새김돌

네게 넣은 건
기억이다
작은 짐 몇 개지만
긴 이야기다
그저 생각 없이
북북 그은 듯 보여도
진지한 교감의 흔적이다

넌, 아팠어도
내 가슴을 담은 거다
네겐 생채기로 남았어도
내 숨을 깊이 내린 거다
작은 샘처럼
뚫린 구멍 여럿 남아도
하늘 소망 별에 담듯 간직한 거다

제 2 장

신의 기운이 서린 뿔

I 청동기의 장식무늬 I

여덟 개의 가지 끝에 각각 하나씩의 방울이 달린 팔주령은
초기철기시대의 작품이지만, 평면 위에 놓으면
방울이 닿는 면이 모두 같을 정도로 섬세하고 정교하게 만들어졌다
이렇게 정성 들여 방울을 만든 이유는 무엇일까?

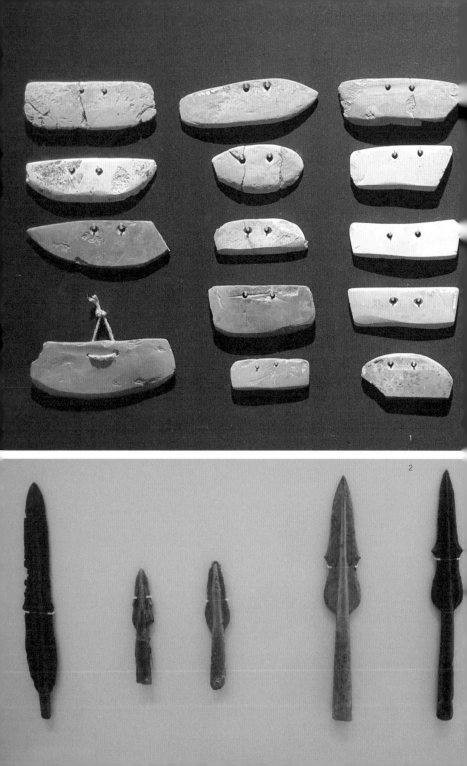

농경과 목축시대 신앙의 상징, 성기와 뿔

농경과 목축은 신석기시대 후기에 모습을 드러낸 새로운 삶의 방식
이다. 자연이 주는 것으로 살아가던 사람들이 스스로 먹거리를 만들
어내려 애쓰던 시기, 신석기시대 후기에는 인간의 삶에서 농경과 목
축의 비중이 크지 않은 사회가 더 많았
다. 하지만 청동기시대에는 이런 서로
다른 생산 방식의 무게추가 한쪽으로
아예 기울어졌다. 인위적 생산에 의존
해 살아가는 사람이 압도적 다수가 된
것이다.

  사실 신석기시대 후기에도 중근동
의 일부 지역에서는 농경과 목축으로

그림1. 반달형 돌칼(청동기시대, 각지 유적 출토, 국립경주박물관)
그림2. 요녕식 동검과 투겁창(청동기시대, 구입 및 기증, 국립중앙박물관)
그림3. 청동도끼와 거푸집(청동기시대, 구입 및 기증, 국립중앙박물관)

살아가는 사람들의 수가 적지 않았다. 그러다 청동기시대가 시작된 뒤 농경과 목축은 먹거리를 마련하는 기본 수단으로 인식되었다. 국가가 생겨난 곳도 있고 그렇지 않은 곳도 있었지만, 어느 곳에서나 사냥과 채집은 농경, 목축의 부차적 생계수단으로 여겨졌다. 여전히 사냥과 채집 위주의 삶을 고집하던 사람들은 농경, 목축 집단들에게 점유되지 않은 오지로 밀려나 생계를 유지할 수밖에 없게 되었다.

농경과 목축의 시대가 열리면서 반달형 돌칼 같은 곡식 수확 도구는 여전히 돌로 만들어졌지만, 청동검이나 청동창, 청동도끼 같이 이전 시대에는 돌로 만들었던 도구의 기능과 역할을 잇는 청동기도 만들어졌다. 동시에 농경인과 목축인이 꿈꾸고 믿는 세계를 보여주는 청동기도 만들어지게 되었다. 이른바 죽절형 청동기를 비롯한 다양한 이형異形 청동기는 형태상으로도 이전 시대의 것과 구별되었다. 이런 종류의 청동기에 장식된 무늬 가운데 일부는 앞 시기의 도구에서는 보이지 않던 것들이다.

새로운 형태의 청동기 가운데 하나인 죽절형 청동기는 외형이 대나무 마디처럼 보이는 데에서 붙은 이름이다. 이런 형태의 것을 청동검의 손잡이를 닮았다고 하여 검파형 청동기로 부르기도 한다. 이 검파형 청동기는 검의 손잡이를 닮았다기보다 검집의 형태를 본떴다고 보는 게 더 옳을 것이다. 청동검의 손잡이는 문화계통에 따

4

5

그림4. 칠포리암각화 검파문(칠포리 Ⅰ지구 바위1 서면, 포항)
그림5. 천전리 각석 기하문 암각화 실측도(울산)

라 다르고 같은 유형 안에서도 세부적
으로 상당한 변화를 보이기 때문이다.

6

죽절형 혹은 검파형 청동기에는 톱니
바퀴나 삼각문이 들어가고 평행을 이
루는 짧은 선이 수없이 그어지며 둥근
고리도 달린다. 정교하게 만들어지는 청동거울의 뒷면에는 동심원
이 여럿 새겨지고 안에 둥근 알을 넣은 청동방울은 손잡이를 잡고 흔
들면 청아한 소리를 낸다. 톱니문이나 삼각문은 구석기시대, 신석기
시대 유물에도 보이는 것이지만, 처음부터 특정한 의도를 담고 있었
는지, 어떤 별다른 의미가 부여되었는지가 명확하지 않다. 그러나
신석기시대 후기에 농경과 목축이 시작된 이후, 유물에 장식되는 동
심원문이나 삼각문, 마름모문은 지향성과 의미가 뚜렷하다.[1]

사냥꾼 사회에서 주로 제사 되는 대상이 동물의 주인이었다면,
농경과 목축의 시대에 사람들의 마음이 쏠린 대상은 비를 내려주고
생명을 잉태시키는 신이었다. 목축이든 농경이든 돌보는 식물과 가
축이 열매를 맺고 새끼를 배지 않으면 소용이 없다. 제때 비가 내려
곡식 식물이 자라고 풀이 돋아야 한다. 농경과 목축의 시대에 적절
한 비와 제대로 된 생식은 한 해의 곡물 수확, 새끼 출산만 바라보
는 농사꾼과 목동, 그와 함께한 가족, 그가 속한 마을이나 무리의
삶이 걸린 문제였다.

그림6. 검파형 청동기(청동기시대, 대전 괴정동 출토, 국립중앙박물관)
그림7. 석장동 암각화 실측도(경주), 그림8. 수곡리 암각화 실측도(안동)

생식은 사냥꾼 사회의 사람들에게도 중요한 문제였다. 사냥꾼 사회가 남긴 암각화에 쌍을 이루고 짝을 지은 짐승들이 여럿 그려진 것도 이들에게는 사냥 대상 짐승의 온전한 생식이 중차대한 문제였기 때문이다. 사냥꾼 사회의 사람들은 동물의 주인으로 여기던 신에게 사냥의 성공, 사냥 대상 짐승의 번식을 빌면서 제사를 지냈다.

사냥꾼 사회 사람들에게 생식이 동물의 주인이 지닌 능력 가운데 일부였다면, 농경과 목축을 하는 사람들에게 생식은 특정한 신이 주관하는 특별한 기능이었다. 농경과 목축의 시대에는 생식을 주관하는 독립된 신격이 있었다고 할 수 있다. 삶의 방식도, 사회 구성도 단순했고 신으로 믿는 대상도 몇몇에 불과했던 사냥꾼 사회와 달리 농경이나 목축이 주된 생계 방식이던 새로운 사회는 구성도 복잡했고 삶의 방식도 복합적이었다. 당연히 믿는 대상도 여럿이었다. 신들은 위계가 있었으며 능력도 전문화되어 있었다.[2]

울산 천전리 각석 암각화에는 굵고 깊게 갈아 새긴 기하문이 다수 남아 있다. 워낙 깊게 갈아 새긴 까닭에 천전리 각석 앞을 흐르는 대곡천 건너 너럭바위에서도 기하문을 일부 읽어낼 수 있다. 동심원문과 겹마름모문 위주의 기하문은 여럿이 잇닿은 것이 많고 이 중 한가운데에 세로 선이 그어진 것도 여럿 있다. 어떤 기하문의 가운데 그어진 선 끝은 원문 바깥에 새겨진 종지 형태의 무늬와 닿아 화살표처럼 보이는 것도 있다. 세계 다른 지역의 암각문이나 장식

그림9-10. 천전리 각석 암각화: 성기문(울산)

그림11. 활성동 암각화(청동기시대, 밀양 활성동유적 고인돌1호무덤 출토, 국립김해박물관)

그림12. 농경문 청동기: 밭 가는 사람(청동기시대, 대전 괴정동 출토, 국립중앙박물관)

그림13. 석검과 나무 검집(삼한, 보성 죽산리 출토, 국립중앙박물관)

그림14. 검과 검집(삼한, 창원 다호리 출토, 국립중앙박물관)

문과 비교해볼 때, 이런 형식의 무늬는 여성의 성기를 간략히 묘사한 것으로 볼 수 있다.

이렇게 암각화로 여성 성기를 나타낸 이유는 무엇일까? 가운데 세로 선은 없지만, 여성의 성기를 묘사한 것으로 볼 수 있는 암각문은 안동 수곡리암각화를 비롯하여 경주 석장동암각화 등등 경북 일대의 암각화 유적에 자주 보인다. 이는 바위에 암각문을 남기던 시기의 사람들이 여성 성기문에 특별한 의미를 두었기 때문일 것이다. 여성 성기문 암각이 불러올 주술적 효과를 염두에 두었다고 보아야 할 듯하다.

이 여성 성기문 암각이 지닌 의미가 무엇인지는 대전 출토 농경문 청동기에 묘사된 사람이 쟁기로 밭을 가는 장면에서 실마리를 찾을 수 있다. 화면에는 머리에 새 깃을 꽂은 한 남자가 고랑과 이랑이 있는 밭을 쟁기로 갈고 있는데, 두 다리 사이로 발기된 성기가 노출되어 있다. 바로 세시풍속의 하나인 입춘의 나경裸耕이다. 조선시대 16세기의 인물 유희춘의 『미암집』에 조선 북방지역의 없어져야 할 고약한 풍습의 하나로 소개한 나경은 농경이 이루어지는 대부분 지역에서 행해지던 제의적 행위였다.[3]

'밭이 있어야 씨를 뿌리지'라는 말은 짝을 찾아 인연을 맺고 싶은 남자의 심사를 우회적으로 표현하는 것으로 이해되고 있다. 사실 이 말은 농경사회에서 밭에 씨를 뿌리는 행위는 남녀의 성관계와 원리가 같다고 생각되었던 데에서 비롯된 것이다. 유럽이든 중근동이든 중국이든 농경이 이루어지는 곳에서는 해마다 파종기가 되면 마을이 공유하는 밭 한가운데서 마을을 대표하는 남녀 제의자에 의해 남신과 여신의 성적 결합을 흉내 낸 가상의 혹은 실제의 성행위가 이루어지거나 이를 대신하는 나경이 행해지기도 했다. 기원전 5~4세기의 작품으로 여겨지는 농경문 청동기에는 이런 당시의 관념과 행위가 잘 묘사되었다고 할 수 있다.[4] 암각화의 여성 성기문이나 남녀교합문도 이와 같은 의미를 담고 있다고 보아야 할 것이다.

암각화로 새긴 여성 성기문에 생식과 결실을 기원하는 마음이 담겨 있다면, 앞에서 살펴본 죽절문 혹은 검파형 청동기나 경북 일대에서 주로 발견되는 검파문 암각화에 어떤 주술적 의미가 부여되었는지도 미루어 짐작할 수 있다. 비록 검파형, 검파문이라는 이름이 붙었지만, 이런 유형의 무늬나 형태는 청동검을 꽂는 검집이 모델이 되었을 가능성이 크다.[5] 검이 남성의 성기를 상징한다면 검집은 여성의 성기를 의미할 수 있기 때문이다. 검과 검집이 남녀를 대신할 수 있고, 양자의 관계는 남신과 여신의 성교를 통한 생식과 결실이라는 주술적 효과를 불러올 수 있는 것이다. 검파문과 검을 나란히 붙여 새긴 암각화는 이런 의도를 관철하려는 제의가 치러지는 과정을 잘 보여주는 사례라고 할 수 있다. 광주 신창동의 초기 철기

15

16

17

18

시대 농경유적에서 목검이 물길에 거꾸로 꽂힌 상태로 발견된 것도 이런 관념에서 비롯된 주술적 행위의 결과라고 할 수 있다.[6]

일본 야마구치현의 야요이시대 농경유적에서는 논 앞에 돌로 만든 남근을 세워둔 게 확인되었다.[7] 물이 가득한 논을 여성으로 상정하면서 행한 감응주술의 실체를 보여주는 좋은 사례이다.

농경과 목축의 시대에 생식의 능력과 관련하여 주목받은 상징적, 실제적 표현 소재의 하나는 '뿔'이다. 뿔은 후기구석기시대에도 의미와 가치를 지닌 표현 소재였고 신석기시대에도 선호되는 종교적, 예술적 제재였다. 청동기시대에 뿔은 생식의 능력에서 한 걸음 더 나아가 힘과 권위를 과시하는 상징적 기호로 자리 잡았다. 오늘날에도 동아시아에서 뿔은 생식력을 높여주는 한의학 재료로 여겨지고, 유럽이나 미주에서는 힘과 권위를 과시하는 수단으로 쓰이기도 한다.

기원전 3세기의 작품으로 추정되는 경주 출토 건갑형 청동기에는 두 마리의 긴 뿔 사슴이 장식되었는데, 한 마리는 등에 화살이 꽂힌 상태이다. 이 청동기는 전사가 어깨에 두르던 보호 장구로 장식된 무늬에는 주술적 의미가 부여되었다고 할 수 있다. 청동기에 묘사된 사슴의 긴 뿔에는 강한 생식력, 곧 우세한 수컷 특유의 힘이 깃들었다고 보아야 할 것이다.[8] 이런 형상의 사슴을 화살로 맞혀 잡는다면 주술적 의미에서 이 거대한 뿔을 지닌 수사슴의 힘은 활을 쏜 자의 것이 된다.

그림15. 마을 유적 복원 주거지 내부(신석기시대, 터키 차탈휘윅)
그림16. 건갑형 청동기(신라, 5~6세기, 경주 출토, 일본 동경국립박물관)
그림17. 사슴 토우가 달린 구멍 단지(가야, 5~6세기, 1910년 입수, 국립중앙박물관)
그림18. 쇠뿔모양 손잡이가 달린 굽다리 항아리(변한, 2세기, 김해 대성동 출토, 국립중앙박물관)　　55

신에게 올리는 기도, 청동기 장식문

청동은 자연에 없는 재료이다. 이 청동으로 도구를 만들어 쓰던 청동기시대는 사람이 귀천貴賤으로 심하게 나누어진 점에서 앞 시대와 구별된다. 말하는 도구로 여기던 노예가 신과 혈통이 이어진다는 고귀한 자들을 위해 일해야만 하던 시대다. 신비한 금속인 청동제 무기와 도구를 사용하는 자들에 의해 그렇지 못한 자들이 정복되고 지배받는 게 당연시되던 시대이다.

합금인 청동은 재료를 구하기부터 쉽지 않다. 냇물에 깔린 모래에도 섞여 있는 철과 달리 구리와 아연, 주석은 산지가 제한되어 있다. 이런 종류의 금속을 함유한 광석에서 원료를 추출하기도 쉽지 않고, 추출한 금속을 녹여 합금시킬 때 비율을 조절하기도 간단치 않다. 합금 비율이 제대로 조절되지 않으면 내구성이 떨어져 청동제 도구를 만들어도 쓸모가 떨어진다. 이 모든 어려운 과정을 거쳐 손에 쥐게 된 청동제 무기와 도구의 가치가 어떠했겠는가? 이것을 가진 자가 '신이 내려주신 것'이라고 주장해도 아니라고, 그렇지 않다고 할 사람이 몇이나 있었겠는가?

청동제 무기와 도구는 다양하게 만들어졌지만, 가장 유용하고 가치 있게 쓰인 것은 제사용 의기儀器이다. 의기는 제의를 주관하는 자가 신과 소통하는 도구이다. 의기를 몸에 걸치거나 손에 들고 신을 만나 뜻을 받는다면 비록 상당한 정치권력을
손에 넣고 있는 자라도 그 뜻을 전면적으로 부
정하기 어렵다. 이런 사실을 직관적으로 깨닫
고 있던 청동기시대의 정치권력자들은 대부분
제사장을 겸했다. 제의를 통해 신의 뜻을 받고 이
것을 실행한다고 선언하며 정치권력을 행사했다.

　한국의 청동기시대 유적에서 자주 발견되는 청동제 유물 가운
데 하나가 청동방울이다. 방울이 하나인 것에서 여러 개인 것까지
종류가 다양하지만, 지금도 대부분 흔들면 청아한 방울 소리가 날
정도로 정교하게 만들어진 점에서는 다르지 않다. 여덟 개의 가지
끝에 각각 하나씩의 방울이 달린 팔주령은 초기철기시대의 작품이

그림19. 청동방울(팔주령, 청동기시대, 화순 대곡리 출토, 국립중앙박물관)
그림20. 방패문 청동기(청동기시대, 대전 괴정동 출토, 국립중앙박물관)
그림21. 청동방울(쌍주령, 청동기시대, 함평 초포리 출토, 국립중앙박물관)

22   23   24

지만, 평면 위에 놓으면 방울이 닿는 면이 모두 같을 정도로 섬세하고 정교하게 만들어졌다. 이렇게 정성 들여 방울을 만든 이유는 무엇일까?

청동기시대를 배경으로 성립한 단군신화에는 하늘의 임금 환인이 서자 환웅을 인간 세상에 내려 보내면서 천부인天符印 3개를 주었다고 한다.[9] 이를 청동제 거울과 방울, 칼 혹은 청동거울과 청동방울, 고귀함을 상징하는 옥이었다고 추정하기도 한다. 청동검이나 옥은 쓸모가 있고, 상징적 의미가 확실하다 쳐도 거울과 방울이 거론되는 이유는 무엇일까? 둘 다 주술적 용도로는 가치가 있기 때문이다.

샤먼이 주도하는 제의에서 방울은 소리로 신을 부르고, 거울은 하늘의 빛으로 사악한 존재의 정체를 드러내고 쫓아낸다. 지금도 일본에서는 지역 신사를 중심으로 펼쳐지는 마쓰리[祭, 神田祭] 때 신을 태운 가마가 마을을 한 바퀴 도는 경우가 있는데, 이때 이 신의 가마 앞에는 청동거울을 매달아 이것에 사악한 것이 비추어지게 한다. 신의 행차를 방해하는 온갖 나쁜 기운을 뿜는 것들은 이 거울로 말미암아 신이 탄 가마 근처에는 얼씬거리지도 못한다. 방울은 신을 부르는 도구다. 신은 청아한 방울 소리를 듣고 누가 자신을 애타게 찾는지 알게 되고, 이 소리에 응답한다. 오늘날에도 무당이 가슴에는 거울을 달아 사방이 비춰게 하고, 한 손에는 방울을 쥐고 흔들어 소리를 내는 것도 이 때문이다.

거울은 청동기시대에 주조법이 고도로 발달하면서 만들어지는 도구 가운데 하나이다. 청동기시대에 거울을 만들 때는 다른 어떤 것보다 정교한 기법이 적용되는데, 이는 거울이 사악한 것의 정체를 드러낸다는 관념에서 비롯된 측면이 크다. 고대사회에서 거울에 투사하는 관념이 무엇이었는지는 거울의 뒷면 장식무늬를 통해 어느 정도 이해가 가능하다. 보통 중국과 한국의 청동기시대에 제작된 거울 뒷면에는 번개무늬로 불리는 기하학적 도형이 다양한 방식으로 시문 되었다. 앞의 암각화로 남은 기하문처럼 이런 도형들은 농경사회의 종교 관념을 반영한 것으로 이해되어야 할 것이다.

신석기시대 후기에 농경이 시작되어 이런 생산 방식이 널리 퍼지면서 공유된 관념 가운데 하나는 하늘과 땅, 구름과 비, 풍요로운 수확을 나타내는 상징 기호이다. 하늘은 둥근 원으로, 땅은 네모진

그림25. 토우 부착 장식문 항아리 부분(신라, 5세기, 경주 출토, 국립중앙박물관)

그림26. 장식문 고배(신라, 5세기, 경주 출토, 국립중앙박물관),

그림27. 동물문 장식 항아리(신라, 5세기, 울산 출토, 국립중앙박물관)

그림28~29. 울산 천전리 각석 암각화: 기하문

도형으로, 비와 구름은 반원이나 삼각형 안의 반복되는 빗금으로, 곡식이 가득한 밭이나 수확이 가능한 들판은 빗금이나 그물문으로 채워진 네모진 도형으로 나타내는 식이다. 마름모는 맞붙은 삼각형이나 네모진 도형이 변형되며 만들어진 도형이다.

이외에도 이런 기본 도형에서 파생된 새로운 상징 기호가 세계 각 지역에서 별도로 사용되기도 한다. 양양 오산리 신석기유적 출토 빗살문토기에도 보이는 빗금 친 삼각문은 삼국시대 신라와 가야에서 만들어지던 각양각색의 회색경질토기에도 빈번히 보인다. 동심원문도 마찬가지로 신라와 가야 토기의 장식문으로 반복해서 나타난다. 토기의 이런 무늬가 청동기시대와 그 이전 신석기시대 관념과 표현을 다 잇고 있어 나타났는지, 관행적인 표현이 원래의 의미는 잊힌 채, 후대에 반복적으로 나타나고 있는 것인지는 확실하지 않다.

울산 천전리 각석의 동심원이나 겹마름모문은 원이나 네모진 도형이 강조된 형태에 해당하고 각각의 무늬 안에 세로 선이 더해진 여성 성기문은 원래의 상징 기호에서 파생된 2차 도형으로 볼 수 있다. 확실한 것은 천전리 각석의 기하문이 한국 청동기시대 청동거울의 장식문처럼 농경사회의 관념 세계를 보여주는 역사적 기록이라는 사실이다.[10] 적절한 시기에 하늘이 내리는 비로 한 해 농사의 풍흉豐凶이 결정되던 시대를 살던 사람들은, 바위에도 청동거울에

그림30. 기중호(覺仲壺, 서주 공왕, 기원전 10세기 중엽, 중국 상해박물관)
그림31. 공부을굉(共父乙觥, 상대 만기, 기원전 13세기~11세기, 중국 상해박물관)
그림32. 용문편족정(龍紋扁足鼎, 상대 만기, 기원전 13세기~11세기, 중국 상해박물관)
그림33~34. 청동제 인면(상, 기원전 16세기~11세기, 사천 광한 삼성퇴 출토, 중국 국가역사박물관)
그림35. 청동제 새(상, 기원전 16세기~11세기, 사천 광한 삼성퇴 출토, 중국 금사유지박물관)

도 저들의 간절한 바람을 담아 신에게 전하려 애썼다고 하겠다.

청동기시대의 한국에서는 여전히 기하문 계통의 장식문이 유행했지만, 이웃 중국의 황하 유역에서는 도철문饕餮文과 같이 여러 동물의 특징을 합성한 장식문으로 가득한 청동기들이 등장한다. 신석기시대 이래 저들의 신화와 전설에서 일정한 역할을 하는 새와 짐승, 괴수가 단독으로 혹은 여럿이 한꺼번에 등장하는 청동기도 만들어졌다. 물론 당시의 중국이란 오늘날의 하남과 산동, 섬서의 일부를 한 문화권으로 하는 좁은 지역이었다. 현재의 감숙과 산서 일원, 사천, 호남, 절강, 운남 등지에서는 독자의 청동기문화가 꽃핀다. 주조된 청동기 장식문의 지역적 특징이 뚜렷하다. 산서 이북의 오르도스 청동기문화, 사천 광한을 중심으로 발전한 삼성퇴三星堆문화, 운남 곤명을 중심으로 번성했던 전국塡國의 모체가 되는 이족彝族 청동기문화는 개성이 뚜렷해 황하 유역의 것과 구별된다.

중국 황하 유역 청동기문화와 관련하여 무엇보다 눈길을 끄는 건 주조되는 청동기의 양이 엄청나다는 것이다. 이것은 청동기의 원료인 구리와 주석, 아연, 납 등의 금속 광산이 곳곳에 있어 이를 대량으로 구할 수 있었기 때문이다. 그러나 이런 지역에서도 청동기가 무기 외에 제의용 도구로 많이 만들어진다는 사실은 한국과 크게 다르지 않다. 중국 상주商周 청동기에서 상대적으로 비중이 높은 것은 제의용 주기酒器이다.

그림36. 동탁(야요이시대, 1~3세기, 와카야마겐 니시혼조 쿠와다니 출토, 일본 동경국립박물관)
그림37. 동과(야요이시대, 기원전 2세기~기원전 1세기, 가고시마겐 및 후쿠오카겐 출토, 일본 동경국립박물관)
그림38. 마을 복원 모형(청동기시대, 일본 사가겐 요시노가리)

일본의 청동기 장식 예술은 한국과 관련이 깊다. 한국의 청동기 문화가 일본열도로 건너갔기 때문이다. 구리를 비롯한 청동기 제작에 필요한 재료가 풍부한 편이어서 일본에서는 필요 이상으로 큰 청동기가 다수 만들어진다. 동탁이나 청동과와 같이 과대하게 만들어진 청동기는 대부분 제의용 기구로 쓰였다. 동탁 등에는 비교적 단순한 형태로 제의와 관련된 내용이 장식된다. 청동기시대 한반도 농경문화의 일본 전파 과정을 생생하게 보여주는 일본 사가현의 요시노가리유적에서는 한국식 동검과 청동기 제작용 거푸집, 다뉴세문경, 덧띠무늬토기 등이 출토되었다. 일본의 야요이시대를 대표하는 요시노가리마을유적은 기원 1~3세기의 것으로 1986년 발굴이 시작되어 지금도 계속되고 있다.

청동

돌이 녹는 걸 알았다
녹았다 굳은 돌이 더
단단하단 걸 알았다
물이 되었던 돌이 새로 나면
햇살 받아 번쩍거린단 걸 알았다

쇠돌이다, 새돌이다
칼도 되고, 창도 되는
만능돌이다
방울도 되고, 거울도 되는
요술돌이다
눈 감았다 뜨면
팔찌도 되고, 귀걸이도 된다

물돌로 칼 만들고
새돌로 거울 만들어
세상 사람 내 앞에
절하게 했다
녹은 돌로 방울 만들고
쇠돌로 팔찌 만들어
모두 날
쳐다보게 했다

농경문 청동기 – 솟대

새야, 볍씨를 물고 온 새야
잘 받았다고
곡식의 여신, 물의 여신, 영웅의 어머니 신에게 말해주렴

새야, 오곡의 씨를 물고 온 새야
고랑을 깊게 파고, 이랑을 높이 올렸다고
밭의 여신, 수확의 여신, 왕의 어머니 신에게 전해주렴

새야, 곡식 주머니를 물고 온 새야
타작한 씨앗을 신줏단지에 넣었다고
봄의 여신, 생명의 여신, 나라의 어머니 신에게 알려주렴

새야, 봄과 여름을 가져오는 새야
씨앗이 새 생명을 내도록
주린 배를 나무껍질로 채우며
눈 녹기만 기다렸다고
하늘의 여신, 땅의 여신, 세상의 어머니 신에게
노래로 말하고, 울음으로 전해
꿈꾸는 내일을 알리렴

여덟 가지 청동 방울

차고 덥고, 미적지근하다 따뜻해지고
온갖 기운이 얽혀든
이 작은 방울들,
알마다
묶여 있는 이야기들이 있네

쪼개며 들여다보면
예술이 보이고, 창의력이 느껴진다고?
이보게!
나누어 비교할 게 무언가?
통으로 오는 거
가지 하나씩 쪼개
읽어낼 수 있는가?
세잔이 사과 한 알씩 팔 듯
그렇게 궁핍하던가?
그건, 전설이라네
고암이 사람 하나, 글자 하나
쪼개서 내놓던가?
하나, 하나 살아 있는 거 떼어놓지는 않았다네

여덟 개의 방울은 하나라네
점 하나씩만 바닥에 닿아도
울리는 소리는 같아
그래도 미묘하게
가지마다
다르기는 하지

겉만 보고
진품이니 아니니 말하지 말게
이건 살아서
가슴 깊이 들어오는 소릴세
한 자리에서
깊고 그윽하게
번져 들어오는
고요함이라네

제 3 장

신명을 몸에 두르고

| 유목예술 |

유라시아의 유목민 가운데 일부는
죽은 자의 영혼이 조상신들이 산다는
북방의 큰 산이라 믿었고
또 다른 사람들은 여러 층으로 이루어진
하늘 세계로 간다고 믿었다
영혼에게 이 길을 안내하는 것이
개와 말과 새였다

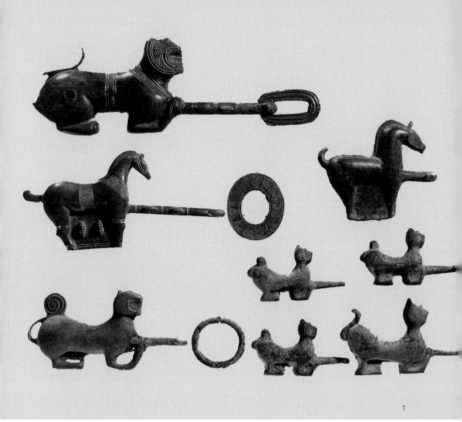

목동의 삶

한국의 청동기시대와 초기철기시대 유물 가운데에는 짐승 모양 허리띠 고리가 많다. 호랑이나 말모양 장식이 붙은 이런 띠고리는 청동기시대에 새롭게 등장하는 유물로 삼국시대가 온전히 열리면서 모습을 감춘다. 호랑이나 말 모양 띠고리는 짐승의 형상이 매우 양식화된 상태다. 이런 양식화는 처음 이런 형상의 장식 띠고리가 만들어졌던 지역과는 시공간적으로 거리가 있어서일 것이다. 이런 양식의 허리띠 고리는 어디에서 왔을까? 청동기시대 한국에서 이런 양식의 허리띠 고리가 출현한 이유는 무엇일까? 문화사적으로 이런 양식 허리띠 고리의 출현은 어떤 의미를 지닐까?

3

그림1. 동물 모양 청동제 허리띠 고리(청동기시대 및 철기시대, 각지 출토, 국립중앙박물관)
그림2. 양 모양 금제 허리띠 고리(한, 내몽골 어얼둬쓰 출토, 중국 내몽골박물원)
그림3. 비마문(飛馬紋) 금동제 허리띠 고리(북위, 내몽골 후룬베이얼 자라이눠얼 출토, 중국 내몽골박물원)

동물 장식 허리띠 고리가 농경사회에서 처음 만들어지지는 않았을 것이다. 농사꾼 사회에서는 이런 양식의 금속제 허리띠 고리가 필요하지 않다. 일부러 멋을 부리려고 이런 걸 구해 허리에 찬다면 모를까. 통옷 차림 농사꾼이나 그런 사람들을 관리, 감독하는 사람에게 금속제 허리띠 고리는 옷감 띠에 이어 허리에 차보았자 거추장스럽고 무거울 뿐이다. 부적이라면 혹 의미가 있을 수도 있지만, 호랑이나 말 형상 장식 허리띠 고리는 농사꾼 사회에서 별로 실용적인 물건이 아니다.

그러나 저고리와 바지를 기본 복식으로 삼는 사람들에게는 동물 장식 금속제 허리띠 고리가 쓸모 있다. 아니 쓸모 정도가 아니라 요긴하다. 가죽으로 만든 허리띠에 이런 동물 장식 띠고리를 이어 허리에 걸면, 저고리와 바지를 몸에 고정해준다. 말을 타고 달리거나 숲속이나 들판에서 달려야 할 때 편안할 수 있다. 게다가 가죽 띠에 여러 개의 작은 고리를 걸어 작은 칼이나 숫돌 같은 걸 달아두면 장시간 야외에서 시간을 보내야 할 때 아주 요긴하게 쓸 수 있다. 따로 작은 주머니에 이런 도구들을 담아 말 안장 귀퉁이에 걸어두지 않아도 된다. 그리고 보니 동물 장식 금속제 허리띠 고리는 저고리와 바지가 기본 복장인 사람에게는 꼭 필요한 복식 도구일 수도 있겠다.

저고리와 바지는 사냥이나 목축을 생계수단으로 삼는 사람들의 기본 복식이다. 풀숲을 헤치고 다녀야 하는 사냥꾼이나 말을 타고 소 떼, 양 떼를 몰아야 하는 목동에게 바지는 필수다. 농사꾼들이 통옷에 익숙한 것과는 다르다. 물론 사는 곳의 기후환경에 따라 복식은 달라진다. 지나치게 건조하고 일 년 내내 기온이 높은 모래사막지대나 그 언저리를 삶터로 삼은 목동에게 몸에 달라붙는 바지는 불편한 옷이다. 헐렁한 통옷이 통풍도 잘 되고 땀도 마르니 오히려 낫다. 이와 달리 지나치게 습한 곳에서는 남녀 모두에게 긴 통옷보다는 짧은 치마가 생활에 요긴하다.

청동기시대부터는 농경을 생업으로 삼은 한국인에게 저고리와 바지 차림이 익숙하고 당연시된 건 농사에 매달리기 이전에는 사냥과 목축에 종사했기 때문일 것이다. 한국사의 첫 무대를 연 나라 가운데 하나인 부여는 농사와 목축을 겸하는 반농반목 국가였다. 부여의 왕자였던 고구려의 시조 주몽은 목동 일을 하다가 남으로 내려와 나라를 세웠다.[1]

부여 사람들의 생업 가운데 하나였던 목축도 유형은 여러 가지다. 산지 목축이 있고, 초원 목축이 있으며, 산지와 초원을 오가는 목축도 있다. 황무지 언저리를 맴도는 힘든 목축도 있다. 시베리아의 툰드라기후 지대에서 이루어지는 순록 목축은 여름과 겨울 사이에 초장거리 이동을 한다. 오늘날 사람들이 잘 안다고 생각하는 건 초원 목축이다.

초원과 황무지에서 이루어지는 목축은 넓은 지역에 걸쳐 짐승을 풀어놓는 유목 방식을 택하는 게 일반적이다. 이런 방식의 목축은 여름과 겨울 사이에 선택하는 목초지가 다르므로 목축의 범위가 대단히 넓다. 물론 이도 상대적이다. 황무지의 언저리를 맴돌며 황량한 산지와 광야를 오가는 목축도 일 년 동안의 이동 거리는 웬만한 농경 국가의 절반 정도 너비를 종횡으로 오간다.

농사꾼이 농경 작물에 적지 않은 신경을 써야 하듯이 목동이 돌보는 가축에도 손이 많이 간다. 소나 양, 말의 젖을 짜거나 새끼를 받는 것같이 직접 손을 대야 하는 일이 아니라도, 한 마리 한 마리 건강 상태에 신경을 쓰면서 가축을 목초지에 풀어놓고 다시 우리에 모아들이는 과정이 만만치 않다. 목동은 누구든 낮이나 밤에도 가축을 노리는 맹수가 가축 근처에 얼씬거리지 않게 신경을 곤두세워야 한다. 그런 점에서 가축 돌보기를 돕는 가축몰이 개가 목동에게는 둘도 없는 친구다.

청동기시대 이래 목축을 생업으로 삼는 집단은 농경지대와는 환경 조건이 크게 다른 지역을 삶터로 삼았다. 농경지대는 대부분 습했지만, 목축지대는 건조했다. 농경이 이루어지는 곳은 기후가 온화하거나 덥다. 하지만 목축하는 지역은 일교차나 연교차가 매우 크다. 아라비아나 사하라 사막 언저리와 같이 일 년 내내 더운 곳도 일교차는 매우 크다. 양 떼나 소 떼, 말 떼를 키우려면 넓고 탁

4

5

6

트인 데가 좋다. 반면 보리, 밀, 벼를 심어 키우려는 농사꾼은 좀 좁더라도 물 대기 좋은 계곡지대나 강과 내가 가까운 곳을 택한다. 이를 보면, 어떤 면에서는 사람이 아니라 사람이 키우려는 대상, 곧 곡식이나 가축이 제 살 곳을 정하고 사람은 그런 곳에 적응하며 살았다고도 할 수 있다.[2]

유라시아의 넓은 초원지대는 목축이 생업이던 사람들의 삶의 터전이었다. 역사지도에는 텅 빈 땅이었던 것처럼, 초원지대의 언저리에 작은 규모의 유목 집단이 살았던 듯이 띄엄띄엄 민족명이나 집단의 이름이 표기되어 있어도 실제 비어 있던 곳은 없었다.[3] 북극에 가까운 툰드라지대, 타이가지대와 달리 스텝으로 불리던 초원지역은 어느 곳이든 가축을 몰고 다니던 사람들이 살고 있었다.

돌보는 가축이 보이지 않는 주도권을 쥐고 있는 데서 알 수 있듯이 유목하는 사람들의 삶은 짐승과 인연이 깊다. 초원과 산지를 맴도는 맹수들, 심지어 하늘에서 내려다보는 맹금들도 호시탐탐 목동들이 돌보는 가축의 어미나 새끼를 노린다. 목동들도 겨울나기를 위해 가축을 모아들이고 건초를 먹일 때는 근처의 숲이나 산지로 사냥을 떠난다. 사슴이나 노루를 잡아 부족한 겨울 먹거리를 보충한다. 이들이 잡은 짐승의 가죽은 농경사회에서 생산하는 옷감, 곡식, 장신구와 교환하는 가치 있는 상품으로도 쓰인다. 유라시아의 초원과 농경지 사이의 넓은 경계지대에서는 목동과 농사꾼 사이의

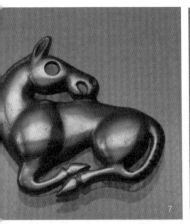

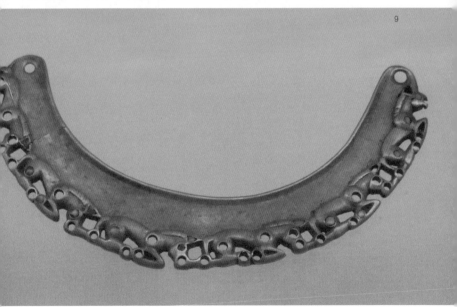

그림7. 말모양 금제 장식(내몽골 츠펑 닝청 출토, 중국 내몽골 영성현박물관)
그림8. 은제 말 모양 허리띠 고리(기원전 3세기, 북중국 수집, 미국 메트로폴리탄미술관)
그림9. 변형 마문(馬紋) 금구(전국시대, 감숙 장예 롱거 출토, 중국 감주구박물관)

교환무역이 정기적으로 이루어졌다. 이런 유형의 교역이 이해관계로 어긋나 제대로 열리지 못하면 충돌이 일어났고, 심지어 장기적인 전쟁으로 이어지기도 했다.

한 가족이 돌보는 가축이 수백 마리, 수천 마리이기 쉬운 유목사회에서는 영역 경계를 둘러싼 분쟁도 잦았다. 돌보는 양이나 소, 말의 수가 늘면 목초지가 부족하고, 기후 변화로 풀이 제대로 돋지 않으면 목초지를 옮겨야 하는 때도 있었기 때문이다. 목초지 확보는 가축 떼를 제대로 먹이느냐 마느냐의 문제이기도 했지만, 가족의 생계를 유지할 수 있느냐 없느냐가 걸린 중차대한 사안이기도 했으므로 목초지 분쟁은 폭력을 동반한 충돌로 이어지기 쉬웠다. 유목사회에서 막내 상속이 일반화한 것도 이 때문이다. 부족 간 전쟁이나 씨족들 사이에 폭력적인 충돌이 일어나면 연장자순으로 앞에 나서야 했고, 마지막에는 전사로 앞장서 나갈 나이가 되지 않은 막내가 남은 가족을 지키고 가축을 돌보아야 했으니 이는 어쩌면 당연한 일이다. 동생이 형수를 아내로 맞이하는 관습도 전사한 형의 가족을 지키는 차원에서 이루어졌다. 고구려 사람들이 오랜 기간 형사취수제兄死娶嫂制, 곧 형이 죽으면 동생이 형수를 아내로 맞이하는 관습을 유지한 것은 고구려가 부여에서 갈라져 나온 세력이고, 부여 사람들은 농경과 목축을 겸했던 까닭이다.[4]

신앙과 장식, 말과 새

청동기시대에 목동이 허리에 차고 다닌 청동 단검의 손잡이 장식은 말 머리나 호랑이, 백조 같이 짐승의 형상인 게 일반적이다. 때로 신비로운 상상의 짐승이 단검 손잡이에 표현되기도 하는데, 이런 짐승은 목동들 사이에 잘 알려졌던 씨족 전승이나 부족 신화에 등장하는 것들이다. 여러 종류의 장신구나 기타 도구의 장식에 긴 뿔 사슴이나 맹수의 사냥 장면, 짐승들 사이의 싸움 등을 주제로 한 표현이 등장하는 것도 마찬가지이다. 모두 해당 사회에 내려오던 전승이나 신화와 관련이 있고, 목동들 사이에 돌던 부족이나 씨족이 겪은 전설적인, 혹은 역사적인 사건의 한 장면이다.

말은 유라시아 유목사회에서 처음으로 가축화했을 정도로 목동과는 떼려야 뗄 수 없는 존재였다. 양 떼건 소 떼건 목동이 수백 수천 마리의 가축을 몰고 다니려면 말을 타고 다녀야 했다. 혹 이웃 사이 왕래가 필요할 때도 말을 타야 했고, 부족 차원의 행사가 있거나 전쟁에 나가야 할 때도 말이 없으면 불가능했다. 목동에게 말은 타고 다니는 교통수단이기 이전에 친구였다. 목동이나 전사가 타고 다니는 말에는 이름이 붙었고, 죽은 이의 무덤에는 그가 함께하던 말도 묻혔다. 이런 까닭에 유라시아 유목사회에서 말은 도구를 장식하는 장식물로 자주 등장한다. 허리띠 고리뿐 아니라 마차의

그림10. 큰뿔사슴 모양 청동제 장식(전국시대, 내몽골 후허하오터 출토, 중국 내몽골박물원)
그림11. 사슴 모양 청동제 장식(내몽골 후허하오터 출토, 중국 내몽골박물원)
그림12. 뿔모양 잔(가야, 5~6세기, 국립중앙박물관)
그림13. 뿔모양 잔(신라, 5세기, 국립중앙박물관)

부속, 검의 장식, 그 외 다양한 도구의 한 부분으로 모습을 보인다.

유목사회에서는 뿔 달린 짐승도 장식의 주요한 소재였다. 장식으로 쓰이는 긴 뿔 사슴은 '뿔'이 특별히 강조되는 데서 잘 드러나듯이 뿔이 보여주는 생식력에 대한 숭배 관념을 담고 있다.[5] 실제 자연에서 암컷을 차지하려고 벌어지는 수컷 사이의 싸움에서 승리하는 쪽은 뿔이 더 크고 발달한 쪽이다. 암컷도 이런 수사슴과 교미하여 유전적으로 우세한 새끼를 낳고 싶어 한다. 어떤 면에서 이는 대자연의 선택이기도 하다. 양 떼, 소 떼를 몰고 다니는 목동에게 가축이 제때 새끼를 배고 낳는 것만큼 중요한 일은 없다. 생식력이 좋은 수컷은 최우선의 보호 대상이었다.

고구려의 시조 주몽은 부여 왕실의 말 떼를 돌보는 목동이 되자 어머니 유화의 가르침대로 가장 힘이 세고 건강한 수컷을 골라내 일부러 '비루먹은 말'이라는 말의 주인공처럼 마르게 해 금와왕에게 이 말을 선물로 받는다.[6] 생식력이 뛰어난 종마種馬 골라내기를 한 셈이다. 삼국시대의 고구려에서 여러 종류의 뿔나팔을 사용했다든가, 신라인과 가야인들이 흙으로 만든 뿔잔[각배]를 많이 남긴

그림14. 나팔 부는 사람(고구려, 안악3호분, 북한 안악)   83

것도 이들에게 목축과 수
렵에서 기원한 문화 요소
가 남아 있었기 때문이다.

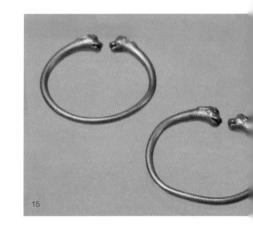

동물을 암수 한 쌍으로
형상화하는 것도 청동기
시대 유목미술의 특징 가
운데 하나이다. 검 손잡이
끝 장식을 비롯하여 고리
나 그 외 여러 종류의 장식
품에 동물은 암수 한 쌍이 마주 보게 형상화된다. 장식품을 만들면
서 암수 한 쌍의 동물을 등장시키는 것은 생산을 염두에 둔 행위라
고 할 수 있다. 수컷의 높은 생식력을 중요시한 이유가 유전적으로
우세한 새끼를 얻기 위해서이듯이 공예품을 만들면서 암수 한 쌍을
동시에 표현하는 것은 생식과 번성을 염두에 둔 주술적 의도가 개
입되었기 때문으로 보아야 할 것이다. 울산 천전리 각석의 초기 암
각화에 쌍을 이룬 동물이 여럿 표현되는 것과 같은 이유에서라고
할 수 있다.[7]

그리핀은 독수리의 머리와 날개에 사자의 몸, 혹은 독수리의 머
리에 말의 몸이 합성된 상상의 동물로, 유목사회 장식물의 주요 소
재 가운데 하나이다. 유목사회의 동물 의장 가운데 가장 선호된 하

그림15. 금제 팔찌(한, 내몽골 후허하오터 출토, 중국 내몽골박물원)

16

17

18

그림16. 금제 그리핀(전국시대, 내몽골 어얼둬쓰 출토, 중국 어얼둬쓰청기동기박물관)
그림17. 사람과 그리핀 금제 장식(전국시대, 중국 내몽골박물원)
그림18. 소를 사냥하는 호랑이 장식문 금제 허리띠 장식(전국 후기, 내몽골 어얼둬쓰 출토, 중국 내몽골박물원)

19   20   21

그림19. 요녕식 동검(청동기시대, 여수 월내동 출토, 국립중앙박물관)
그림20. 요녕식 동검(청동기시대, 신천 출토, 국립중앙박물관)
그림21. 한국식 동검(청동기시대, 함평 초포리 출토, 국립중앙박물관)

이브리드 동물이지만, 이런 동물 장식의 기원은 메소포타미아다. 이집트와 그리스의 스핑크스도 메소포타미아의 영향으로 출현한 합성동물이다.[8] 몽골초원에서는 지금도 새끼 독수리를 붙잡은 뒤 훈련을 거친 뒤 빠르게 달아나고 잘 숨는 설치류 사냥에 쓰는데, 초원의 삶에서 가장 인상적으로 마음에 담는 동물 가운데 하나가 이 독수리이다.

청동기시대까지 유라시아 초원지대에는 사자도 살았으므로 독수리와 사자를 합성시킨 동물을 상상하여 장식 소재로 쓰는 것도 그리 이상한 일은 아니다. 독수리와 말을 합성시킨 그리핀은 두말할 필요도 없다. 이런 합성동물을 상상하여 신화에 등장시키는 관념 세계에서 비롯된 스토리텔링 중의 하나가 늑대가 조상이라는 투르크 민족의 기원 신화이다.

맹수가 초식동물을 사냥하는 장면이나 맹수끼리 물고 물리며 격렬하게 싸우는 장면은 목동들이 살아가던 초원과 숲, 산지 생명의 삶을 있는 그대로 보여준다. 먹거나 먹히고 사냥에 성공하면 살지만, 그러지 못하면 굶어 죽어야 하는 자연 속 삶의 원리가 이런 작품들을 통해 생생하게 전해지고 있는 셈이다. 목동들은 이런 자연의 원리를 되새기고 되새기면서 가축을 먹이고 초원에서의 삶을 꾸려나갔다.

한국의 청동기문화는 계통상 초원지대에서 발달한 청동기문화와 닿아 있지만, 시간이 흐르면서 중국 청동기문화도 받아들인다. 한국식 동검으로 불리는 세형동검은 중국 동북의 요녕 지역에서 여러 차례 출토되었던 비파형동검(요녕식 동검)을 계승, 발전시킨 것이다. 청동기시대에 중국의 요녕 지역과 내몽골 동부는 초원지대의 청동기문화권에 속했다. 한국에서는 이 초원지대 청동기문화를 기반으로 동북아시아 청동기문화가 발달했고, 그 범위에는 만주와 연해주, 한반도, 일본열도가 포함되어 있었다.

초원의 유목사회에서 중요시된 신앙 대상의 하나는 새였다. 유라시아의 유목민 가운데 일부는 죽은 자의 영혼이 조상신들이 산다는 북방의 큰 산이라 믿었고, 또 다른 사람들은 여러 층으로 이루어진 하늘 세계로 간다고 믿었다. 문제는 이런 곳은 멀고 아득해서 찾아가기도, 이르기도 어렵다는 사실이었다. 영혼에게 이 길을 안내하는 것이 개와 말과 새였다. 삼한시대 변진 사람들이 장례 때 새의 깃을 쓴 것도 새가 죽은 이의 길잡이 노릇을 한다는 믿음에서 비롯된 행동이다.[9]

새는 일상의 종교 제의에서도 샤먼이 신을 만나러 갈 수 있게 길을 인도해준다고 믿었으므로 중요시되었다. 유라시아 초원지대에서 철 따라 남북으로 장거리를 이동하는 크고 작은 철새들이 이런 신화적 사고를 가능하게 했을지도 모르겠다. 청동기시대 대전 괴정동 출토 농경문 청동기 뒷면에는 솟대로 보이는 나뭇가지 끝에

그림22. 농경문 청동기(청동기시대, 대전 괴정동 출토, 국립중앙박물관)
그림23. 새 장식 금제 관(전국시대, 내몽골 어얼둬쓰 출토, 중국 내몽골박물원)
그림24. 새 모양 금제 귀걸이(한, 후허하오터 수집, 중국 내몽골박물원)

앉아 있는 새 두 마리가 묘사되어 있다. 앞면의 수확 장면에도, 뒷면의 남은 부분에도 새가 표현되었다. 솟대는 한국 삼한시대 소국들에 제사장의 공간으로 만들어졌던 소도의 상징처럼 여겨지는데, 아마 이런 형태의 솟대는 제사장 샤먼이 신과 소통한다는 상징적 의미를 지니고 있었을 것이다.

　땅 위의 세상을 하늘과 이어주는 나무 기둥이나 신목神木은 농경사회에도 세워졌지만, 몽골을 포함한 유목사회에도 만들어졌다. 낮은 구릉과 평지가 지평선 너머까지 이어지는 초원지대에서 솟대

25

26

(몽골에서는 '오보')는 먼 거리를 오가는 목동들에게는 이정표 역할도 했다.[10] 목동들은 한국의 서낭당 나무처럼 이런 솟대에 와서 기도도 하고 어디에 어떤 솟대가 솟아 있고 어떤 색의 옷감 띠가 얼마나 많이 묶여 있는지 기억해두기도 했다. 이런 솟대는 대부분 끝에 새 모양 나무 장식이 올려져 있는데, 한국의 솟대 끝에 세워둔 새 모양 장식과 크게 다르지 않다.

중세 후기까지 유목사회의 기본 신앙은 샤머니즘이었다. 샤먼은 엑스터시를 통해 신과 만나 대화하고 사람의 바람을 신에게, 신의 뜻을 사람에게 전했다. 샤먼이 엑스터시에 들어가면 영혼이 몸에서 빠져나가 신이 계신 하늘 어딘가로 날아갔다.[11] 어떤 샤먼들은 안내자 없이 신에게 갔지만, 또 다른 샤먼은 저를 안내하는 새와 함께 갔다. 청동기시대와 초기철기시대 유목사회의 지배자들은 제사장을 겸했고, 부족이나 씨족의 제의를 주재했다. 이때 이들은 부족과 씨족의 영적, 정치적 지배자임을 보여주는 모자를 머리에 썼는데, 모자의 꼭지에는 새 장식을 달았다. 자신이 하늘, 신, 조상신과 사람 사이를 잇는 존재라는 사실을 보여주기 위해서다. 흉노가 다스리던 몽골초원 서쪽 끝자락에서 발견된 금관과 새 장식은 유라시아 초원지대에서 유지되었던 이런 관습을 잘 보여준다.

모자를 비롯한 여러 가지 장신구나 도구의 끝을 새 형상 장식으로 마무리하는 관습은 고대 한국의 유물에도 보인다. 농경사회에

그림25. 새 장식 철제판(가야, 5세기, 함안 도항리 출토, 국립김해박물관)
그림26. 새 장식 항아리 뚜껑(신라, 3~4세기, 포항 옥성리 출토, 국립경주박물관)

도 새에 대한 신앙은 보편적이었지만, 유목사회만큼 강렬하고 지속
적으로 영향을 미치고 흔적을 남기지는 않았다. 이는 기존의 샤머
니즘이 도교나 유교 같은 새로운 종교신앙 체계로 대체되면서 나타
난 현상으로 볼 수 있다. 그러나 새로운 종교 체계가 나타났다고 해
서 인간의 삶과 하나처럼 여겨지며 지속된 샤머니즘 신앙이 완전히
사라지지는 않았다. 민간 차원에서는 끈질기게 명맥을 유지하여 오
늘날에도 남아 있을 정도다.

이런 샤머니즘에서 '하늘을 나는 새'는 여전히 중요한 존재다.
몽골을 비롯한 유라시아 북방에서는 근대까지도 샤머니즘이 강한
영향을 끼쳤고 지금도 라마교와 병존하고 있다. '새 신앙' 역시 오
보와 같은 솟대 신앙과 함께 남아 있다. 농경사회인 중국에서는 춘
추전국시대에 이미 새 신앙이 희미해지기 시작한다. 하지만 고대
한국에서는 삼국시대 전기의 유물에도 새 형상 장식이 다수 만들어
져 이의 문화적 기원이 상당히 오랜 시기로 거슬러 올라갈 수 있음
을 미루어 짐작할 수 있다. 삼한 시기에 죽은 이를 보내는 장례식에
새 깃털을 쓰는 관습도 고대 한국인에게 새 신앙이 얼마나 강했는
지 보여주는 좋은 사례로 이해되고 있다.

초원의 유목 사회에서는 황금 문화가 발달했다는 평가도 한다.
실제 초원 유목 사회가 남긴 황금 유물은 구성상 다른 어느 사회보
다 유물 내 비중이 높다. 물론 초원의 황금 유물은 왕족을 위한 것

그림27. 감숙석 호랑이와 새 무늬 금제 허리띠 장식(전국시대, 내몽골 어얼둬쓰 출토, 중국 내몽골박물원)
그림28. 금제 관 장식(한, 내몽골 후허하오터 수집, 중국 내몽골박물원)
그림29. 금제 귀걸이(한, 내몽골 후허하오터 수집, 중국 내몽골박물원)

30

이지 일반 목동은 쳐다보지도 못하던 것들이다. 초원에서 황금은 영원성의 상징으로 받아들여졌다. 이는 황금이 환금적 가치가 높은 보석으로 평가받고 지불 수단으로도 활용되던 농경사회와 구별되는 부분이다.

고대 한국, 특히 신라에서 황금은 영원성의 상징으로, 특정한 신분의 사람만 사용할 수 있는 특별한 것으로 여겨졌음이 확실하다. 신라 마립간의 왕릉에서 대거 출토된 황금 유물은 양과 내용에서 그 이전 및 이후와 구별된다. 신라에도 황금 문화의 시대가 있었다고 하겠다. 신라 김씨 왕족에게도 황금 숭배의 전통이 있었음을 미루어 짐작할 수 있다. 왕성을 '김金'으로 한 것도 이 때문일지 모르겠다.

그림30. 금관(국보 191호, 신라 5세기, 경주 황남대총 북분 출토, 국립경주박물관)
그림31. 금제 귀걸이(보물 2001호, 신라, 5세기, 경주 황오동 출토, 국립중앙박물관)
그림32. 금제 허리띠 장식(국보 192호, 신라 5세기, 경주 황남대총 북분 출토, 국립경주박물관)

유목

우리 보고
정처 없이 다닌단다
밤이면
양을 통구이 하며
노래와 춤을 즐긴단다

날마다
네 풀밭이 저기까지고
내 양 먹일 샘이 여기라는 걸
서로 알리고 끄덕이는 걸
당신은 알지 못한다

내 양 수백 마리 다 이름이 있고
개와 염소로 양 몰며
새 풀 자란 곳 찾아 들판 너머까지 오가는 걸
당신은 모른다

부지런 떨어도 모자라는
우리네 하루
알려고도 않는 당신에게
구구절절
알리려 애쓸 틈도 없다

목동

풀이 자란다
내 말이 먹을 거라 난
손대지 않는다
풀이 발목 위로 돋았다
내 소가 뜯을 거라 난
못 본 체 했다
풀이 무성해졌다
내 양이 군침을 흘려 난
입맛도 다시지 못했다
난
새끼들이 빨고 남은
한 모금 젖으로
허기를 메운다

새 모양 장식 - 청둥오리

서늘한 게 좋지만
시베리아 겨울은 너무⋯춥다
더우면 힘들어도
시베리아 여름은 견딜만하다
따뜻한 남쪽 나라
태화강 갈대숲은
어머니 날갯죽지 같고
대곡천 개울 길은
피라미 떼 한 상 차림이다
북으로 떠날 때는
등에 사람들 맡긴 꿈 한 보따리
남으로 내려올 땐
신들이 건넨 소망 한 꾸러미

제 4 장

둥글고 네모지고
깊고 넓게 펼쳐진 새로운 공간

| 집과 무덤이 보여주는 건축가의 우주 |

삼국시대의 한국에서는
일반 백성이 거주하는 초가집과
귀족과 왕가 사람들이 지내는 기와집이
골격과 구조를 제대로 갖춘
주거 양식으로 자리 잡는다

그림1. 집자리 복원 모형(신석기시대, 서울 암사동)
그림2. 집자리 복원 모형(신석기시대, 양양 오산리)
그림3. 집자리(신석기시대, 서울 암사동)
그림4. 집자리(신석기시대, 양양 오산리)

집

처음 사람들이 거처로 삼았던 곳은 바위 그늘이나 동굴이다. 구석기시대 사람들은 사냥이나 채집으로 생계를 이었던 까닭에 한곳에 오래 머물지 않고 옮겨 다녔다. 신석기시대에 들어오면서 사람들은 가능한 한 한곳에 오래 머물면서 사냥하고 채집하려고 했다. 이전보다 도구를 다듬어내고 사용하는 기술이 좋아지자 사냥과 채집을 하면서도 한곳에 살 수 있게 된 까닭이다. 신석기시대 후기에는 농경을 겸하면서 강변이나 해안에 마을을 세우고 지내는 사례도 많아졌다. 한반도에서도 서울 한강 변의 암사동이나 미사리, 양양 오산리의 동해안 석호 근처에 마을이 들어서 오랜 기간 유지되었다.

신석기시대의 주거지도 잘 살펴보면 보온과 방수, 배수를 위해 여러 가지로 신경을 썼음을 알 수 있다. 지표면에서 땅을 약간 파

내려가 주거 바닥을 만든 것도 바깥의 차가운 기운을 조금이라도 덜어내기 위해서였다. 벽과 천장이 나뉘지 않은 구조에서 중요한 것은 공기 순환이므로 천장 꼭대기는 원추형 꼭지의 끝이었고, 벽과 천장이 나뉘기 시작하자 천장 가운데에 별도의 통풍구를 설치하여 구조 변화에 대응하였다. 잘 짜인 기둥의 바깥은 말린 갈대와 수숫대를 빈틈없이 덮어 겨울의 추위에 대비하였다. 집의 둘레에는 배수를 위한 도랑을 파 습기의 침투를 막는 게 일반적이었다.

청동기시대에 이르면 벽과 천장을 나눈 집이 등장하면서 벽체가 보강되고 기능에 따라 집 내부의 공간이 구획되었다. 공공 용도의 대형 건물도 만들어졌다. 흙과 석회를 섞어 벽체를 메우는 방식도 도입된다. 중근동과 남유럽 일부 지역에서는 신석기시대 후기에 이미 석회와 흙을 버무려 만든 재료로 벽과 천장을 바른 집들이 등장한다. 터키 차탈휘윅 신석기시대 마을의 사례에서 볼 수 있듯이 일부 마을은 수십 채의 집을 붙여 짓고 천장으로만 드나드는 등의 방식으로 맹수의 침입을 방지하려 애쓰기도 한다.[1]

청동기시대에는 집을 짓는 방식이나 재료, 집의 규모가 이전과 달리 계층성을 강하게 드러내는데, 현재까지 한국의 유적에서는 그런 차이가 두드러지지 않는 듯이 보여 눈길을 끈다. 청동기시대 마을이나 도시가 전면적으로 발굴, 조사된 사례가 거의 없어서일 수도 있을 것이다.

그림5. 마을 유적 발굴 전경(신석기시대, 터키 차탈휘윅)
그림6. 집자리 복원 모형(신석기시대, 터키 차탈휘윅)

7

8

9

그림7. 고상식 집 모양 토기(가야, 5~6세기, 창원 다호리 출토, 국립중앙박물관)
그림8. 고상식 집 모양 토기(가야, 4~5세기, 함안 말이산45호분 출토, 두류문화연구원)
그림9. 기와집 모양 토기(고구려, 5~6세기, 평양 출토, 국립중앙박물관)

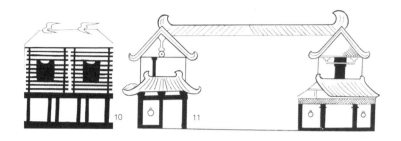

삼국시대의 한국에서는 일반 백성이 거주하는 초가집과 귀족과 왕가 사람들이 지내는 기와집이 골격과 구조를 제대로 갖춘 주거 양식으로 자리 잡는다. 벽체와 천장을 만드는 재료의 질과 규모, 양식에서 뚜렷한 차이를 보이는 초가집과 기와집은 이후 천 수백 년 동안 한국의 도시와 마을 어디에서나 볼 수 있는 건축물이다. 나무껍질을 지붕 위에 덮는 너와집은 산간지대에서 흔히 볼 수 있는 건축물이지만, 흙을 개어 빚고 구워 만드는 기와를 쓰지 않고 자연에서 구할 수 있는 재료를 사용했다는 점에서 성격상 백성이 거주하는 초가집의 한 유형으로 분류할 수 있다.

밀과 보리, 쌀을 수확한 뒤 생기는 짚이 지붕을 덮는 재료인 초가집과 달리 기와집은 따로 만들어 구운 기와를 쓰는 까닭에 건축가인 목수는 집 천장의 목재 구조에 상당히 신경을 써야 한다. 보통 수천 장의 각종 기와를 쓰는 건축물이므로 기둥과 들보가 상당한 무게를 오랜 기간 견뎌내야 하기 때문이다.[2] 기둥과 들보에 사용할 목재가 굵고 튼튼해야 함은 물론이다.

수키와와 암키와, 막새기와, 치미鴟尾 등이
조합되어 이루어지는 기와지붕에서 막새기
와와 치미에는 여러 가지 무늬를 넣는다. 재
액을 쫓아버리고 경사를 불러들이기 위해서
다. 사악한 기운을 물리치고 화재를 막으려는
주술적 의도를 담아 장식되는 무늬로 선호된 것은
눈을 부릅뜨고 송곳니를 드러내며 포효하는 모습의 귀면鬼面, 혹은
용면龍面이다. 불교가 전해진 이후에는 여래의 가호를 받고자 연꽃
을 장식문으로 넣는 사례도 많아진다.

고구려 고분벽화를 보면 기와집 안의 기둥과 두공, 들보에는 다
양한 무늬를 넣어 장식적 효과를 살렸음을 알 수 있다. 막새기와나
치미의 예에서 보듯이 기둥이나 들보 안에 넣는 무늬도 상서祥瑞와
벽사辟邪의 의미를 지녔다. 쌍영총 안에서 보듯이 실물 기둥을 세운
경우에도 주술적 역할이 부여되는 무늬를 넣어 장식성과 종교 · 신
앙적 효용성이 동시에 작용할 수 있게 하였다.

대귀족 저택의 건물과 건물 사이에는 전돌을 깔아 비나 눈으로
마당이 젖어 질척거려도 저택 안의 건물 사이를 어려움 없이 오갈
수 있게 했다. 왕이 거주하는 궁성, 관리들이 일하는 관청, 불교의
사원 등은 특별한 용도의 건물이었으므로 건물 벽체와 바닥은 상서
와 벽사의 의미를 담은 장식 전돌로 마감하였다. 백제의 수도였던

그림12. 괴수얼굴무늬 수막새(고구려, 5~6세기, 국립중앙박물관)
그림13. 연꽃무늬 수막새(고구려, 4~5세기, 국립중앙박물관)
그림14. 연꽃무늬 수막새(백제, 6~7세기, 부여 관북리 출토, 국립중앙박물관)
그림15. 연꽃무늬 수막새 및 용얼굴무늬 수막새(신라, 6~7세기, 경주 황룡사터, 국립경주박물관)
그림16. 수막새와 암막새(신라, 8~9세기, 경주 분황사터, 국립경주박물관)

17   18   19 20

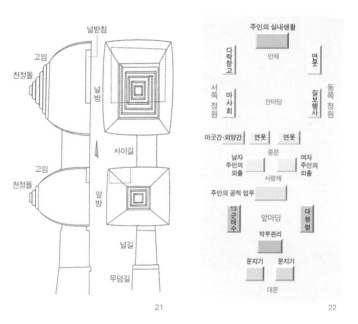

21   22

그림17. 기둥(고구려, 환문총, 중국 집안), 그림18. 기둥(고구려, 수산리벽화분, 북한 남포)
그림19. 기둥(고구려, 안악2호분, 북한 안악), 그림20. 석제 기둥(고구려, 쌍영총, 북한 남포)
그림21. 덕흥리벽화분 구조(고구려)
그림22. 덕흥리벽화분 벽화 배치로 본 귀족 저택의 구조(고구려)

부여에서 발견된 산수문전을 비롯한 8종의 전돌, 신라의 서울이던 경주에서 발견된 다양한 종류의 연화문전, 보상화문전 등은 이런 용도로 쓰이던 것들이다.

대귀족의 저택에는 다양한 쓰임새의 건물이 여러 채 세워졌다. 바깥주인이 주로 거주하는 사랑채와 안주인이 주인공인 안채는 구별되었다. 살림살이와 관련 있는 방앗간, 부엌, 창고, 우물 등은 안채의 좌우에 있었다. 고구려의 안악3호분이나 덕흥리벽화분은 벽화를 통해 귀족 저택 살림살이 건물들이 어떻게 배치되었는지 알수 있게 한다.[3] 용강대묘 등의 벽화고분에는 대귀족 저택의 규모를 알게 하는 그림이 남아 있다. 팔청리벽화분, 천왕지신총, 통구12호분 등에는 여러 채의 기와집 안팎에서 일과에 바쁜 시종들의 모습이 묘사되어 있다.

온돌은 함경도 지역에 있던 작은 나라 북옥저에서 처음 출현한 난방 시스템이다.[4] 부엌 부뚜막 아궁이에 불을 때면 불기운이 부엌에서 방의 바닥 아래로 이어진 고래를 따라 들어오면서 고래 위를 덮은 구들돌을 데우고, 구들돌 위를 흙으로 덮어 만든 방바닥을 데워 그 위에 누우면 몸이 따뜻해지는 게 한국식 바닥 난방인 온돌이다. 이 온돌 시스템은 겨울이 길고 차가운 지역이 대부분인 고구려에서 크게 유행하였고 삼국시대 중기에 고구려 세력이 남하하면서 한반도 중부 이남까지 전해졌다.

23

24

25

그림23. 부엌(고구려, 357년, 안악3호분, 북한 안악)

그림24. 평상 위의 무덤주인부부(고구려, 쌍영총, 북한 남포)

그림25. 의자에 앉아 식사하며 대화를 나누는 불교 승려와 무덤주인(고구려, 무용총, 중국 집안)

그림26. 아차산 보루 부뚜막 복원 모형(고구려, 5세기, 서울대박물관)

그러나 삼국시대까지는 기술적
인 어려움으로 방의 바닥 전체에
온돌이 깔리지는 않았다. 보통은
방의 한쪽에 외고래나 쌍고래가 깔
리고 그 위에 구들돌이 얹어졌으
며, 방의 나머지 부분에는 낮은 평
상이 놓였다. 온돌 시스템이 고구
려에서 백제와 신라로 전해졌지만,
모든 주거 시설에 설치되지는 못했다. 삼국시대 후기까지도 귀족들
은 낮은 침상 위에 누워 잠을 청했고, 실내에서 대화를 나누거나 식
사를 할 때도 의자나 평상에 앉았다. 고구려의 각저총이나 무용총에
는 이러한 고구려 귀족의 평상시 생활 모습이 잘 묘사되어 있다.

무덤

무덤은 삶과 죽음이 나뉘는 자리에 만들어지는 구조물이다. 삶의
영역과 구별되는 무덤 공간은 죽은 자를 위한 것이지만, 어떤 면에
서는 산 자의 자취이기도 하다. 죽은 자가 살아 있을 때의 흔적이
무덤에 남겨지는 까닭이다.

인간은 구석기시대에 이미 죽은 자 주위에 붉은 흙을 뿌려 이별을 아쉬워하며 죽음을 기렸다.[5] 구석기시대에는 동굴 바닥의 파인 곳에 죽은 자들의 뼈가 남겨지지만, 신석기시대에는 마을 근처에 특정한 공간이 만들어져 죽은 자가 잇달아 묻히기도 하고, 죽은 자가 살던 집의 바닥이 죽은 자의 무덤이 되기도 한다. 남유럽이나 중근동에서는 신석기시대 후기에 바위를 파내 만든 신성한 공간 둘레에 여러 개의 돌방이 만들어지고 그 안에 죽은 사람이 묻힌 사례도 있다.[6]

신석기시대의 죽은 자에 대한 의례가 이전과 다른 점은 무덤에 대량의 껴묻거리가 남겨진다는 사실이다. 이는 사람이 죽으면 그것으로 모든 게 끝나지 않는다는 의식의 표현이다. 죽은 자를 위한 세계가 따로 있다는 관념이 사람들 사이에 자리 잡았음을 뜻한다. '자, 이제 그분은 저세상에서 이 세상에서처럼 살게 될 거야. 그러니 이런 거, 저런 거, 손발 곁에 넣어두어야지. 필요한 거 다 챙겨 드리자.'

춘천 교동 동굴무덤은 동굴주거지였다가 무덤이 된 사례이다. 바위를 파서 만든 인공 동굴에 살던 신석기시대 사람들이 이곳에 죽은 이와 껴묻거리를 묻고 떠났다. 세 사람의 유골과 함께 돌도끼, 돌검, 돌촉 등과 토기, 석제 낚싯바늘, 수정 조각과 관옥 등이 수습되었다.[7] 울진 후포리 신석기시대 무덤은 흙구덩이를 파고 돌을 둘러 만든 것으로 안에서 40구 이상의 20대 남녀 유골이 발견되었는

27

데, 시신은 180여 점의 돌도끼로 덮여 있었다.[8] 잘 갈아 만든 돌도
끼들은 사용 흔적이 남아 있는 것이었고, 돌도끼 가운데에는 옥돌
로 만든 것도 있었다. 통영 연대도 패총에서도 신석기시대 무덤이
확인되었다. 생활공간과 구별되는 별도의 구역에 구덩이를 파고 돌
이나 토기 조각으로 만든 바닥 위에 시신을 놓은 다음, 고운 흙과 작
은 돌, 토기 조각 등을 위에 덮어 무덤을 만들었다.[9] 돌도끼, 돌작
살, 돌 낚싯바늘 등의 석기와 골각기, 토기, 옥제 장신구 등이 함께
묻혀 있었다. 일본이 원산인 흑요석제 화살촉도 다수 나왔다.

청동기시대의 무덤인 고인돌 무덤은 죽은 자를 위한 공간이 어
느 정도 확보되는 점에서 신석기시대의 무덤과 구별된다. 돌로 바
닥과 벽을 만든 다음 시신과 껴묻거리를 넣고 그 위에 큰 돌을 얹어
천장을 덮는 식이다. 돌바닥과 돌벽이 지하에 있어 천장을 덮은 큰

그림27. 공동무덤 내부(신석기시대, 울진 후포리, 국립경주박물관)   113

돌이 땅 위에 붙어있다시피 된 것도 있고, 돌로 만든 작은 방이 지상에 반쯤, 아니면 온전히 노출되어 천장 덮개돌이 지상에 상당한 높이로 솟아 있는 것도 있다. 작고 네모진 무덤방이 지상에 있는 것을 탁자식 고인돌, 지하에 있는 것을 기반식 고인돌이라 부른다. 지하 무덤방 위에 굄돌 없이 바로 덮개돌을 올린 것은 개석식 고인돌이라 부른다. 개석식 고인돌 무덤 가운데에는 지하의 무덤방으로 여겨지는 공간 아래에 별도의 공간을 만들어 시신과 귀중품 껴묻거리를 묻은 사례도 있다. 위석식 고인돌로 불리는 제주식 고인돌의 경우, 적절한 크기의 현무암 7~8개로 둘러싸인 무덤방을 만든 다음 그 위에 큰 돌을 올려 육지의 것과는 양식상 차이를 보인다. 고인돌 무덤은 축조 방식에 따라 여덟 가지 이상으로 세분되기도 한다.

고인돌 무덤에서는 사람 뼈와 함께 비파형동검, 청동 도끼와 청동제 무기, 굽은 옥을 비롯한 옥 제품, 민무늬토기, 갈돌, 반달돌칼, 가락바퀴, 그물추 등이 수습되며 돌검, 돌촉 등도 무더기로 발견된다. 껴묻은 유물에 포함된 생활 용구들은 한국의 청동기시대에는 농경을 중심으로 생산이 이루어지고 있었다는 사실을 거듭 확인시켜 준다. 전 세계에서 발견된 6만 여기의 고인돌 무덤 가운데 4만 여기는 동북아시아에 있으며 한국의 전라도에는 무려 2만여 기가 있다. 고창, 화순, 강화의 고인돌 무덤은 세계문화유산으로 등재되었다.

28

29

30

그림28. 고인돌무덤(청동기시대, 강화 부근리)

그림29. 고인돌무덤(청동기시대~초기철기시대, 제주 용담동)

그림30. 독무덤(옹관묘, 삼국시대, 4~6세기, 영산강 일대 출토, 국립중앙박물관)

김해 구산동 고인돌은 덮개돌 무게만 350톤으로 추정되고, 화순의 대형 고인돌 덮개돌 무게는 280톤 정도이다. 유명한 영국 스톤헨지에 세워진 돌기둥 가운데 가장 큰 것이 50톤으로 추정된다는 사실을 고려하면, 한국 고인돌 가운데 대형 덮개돌의 무게는 일반인의 상상을 뛰어넘는다. 이런 엄청난 무게의 바위를 고인돌 덮개돌로 사용하려면 상당한 수준의 건축공학적 계산 능력과 일정한 인원 이상의 사람을 동원하여 일을 추진하는 실행력이 필요하다. 한국의 청동기시대에는 대형 고인돌 축조 작업이 가능할 정도로 사회가 조직화되었고, 건축과 토목 기술도 일정한 수준으로 발달했음을 알 수 있다.

한국에서 독무덤은 청동기시대부터 나타나지만, 중국을 비롯한 여러 지역에서는 토기가 만들어져 사용되는 초기인 신석기시대 후기부터 독이나 항아리를 무덤으로 사용한 사례가 보인다. 청동기시대에는 민무늬토기에 인골을 넣고 아가리를 돌판으로 덮어 무덤으로 쓴다. 초기철기시대에는 무덤에 쓸 용도로 독을 만들어 사용하는 사례가 전국 곳곳에서 확인된다.

삼국시대 전기 영산강 유역에서는 특별히 제작된 대형 독에 시신을 안치하여 석곽 안에 넣고 그 위를 봉분으로 덮은 사례도 다수 확인된다. 나주 신촌리9호독무덤에서는 금동관과 금동신발, 봉황문 환두대도, 다량의 장식 옥이 발견되었다.[10] 마한 소국들이 있었던 영산강 일대에서는 독무덤이 지역 문화 전통으로 자리 잡아 대귀족도 독무덤에 묻혔음을 알게 해준다.

영산강 일대에서 오랜 기간 독무덤이 사용되고, 신분이 높은 인물의 시신을 무덤용으로 따로 만들어진 대형 독에 안치한 이유는 무엇일까? 시신의 육탈肉脫을 위해 빈殯을 거친 뒤 추려낸 뼈만 독에 넣는 대신 목관에 넣듯이, 살았을 때처럼 입히고 치레 걸이까지 온전히 갖추게 한 시신을 대형 독에 안치해 석곽에 모신 건 어떤 관념에서 비롯된 것일까? 언젠가부터 독을 알처럼 여긴 까닭 아닐까? 생명이 잉태되어 세상에 나오기를 준비하는 곳이 알이라는 관념은 세계 여러 곳의 신화나 전설에 있고, 동아시아에서도 신화적 인물이나 영웅은 알에서 태어난다고 이야기되는 사례가 자주 보이는 데서 이런 사고의 실마리를 찾아볼 수 있을 듯하다. 당장 고구려를 건국한 주몽이나 6가야의 시조는 알에서 출생하지 않는가? 신라의 시조 박혁거세도 백마가 낳은 알에서 출생한 인물로 이야기되고 있다. 백제의 지배가 본격화되기까지 영산강 유역 대귀족들은 마한 소국 시대의 시조 관념을 그대로 가지고 있었을지도 모를 일이다.

경주 대릉원과 그 일대에 남아 있는 대형 봉분들은 영산강 유역 대형 독무덤과 달리 시신과 껴묻거리를 안치한 목곽 위에 엄청난 양의 자갈을 덮고 그 위에 흙무지를 올린 돌무지덧널무덤이다. 외

31

32

33

그림31. 황남대총(경주)

그림32. 황남대총 발굴 장면(경주)

그림33. 황남대총 출토유물(신라, 5세기, 국립경주박물관)

형이 표주박을 연상하게 하는 황남대총은 남북 길이 120m, 봉분 높이 23m에 이르는 대형 무덤으로 발굴 과정에 58,441점의 유물이 수습되었다.[11] 황남대총에서는 금관, 금동관을 비롯한 다량의 금, 은, 금동제품, 유리제품이 수많은 철기, 토기와 함께 나와 신라 마립간 시대 왕과 왕족이 내세 삶에 쓰일 물건이 어떤 것인지 짐작할 수 있게 했다. 황남대총보다 먼저 발굴된 이웃 천마총에서도 금관을 비롯하여 다량의 금은제품과 유리제품, 철제품, 대량의 토기가 출토되었다.

황남대총은 나무로 집과 같은 구조물을 만든 뒤 그 안에 나무곽을 짜고 관을 넣은 다음 비어 있는 공간을 자갈돌로 채우고 나무 거푸집 바깥에 자갈을 올리고 흙을 덮는 식으로 무덤을 만들었다. 초기의 돌무지덧널무덤과 차이를 보이는 이런 구조는 오랜 시간이 흘러도 안팎의 자갈로 말미암아 관곽이 내구성을 잃어도 시신과 껴묻거리가 원형을 거의 잃지 않게 할 수 있다. 가능한 한 오랜 세월 시신과 껴묻거리를 보호하려는 이런 조치는 죽은 이의 저세상 삶을 지키려는 의지의 발로라고 할 수 있는데, 신라에서도 무덤 축조와 관련한 건축공학적 연구가 계속 이루어져 그 결과를 현장에 적용했다는 사실을 알게 한다. 고구려와 백제에서 먼저 시작된 뒤, 신라와 가야에도 전해지는 돌방무덤은 이런 연구의 결정판이라고 할 수 있다.

34

35

본래 고구려 고유의 무덤 양식은 돌무지무덤이다. 강자갈로 일정한 높이까지 쌓고 그 위에 목관을 놓은 다음 다시 자갈돌을 쌓아올려 만드는 돌무지무덤은 압록강 연변 산간 계곡지대의 크고 작은 세력들이 모여 고구려라는 나라를 세운 사람들에게는 자연스럽게 받아들여질 수 있는 무덤 양식이다. 시간이 흐르면서 이런 무덤 가운데 규모가 큰 것은 내부의 목곽 구조물이 자갈의 무게를 견뎌내지 못하고 주저앉는다. 이런 일이 일어나면 자갈이 흘러내리며 무덤이 제 형태를 잃게 된다. 이런 까닭에 시간이 흐르면서 무덤 축조에 사용되던 강자갈은 네모지게 잘라낸 석재로 대체되고 무덤 무지도 계단식으로 층을 이루어 피라미드와 유사한 형태를 띠게 된다. 부여, 고구려와 문화를 공유하는 백제 왕실의 무덤도 한강 일대를 중심으로 발전하던 시기에는 이런 계단식 피라미드형 돌무지무덤이었다. 서울 석촌동에 남아 있는 석촌동3호분은 규모로 보아 왕릉이었을 가능성이 크다.[12]

돌무지무덤에도 마지막에는 목관을 넣는 공간이 돌방 구조로 만들어지는데, 이런 구조를 지닌 대표적인 무덤이 집안의 태왕릉과 장군총이다. 동방의 피라미드로 불리는 장군총은 하단석 하나의 무게가 최소 50톤이다. 그런데도 무덤 중단과 하단이 받는 하중이 대단히 컸던 까닭에 무덤 하단 사면 각 면에 150톤 무게의 받침돌을 3개씩 기대 놓았다. 그러나 이 중 하나가 사라진 서면은 다른 삼면

그림34. 칠성산211호묘(고구려, 4세기, 중국 집안)
그림35. 장군총(고구려, 5세기, 중국 집안)   121

과 달리 하중의 압박이 심해 상당한 정도 기울어진 상태이다.

　건축구조로 볼 때, 벽과 천장을 지닌 돌방무덤은 집의 방과 다르지 않다. 칸이 여럿으로 나뉘고 각각의 칸이 특정한 용도에 쓰인다면 돌방무덤과 집은 사실상 같다고 볼 수 있다. 고구려의 안악3호분은 널길 방이 있고 앞방이 있으며, 동쪽과 서쪽 곁방이 있다. 회랑과 널방도 있다. 서쪽 곁방에 무덤주인과 그의 부인, 남녀 시종들이 그려졌고, 동쪽 곁방에 부엌과 고기창고, 차고, 방앗간, 용두레우물까지 묘사된 점을 고려하면 안악3호분은 무덤주인이 살던 귀족의 저택을 무덤 속에서 재현했다고 보아도 무리가 없다.[13] 앞방과 널방으로 구성된 덕흥리벽화분도 각 방의 벽면에 그려진 여러 시설을 고려하면 지상의 귀족 저택에 죽은 이를 위해 무덤 안에 재현되었다고 할 수 있다.

　삼국시대 중기와 후기에 고구려와 백제에 돌방무덤이 출현한 것은 죽은 이가 살게 될 새로운 세상에 대한 인식이 구체화한 까닭일 것이다. 물론 돌방무덤이라는 무덤 양식은 고구려와 백제가 중국에서 영향을 받았음이 확실하다. 중국에서는 이미 한대漢代에 돌방무덤이 널리 확산되었다. 이때 만들어진 돌방무덤의 구조는 지상 저택과 크게 다르지 않았다. 이런 무덤 양식이 요양을 거쳐 고구려에 전해지고, 이어 백제에도 영향을 미쳤다고 보아야 할 것이다.

　고구려 초기의 벽화 구성을 살펴보면 돌방무덤이 평면구조로는

36

지상의 귀족 저택을 재현하지만, 벽과 천장에는 땅 위의 세계와 하늘 세계를 나누어 보는 당시 사람들의 수직적 우주관이 투영되어 있다. 벽에서는 세상에서의 삶, 천장에서는 하늘 세계에서의 삶을 그려 죽은 이가 살아가야 할 새로운 세계에 대한 이중적인 의식이 벽화로 묘사되고 있다. 현재가 더 나은 상태로 재현되는 세계가 있는가 하면, 영원히 누려야 할 이상적인 삶의 공간도 있다는 식이다. 비록 벽화가 그려지지 않았다고 해도 돌방무덤이라는 건축물 안에 묻힌 사람이 소망한 새로운 삶의 세계는 이와 같았을 가능성이 크다. 죽은 이를 보내면서 남은 사람들이 기원하는 내세 삶 역시 이와 크게 다르지 않았을 것이다.

돌방무덤은 구조상 사람의 출입이 쉽다. 이런 까닭에 부부의 한

그림36. 안악3호분 내부 투시도(고구려, 북한 안악)   123

37

38

39

그림37. 석제 진묘수(백제, 6세기, 공주 무령왕릉 출토, 국립공주박물관)
그림38. 무덤을 지키는 맹견(고구려, 각저총 벽화, 중국 집안)
그림39. 진묘수(고구려, 환문총 벽화, 중국 집안)
그림40. 무덤을 지키는 무사(수산리벽화분 벽화, 북한 남포)
그림41. 무덤을 지키는 갑주무사(고구려, 삼실총 벽화, 중국 집안)
그림42. 무덤을 지키는 역사(순흥읍내리벽화고분 벽화 모사도, 신라, 6세기, 영주 소수박물관)

쪽이 먼저 죽고 일정한 시간이 흐른 뒤 남은 한 사람이 죽어도 무덤 돌문을 다시 열면 추가장이 가능하다. 그러나 도굴도 쉽다. 경주의 천마총이나 황남대총 같은 돌무지나무덧널무덤은 산처럼 쌓인 자갈돌을 다 들어낼 때까지는 무덤 속에 묻힌 껴묻거리에 아예 접근할 수 없지만, 돌방무덤은 무덤 문을 찾지 못하더라도 널길과 돌방의 벽이나 천장만 뚫으면 바로 무덤의 방 안으로 들어갈 수 있다. 삼국의 돌방무덤에 껴묻거리가 거의 남아 있지 않은 것도 도굴의 손길을 타기 쉬웠기 때문이다. 도굴되지 않은 상태로 발견된 공주 송산리의 백제 무령왕릉은 오랜 세월 무덤의 봉분이 깎여 나간 뒤, 봉분이 새로 다듬어지고 올려진 두 무덤 사이에 있었기 때문이다. 알려진 무덤의 배수구 작업이 진행되지 않았다면, 무령왕릉은 더 오랜 기간 존재도 모르는 상태로 남아 있었을 것이다.

공주 무령왕릉에서 발견된 석수石獸는 무덤 지킴이다. 진묘수鎭墓獸로 불리는 짐승 형태의 이런 지킴이 가운데 가장 오래된 것은 중국 전국시대戰國時代의 무덤에서 발견된 것으로 뿔이 여러 갈래로 길게 뻗어 나온 목제 괴수이다. 고구려에서는 고분벽화로 이런 진묘수 전통을 확인할 수 있는데, 환문총 널길 벽에 그려진 것은 대표적인 사례이다. 각저총 널길에 묘사된 맹견도 진묘수로 볼 수 있다.[14]

무덤을 지키는 존재로 무장이나 역사力士가 그려지기도 한다. 고구려의 삼실총에는 갑주무사가 이 역할을 맡고 있으며, 수산리벽화분에서는 칼과 창으로 무장한 무사가 눈을 부릅뜨고 무덤을 지키고 있다. 신라의 벽화고분인 순흥 읍내리벽화분에 보이는 붉은 몸의 역사도 무덤 지킴이로 그려진 것이다.

회색 기와, 백색 자기

만들어내는 일에 지식이 방해될
때가 있다
몸으로 익히는 게
먼저인데
머리에 손가락 넣고
발가락 담그면
젓갈로도 못 쓰고
약주로 우려내지도 못한다

땔감은 참나무요
개흙에는 샘물이라
몸이 먼저고
머리는 다음이다
단단하게 구운 기와는
붉은 기운 잃고
유리처럼 구워낸 자기는
노란 기운이 빠진다

생명은 검고 붉은데
기와는 잿빛이고
자기는 흰빛이다
다시 나면
제 모습 잃고
한 번 더 구르면
제빛 잃는다는 게
이거구나

고래

집에도 있다
내가 누운 구들장 아래로
고래가 지나간다
한 마리, 두 마리가 아니라
세 줄, 네 줄이다

꿈틀거리는 대신
곧고 바르게 간다
난 날마다
고래등에 올라
곤했던 하루를 마친다

풍경 風磬

네가 달그랑거리면
산자락 안개 걷히고
네가 달강, 소리 내면
정토 가는 용선 이물에서
닻 올린다

네가 속닥속닥
바람과 속삭이면
박새 한 마리 처마 끝으로
날아들고
네가 부지런히
아침 햇살 잡아당기면
하루 여는 목탁 소리
금당 마루 쓰다듬는다

제 5 장

삶의 풍요를 꿈꾸며 빚은
유려한 선

ㅣ 사발, 접시, 온갖 그릇과 밥 ㅣ

흙 반죽으로 빚어 햇빛에 말리거나
불 곁에 두고 구워 만들어냈다는 점에서
이전과는 다른 방식으로 도구를 만들 수 있다는 걸 알았으니
토기를 제작하면서 자연계의 물질을 보는 인간의 시각도
그 이전과는 크게 달라졌다고 할 수 있다

그림1. 바리(신석기시대, 경성 원수대, 국립중앙박물관)
그림2. 바리(신석기시대, 양양 오산리, 국립중앙박물관)

그릇

신석기시대는 농경과 목축이 시작되어 인간의 삶이 새로운 경지에 접어들었다고 평가 받는다. 인간이 사냥과 채집으로 생계를 잇는 데서 벗어났으니 그런 평가를 받을 만도 하다. 농경과 목축은 사람이 곡식과 짐승을 길들이면서 가능해진 일이기도 하지만, 곡식과 짐승에 사람이 길드는 과정이기도 하다.[1] 밀과 보리, 조, 수수 등의 특정한 종은 사람과 함께 지내면서 다른 종과의 경쟁에서 상대적 우위를 지니게 되었고, 소와 양, 말은 사람의 보호를 받으면서 맹수에게 포식될 위험에서도 벗어나고 수도 늘리게 되었으니, 이보다 좋은 일은 없을 것이다.

농경과 목축 외에도 신석기시대에는 이전과는 다른 여러 가지 새로운 일이 일어났다. 그중 하나가 토기의 발명이다. 물론 토기가

그림3. 바리(신석기시대, 서울 암사동, 국립중앙박물관)
그림4. 바리(신석기시대, 고성 문암리, 국립중앙박물관)
그림5. 단지(신석기시대, 부산 가덕도, 국립중앙박물관)

만들어지기 전에도 사람들은 그릇으로 쓰는 도구를 만들었을 것이다. 풀숲의 커다란 잎을 엮어 그릇처럼 만들었을 수도 있고 잘라낸 나무 속을 파내 그릇 대신 썼을 수도 있다. 그러나 이파리나 나무로 만든 그릇 모양의 도구는 내구성, 내열성이 떨어져 오래 지니고 다닐 수 없다. 파낸 속에 곰팡이가 피고 썩기 시작하면 무엇을 담아두기도 찜찜하다. 게다가 습기에도 약하다. 사실 나무 속을 파내는 일도 간단치 않다. 그릇 모양으로 만들려고 들인 노력에 비해서는 효용성이 너무 떨어진다.

토기의 발명은 반-영구 거주가 가능한 집을 만드는 데서 오는 효과, 곧 사람이 머물러 지내기 위해 그들만의 공간을 만들어 활용하는 데서 한 걸음 더 나간 행위다. 토기를 사용하기 시작하면서 음식이든 물건이든 담아둘 수 있는 내구성, 내열성이 있는 작은 공간이 만들어져 쓸모가 있게 된 것이다. 게다가 흙 반죽으로 빚어 햇빛에 말리거나 불 곁에 두고 구워 만들어냈다는 점에서 이전과는 다른 방식으로 도구를 만들 수 있다는 걸 알았으니, 토기를 제작하면서 자연계의 물질을 보는 인간의 시각도 그 이전과는 크게 달라졌다고 할 수 있다. 어쩌면 광석에서 금속을 추출하여 새로운 도구를 만든다는 생각도 토기 제작의 경험에서 비롯되었을지도 모르겠다.

신석기시대 후기에 처음으로 만들어지는 토기는 우리가 흔히 발鉢, 바리라 부르는 속이 깊은 것이다. 한반도의 서북지역에서 처음 모습을 보이는 토기는 바닥이 뾰족하고 둥근 것이 대부분이다. 동북지역에서 출현하는 토기는 바닥이 편평한데, 동해안을 따라 남쪽 지방으로 전해졌다. 물론 서북지역에서 발달한 바닥이 둥글고 뾰족한 토기도 사람과 함께 남쪽 끝까지 내려왔다.

　신석기시대에 만들어진 토기들은 거의 예외 없이 그릇 바깥쪽이 무늬로 장식되었다. 한국의 신석기시대 토기에서는 빗살무늬가 많이 보인다.[2] 이런 까닭에 빗살무늬토기로 불린다. 이 무늬가 생선 가시처럼 보인다고 하여 어골문魚骨文이라고 부르는 이들도 있다. 그릇의 몸통 둘레를 평행 사선 무늬로 장식한 이유는 정확히 알려지지 않았지만, 신석기 농경 전통과 관련 짓는 견해도 있다. 농사에 긴요한 비를 기원하고 부르는 의식과 관련 있다는 것이다.

　실제 남유럽과 중근동, 중국 신석기 문화의 장식문 전통과 이에 대한 해석을 고려하면 신석기시대 한국의 토기 장식무늬와 농경 제의는 밀접한 관련이 있을 수 있다. 양양 오산리유적을 비롯하여 신석기시대 주요 유적에서 출토된 토기의 장식문은 빗살문이 주류를 이루지만, 구성과 표현 방식에서는 매우 다양한 변화를 보이는 까닭이다. 짧은 평행 사선 띠가 반복되는 사례도 있고, 짧은 평행 사선 띠 아래 긴 평행 사선이 방향을 달리하여 여러 차례 줄을 이루도록 표현되기도 해 그 이유와 의미를 고민하게 한다. 평행 사선이 장식된 삼각문을 반복해 나타내 줄을 이루게 한 뒤, 두 줄의 평행선으

6

그림6. 절대문채도통상배(折帶紋彩陶筒狀杯, 미광문화, 기원전 2350~기원전 2050, 수집, 중국 감숙성박물관), 그림
7. 채회도관(彩繪陶罐, 기원전 18~기원전 17세기, 내몽골 츠펑 대전자묘지(大甸子墓地)M1117 출토, 중국 오한기박
물관), 그림8. 현문심복관(弦紋深腹罐, 앙소문화 조기, 기원전 5000~기원전 4000, 감숙 진안대지만(秦安大地灣) 출토,
중국 감숙성 박물관), 그림9. 삼각문채도발(三角紋彩陶鉢, 앙소문화 조기, 기원전 5000~기원전 4000, 감숙 진안대지
만 출토, 중국 감숙성 박물관), 그림10. 저면문세경채도호(猪面紋細頸彩陶壺, 앙소문화 조기, 기원전 5000~기원전
4000, 감숙 진안왕가음와(秦安王家陰洼) 출토, 중국 감숙성 박물관), 그림11. 채도호(彩陶壺, 마가요문화, 기원전
3300~기원전 2050: 반산(半山)유형, 기원전 2650~기원전 2350, 북중국 수집, 미국 메트로폴리탄미술관)

로 공간을 나누고 그 아래에 똑같은 사선 장식 삼각문을 반복해서 장식한 토기도 보인다. 평행 사선을 산처럼 보이게 마주 그린 뒤 이런 무늬를 반복시키는 경우도 자주 발견된다.

남유럽과 중근동의 신석기시대 채도의 장식문 가운데에는 물결을 나타내는 듯한 무늬를 넣거나 삼각문에 평행 사선이나 그물문을 넣은 것, 겹마름모를 넣은 것, 사선을 넣어 둘로 나눈 뒤 한쪽은 붉거나 검게 칠하고 다른 쪽은 그냥 둔 사각문을 반복해 넣은 사례 등이 보인다. 이를 농경사회의 기우 의례와 관련 있는 것으로 해석하는 이들도 있다. 한국의 울산 천전리 각석에 새겨진 동심원문이나 겹마름모문도 신석기시대의 이런 기하문에 부여된 의미가 널리 퍼지면서 청동기시대에도 전해져 암각문으로 남은 것으로 이해되고 있다.

신석기시대 한국의 빗살무늬토기가 장식무늬와 형태에서 지역에 따라 다양한 변화를 보이는 것은 지역 문화의 전통이 다르기 때문일 가능성이 크다. 일반적으로 토기와 관련된 지역 문화의 갈래와 전개는 기형, 곧 토기의 형태 변화를 기준으로 나눈다.[3] 근래 여기에 장식무늬를 넣는 방식도 함께 고려하며 토기문화의 지역성을 논할 필요가 제기된 뒤, 최근에는 이와 관련된 연구 성과가 쌓이고 있다.

빗살무늬토기는 토기 제작 방법이 알려진 이후, 처음 출현한 토기 가운데 하나이다. 실제 신석기시대 한국에서 제작된 토기는 이

그림12. 장식문 바리(신석기시대, 피스미스 토프락 출토, 터키 아나톨리아문명박물관)
그림13. 장식문 바리(신석기시대, 피스미스 토프락 출토, 터키 아나톨리아문명박물관)
그림14. 장식문 바리(신석기시대, 피스미스 토프락 출토, 터키 아나톨리아문명박물관)
그림15. 장식문 두 귀 항아리(신석기시대, 피스미스 토프락 출토, 터키 아나톨리아문명박물관)
그림16. 장식문 두 귀 단지(신석기시대, 피스미스 토프락 출토, 터키 아나톨리아문명박물관)
그림17. 장식문 병(신석기시대, 피스미스 토프락 출토, 터키 아나톨리아문명박물관)
그림18. 장식문 바리(신석기시대, 피스미스 토프락 출토, 터키 아나톨리아문명박물관)
그림19. 장식문 바리(기원전 5500~4500, 서북 이란 체쉬메흐 알리 출토, 영국 대영박물관)
그림20. 장식문 바리(기원전 4500~4000, 남부 이란 톨-이 바쿤 출토, 영국 대영박물관)

그림21. 가지무늬 토기(청동기시대, 사천 출토, 국립중앙박물관)
그림22. 미송리식 토기(청동기시대, 의주 미송리, 복제품, 국립중앙박물관)
그림23. 팽이 모양 토기(청동기시대, 평양 호남리 남경유적 출토, 국립중앙박물관)
그림24. 붉은 간토기(청동기시대, 함안 도항리 출토, 국립중앙박물관)
그림25. 검은 간토기(청동기시대, 강계 풍룡동 출토, 국립중앙박물관)

24   25

외에도 종류가 여럿이다. 이 가운데 청동기시대에 흑도로 발달하
는 것과 홍도로 일컫게 되는 종류의 조형에 해당하는 것도 있다. 외
관상으로도 이런 토기들은 다른 토기들과 구별된다. 신석기시대 말
기의 토기는 기형도 다양하고, 발로 만들어진 토기의 깊이도 각양
각색이다.

　토기의 재질이 지역에 따라 차이를 보이는 것은 어쩌면 당연한
현상이다. 한반도에서는 서북지역의 토기보다 동북지역의 것이 기
벽이 두꺼우며 토기 제작에 사용된 흙에도 굵은 입자의 모래가 많
이 섞여 있다. 이는 토기 제작 과정에 구할 수 있는 흙이 달라서였을
것이다. 이런 차이를 통해 토기 제작지의 지형적 특색도 추적할 수
있다. 동해안의 해안 구릉이나 석호 곁에 마을을 만든 신석기인들
은 모래가 약간 섞인 흙을 재료로 삼아 토기를 제작할 수밖에 없었
을 테니까 말이다. 혹, 이런 지역에서 고운 입자가 많이 섞인 흙으
로 빚고 구은 토기가 발견된다면, 이 토기를 사용한 사람들은 내륙
의 다른 지역에서 해안 지방으로 왔거나, 해안 사람들이 해안에서

떨어진 다른 지역과 교역을 통해 이런 토기를 구했다고 보아야 할 것이다.

중근동이나 남유럽, 중국의 채도나 동북아시아 빗살무늬토기의 사례에서 볼 수 있듯이 신석기시대에 처음 만들어진 토기가 다양한 무늬로 장식된 것은 '토기의 쓰임새'가 실용에 그치지 않았음을 짐작하게 한다. 이는 암각화의 사례에서 보았듯이 사람의 눈에 바위가 석기를 제작하는 데에 필요한 재료로만 보이지 않았던 것과 같은 이유에서다. 구석기시대와 신석기시대 사람들이 바위를 캔버스로 삼고, 자신들의 바위 신앙을 바위에 새겨 남겼듯이 처음으로 흙을 빚어 만든 토기도 새로운 화면을 제공하면서 종교 제의에 사용되었다고 볼 수 있다.

중근동이나 남유럽 일부 지역에서는 청동기시대에도 토기가 캔버스 역할을 겸한다. 하지만 중국을 비롯한 동아시아 지역에서는 시대가 바뀌자 토기에 주어졌던 캔버스 기능이 다른 기물로 옮겨지는 경향을 보인다. 특히 중국의 경우, 청동기시대에 대거 만들어지는 제의용 청동기에는 기이한 무늬가 많이 들어가 보는 이에게 특별한 느낌을 준다. 상주商周시대 중국의 청동기는 형상도 다양하고 무늬도 기이해 그것에서 신비한 기운이 뻗어 나오는 듯한 느낌도 받게 한다.

한국에서도 청동기시대에 이르면 제의용 청동제 의기儀器들이 만들어지면서 토기에서는 장식무늬가 사라진다. 이전보다 개량된 형태의 가마에서 구워낸 청동기시대의 민무늬토기들은 이전 시기의 것보다 단단하여 물기가 있는 음식물도 담을 수 있게 된다. 청동기시대 한국의 민무늬토기는 실용성에 방점을 둔 생활 용기라고 할 수 있다.[4]

청동기시대에 이르러 동북아시아에 고조선을 비롯한 여러 국가가 세워지고 중국 왕조와의 교류가 이루어지면서 다양한 형태로 만들어지던 중국의 칠기漆器도 동방 세계에 알려졌다. 한반도 남쪽 끝 창원 다호리유적에서 출토된 칠기 제품들은 이미 기원전 1세기 즈음에는 한반도 전역에 중국산 칠기가 알려지고 전해졌음을 확인시켜 준다.[5] 삼한시대 마한, 변한, 진한 지역에서 제작되는 여러 종류의 토기 가운데 제사 용기들의 외형은 이런 칠기의 형태에서 영향받았다고 할 수 있다.

흥미로운 것은 삼한시대와 그 뒤를 잇는 삼국시대 전기에 가야 여러 나라와 신라에서는 매우 다양한 형태의 상형象形 토기가 제작된다는 사실이다. 당시 일상생활의 이모저모에 더하여 종교와 신앙의 양상도 짐작할 수 있게 하는 여러 형태의 토기가 이 지역에서 만들어진 것은 청동기시대의 토기에서 사라졌던 캔버스 기능이 입체적으로 되살아났다고도 볼 수 있다. 본격적인 철기시대로 접어든 뒤, 중국의 칠기나 금속공예품에 더해졌던 회화 기능이 한국에서는 상형 토기를 통해 조소 작품을 만들 듯이 형상화하면서 이를 대신한 것이 아닐까 생각되기도 한다.

상형 토기는 집부터 기마 인물까지 형태가 다양하다.[6] 특히 물이나 술을 따를 수 있게 만든 것이 많다. 본래의 용도가 술을 담았다 따르는 그릇이었다면, 이런 종류의 그릇은 제기라고 할 수 있다. 이외에 신라의 서라벌[경주]에서는 어깨 부분에 다종다양한 토우를 덧붙인 항아리도 다수 발견되었는데, 이런 토우 부착 항아리들은 제의적, 주술적 관념의 소산이다. 항아리 어깨에 덧붙인 토우들이 생산과 관련 깊은 것이 많기 때문이다. 성기를 강조하고 실제 성행위를 하는 장면을 생생하게 표현한 토우들은 간단한 터치로 세부 표현을 한 것이 많다. 이런 단순하고 직설적인 표현 기법은 눈과 입만으로 사람 얼굴을 나타낸 울진 죽변리 신석기시대 유적 수습 토기 장식을 떠오르게 한다.[7] 신석기시대에서 삼국시대로 이어지는 긴 세월 동안 평범한 토기 제작자나 민간에서 지니고 있던 관념, 이를 나타내는 손길에 큰 변화가 없었음을 알 수 있다.

회색경질토기로 분류되는 삼국시대 전기와 중기의 신라와 가야의 토기 중에는 어깨와 몸통에 선으로 그은 그림이 있는 항아리도 여럿 보인다. 사람과 말, 신비한 새와 용 같은 것을 잘 알아볼 수 있게 표현한 것도 있고, 심하게 단순화하여 추상화를 보는 듯한 느낌을 주게 묘사한 사례도 있다. 단순한 선을 반복하거나 삼각문을 비

그림26-27. 항아리와 그릇 받침(가야, 5~6세기, 부산, 경남, 경북 일원 출토, 국립김해박물관)

28 29

30

그림28. 짚신 모양 토기(가야, 5~6세기, 부산 동래 복천동 출토, 국립중앙박물관)

그림29. 수레 모양 토기(가야, 5~6세기, 전 경상도 출토, 국립중앙박물관)

그림30. 말 탄 사람 토기(국보 91호, 신라, 6세기, 경주 금령총 출토, 국립중앙박물관)

그림31. 토우 장식 항아리 부분(국보 195호, 경주 미추왕릉 지구 출토, 국립경주박물관)

그림32. 토우(신라, 5세기, 경주 월성로 출토, 국립경주박물관)

그림33. 사람 얼굴이 표현된 토기 조각(신석기시대, 울진 죽변유적 출토, 국립중앙박물관)

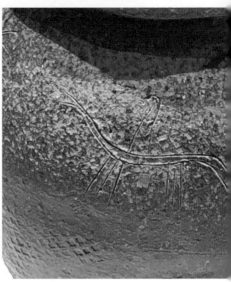

34

35

36

그림34. 장식무늬 항아리(신라, 6세기, 경주 덕천리무덤 출토, 국립중앙박물관)
그림35. 단지에 새겨진 말 탄 사람(가야, 3세기, 김해 양동리195호무덤 출토, 동의대학교박물관)
그림36. 장식무늬 토기 뚜껑(가야, 5~6세기, 함안 우거리 출토, 국립김해박물관)

그림37. 또아리병(고구려, 서울 구의동보루 출토, 서울대학교박물관)
그림38. 오절판(고구려, 구리 아차산4보루 출토, 서울대학교박물관)
그림39. 병그림(고구려, 서울 구의동보루 출토, 서울대학교박물관)
그림40. 귀잔(고구려, 서울 용마산2보루 출토, 서울대학교박물관)

그림41. 사발(고구려, 서울 구의동보루 출토, 서울대학교박물관)
그림42. 네귀 달린 항아리(고구려, 구리 아차산4보루 출토, 서울대학교박물관)
그림43. 동이(고구려, 구리 아차산 시루봉보루 출토, 서울대학교박물관)
그림44. 원통형 세발토기(고구려, 평양 출토, 국립중앙박물관)
그림45. 나팔입 항아리(고구려, 서울 몽촌토성 출토, 서울대학교박물관)
그림46. 긴목 항아리(고구려, 서울 구의동보루 출토, 서울대학교박물관)

롯한 여러 가지 기하문을 반복해 넣은 신석기시대의 토기와는 사뭇 차이를 보인다. 고대 회화로 해석이 가능한 이런 표현에는 항아리 부착 토우의 경우와 같이 이야기를 담은 어떤 관념 세계, 주술적인 의도가 담겨 있다고 보아야 할 것이다. 그러나 그런 의도가 구체적으로 어떤 것인지, 어떤 신화나 전설에서 따온 것인지는 알기 어렵다.

청동기시대 무문토기는 삼국시대에 더욱 실용적인 토기들이 개발되고 보급되는 데에 영향을 끼친다. 고구려에서는 식생활에 적합한 다양한 종류의 실용 토기들이 제작된다. 고구려의 이런 토기들은 이후 조선시대의 자기와 옹기에 이르기까지 한국에서 사용되는 그릇의 원형을 잘 보여준다. 초기에 발과 항아리를 중심으로 제작되던 고구려 토기들은 음식 재료가 풍부해지고 요리의 종류가 많아지는 후대에 이르면, 여러 종류의 접시나 병까지 더해져 상차림에 올라오는 그릇의 구성이 다양해진다.

음식

패총은 해안지역에 형성된 선사시대 사람들의 폐기물 더미이다. 해안에 주거를 정한 사람들이 조개류를 채취하여 먹고 남은 흔적이기도 하지만, 각종 동물 뼈와 사용하고 버린 도구도 섞여 있어 패총을 남긴 사람들이 무엇을 먹고 어떻게 살았는지를 추적하는 데에 큰 도움을 준다. 부산 동삼동 패총, 사천 늑도 패총은 한반도에 살았던 신석기인의 삶을 입체적으로 보여주는 유적으로 평가받는다.

동남해안 신석기시대 패총에서는 각종 조개류의 껍데기 외에 상어와 고래의 뼈도 발견되는데, 이 가운데 고래의 귀뼈는 신석기시대 사람들이 어떤 종류의 새끼나 어미 고래를 잡아 식용으로 삼았는지 분석할 수 있게 한다. 기원전 6000년경부터 기원전 2000년까지 장기간 형성된 동삼동 패총에서는 31종의 조개껍데기 외에 도미 등의 생선 뼈, 고래, 호랑이, 곰, 멧돼지, 사슴, 고라니, 개, 수달의 뼈가 출토되었으며, 불탄 기장과 조도 수습되었다.[8] 다양한 종류의 석기, 패기. 골각기, 토기가 수습되었다. 패총에서 수습된 변형빗살무늬토기, 원시민무늬토기, 민무늬토기 등 다양한 종류의 토기는 부산 동삼동 일대가 한반도 신석기문화의 호수 역할을 했음을 짐작할 수 있게 한다.

섬 전체가 패총인 사천 늑도유적에서는 다양한 종류의 조개껍데기와 생선 뼈 외에 밀, 보리, 쌀이 탄화된 상태로 출토되었다.[9] 패총이 형성된 마지막 시기, 대략 기원전 1세기 즈음에는 남해안의 이 작은 섬 늑도에서도 쌀, 보리와 같은 곡식을 음식 재료로 썼다는 사실이 확인된다. 동삼동과 늑도에서는 일본이 원산인 흑요석제 도

그림47. 패총 단면(신석기시대, 부산 동래 동삼동, 국립김해박물관)
그림48. 멧돼지 그림이 있는 토기 조각(신석기시대, 창녕 비봉리 출토, 국립김해박물관)
그림49. 고래 귀뼈(신석기시대, 부산 동래 동삼동 출토, 부산박물관)
그림50. 사슴 그림이 있는 토기 조각(신석기시대, 부산 동래 동삼동 출토, 복제품, 국립중앙박물관)
그림51. 갈판과 갈돌(신석기시대, 부산 가덕도 출토, 국립중앙박물관)
그림52. 홈돌과 공이(신석기시대, 부산 동래 동삼동 출토, 국립중앙박물관)

구들과 일본 야요이시대 토기도 수습되어 신석기시대의 남해안 일대가 일본 열도와 교류하고 있었음을 알게 해준다.

신석기시대 후기에 농경이 시작된 뒤에도 오랜 기간 조나 보리, 밀 등은 수확량이 많지 않아 도토리를 비롯한 자연 채취 음식 재료와 함께 조리해 먹었다. 물론 지금과 같이 솥에 넣어 밥을 만들어 먹지는 못하고, 가루를 내어 죽처럼 끓여 먹었다. 조리 기술이 더 발전된 뒤에는 부뚜막에 불에 잘 건디도록 구운 단지류를 올리고 그 위에 시루를 얹은 상태로 가루를 쪄서 먹었다. 물론 도토리 가루가 포함된 여러 종류의 곡식 가루를 적당히 물과 섞은 반죽 상태로 만들어 찐 것이라 지금 한국인이 먹는 솥 밥과는 달랐다.

삼국시대까지도 많은 사람이 이런 방식으로 죽밥을 해 먹었으므로 고대의 주거 유적에서는 시루가 자주 출토된다. 증기를 이용해 음식 재료를 쪄서 먹는 방식은 한국에서는 중세 이후에도 쓰인다. 삼국시대에는 부뚜막에 토기인 단지가 아니라 쇠솥을 거는 점이 다르다. 물론 쇠솥을 걸면 죽밥이 아니라 제대로 쪄낸 밥을 해 먹을 수 있다.

시루도 손잡이 모양이 달라진다. 소뿔 모양이 아니라 손으로 쥐기 좋은 형태로 가운데가 뚫린 손잡이가 달린다. 소뿔 형태의 손잡이는 본래 끈을 묶어 달기 위한 것일 수도 있지만, 신석기시대 이전부터 사람들 사이에 공유되던 뿔에 대한 특별한 관념의 영향으로

53   54

55

그림53. 쇠뿔 손잡이 시루를 사용한 음식 조리
(시루: 가야, 3~4세기, 부산 동래 낙민동 출토, 국립중앙박물관)
그림54. 쇠뿔 손잡이 시루와 토제 항아리 솥을 사용한 음식 조리(한성백제박물관)
그림55. 토제 시루(삼국시대, 5~6세기, 구입, 국립중앙박물관)

56

57

58

토기에 덧붙인 것일 수도 있다. 물론 시간이 흐름에 따라 뿔에 대한 종교적 관념은 희미해지거나 잊혔을 것이다.

삼국시대에 농경은 주로 밭에서 이루어졌지만, 근래의 고고학적 발굴 성과는 청동기시대에도 한반도 남부에서는 논농사가 이루어지고 있었음을 알게 한다. 삼한시대에 축조되었다고 알려진 벽골제나 의림지 같은 수리시설도 논농사의 확산과 관련 있음이 확실하다. 고구려를 건국한 주몽이 어머니 유화로부터 받았다는 오곡五穀의 종자는 부여, 고구려 지역에서는 조, 콩, 수수, 기장, 보리 등이 재배되었음을 짐작하게 한다. 임진강 유역 연천 무등리2보루유적에서 탄화미와 탄화조가 대량 출토된 사실을 고려하면,[10] 6세기에는 고구려의 남부지역에서도 병사들에게 쌀과 조를 보급할 수 있을 정도로 밭농사가 잘 이루어졌음을 알 수 있다. 삼국시대에는 밭의 언저리나 별도로 조성한 과수원에서 밤, 잣, 오얏, 복숭아 등도 재배되고 수확되었음을 고고학적 발굴 결과로 미루어 짐작할 수 있다.

소금은 해안에서 생산되면 행상이 이를 지고 내륙의 마을로 들어가 팔았다. 고구려 왕자 을불이 숙부 봉상왕의 눈길을 피해 시골 마을을 전전하면서 한때는 소금 행상도 했다는 사실이 역사기록으로 남아 있다.[11] 인천 앞바다의 여러 섬에서는 삼국시대 이전부터 제염이 이루어졌다는 사실이 제염 토기를 통해 확인된다. 백제를 건국하는 과정에서 동생 온조와 경쟁했다는 형 비류가 북에서 함께 내려온 무리를 동생과 나누어 지금의 인천인 미추홀에서 건국을 시도한 것은 제염업의 이익에 기대어 국력을 키우려 했기 때문이라고 해석하는 이들도 있다.[12]

농사로 수확한 곡물은 보통 옹甕이나 호壺 같은 저장 용기에 담아 보관했으며 필요에 따라 가호나 마을 단위로 여러 개씩 갖추고 있던 디딜방아로 찧었던 듯하다. 가호마다 있었을 절구나 맷돌은 찧어낸 곡물을 빻는 데에 쓰였을 것이다. 삼국 모두 음식 조리는 부엌에 설치된 부뚜막에서 이루어졌던 것으로 보인다.

고구려의 부뚜막은 아궁이 위에 솥을 걸기 위한 확 하나만 뚫려 있어 작은 확이 여러 개인 중국의 것과 차이를 보인다. 고구려 부뚜막은 아궁이와 굴뚝 구멍이 뚫린 방향이 직각을 이루는데, 이는 고구려 부뚜막이 조리와 난방 두 가지 용도로 쓰였기 때문이다. 삼국 시대의 왕가와 귀족의 저택에는 지고 다닐 수 있는 간이 부뚜막도 있었다. 울산 천전리 각석의 명문에는 이런 이동용 간이 부뚜막을 신라 왕경에서 지고 와 야외에서 음식을 조리했음을 짐작하게 하는 내용이 실려 있다.[13] 고구려 고분에서 발견되는 철제 및 도제 부뚜막은 죽은 이를 위해 만든 것이다. 혹 이런 명기보다 크게 만들면 야외에서 사용 가능한 부뚜막이 된다.

근래의 고고학적 발굴에 따르면, 고구려에서는 6세기 이후 종지, 접시, 구절판 등 반찬을 올릴 수 있는 배식 용기의 기종이 다양해진다.[14] 이는 음식 구성이 다양해진 까닭일 것이다. 콩을 재료로 빚은 장류와 생선을 재료로 만든 젓갈은 종지에, 나물 반찬은 구절판에, 맥적貊炙 같은 짐승고기와 생선 등은 접시에 올렸다고 볼 수 있다. 신라와 가야 지역 고분에서 출토된 작은 사발이나 굽다리 접시에는 여러 가지 생선의 뼈나 고둥껍데기가 담겨 있다. 신라 서봉총 남분 둘레에서 발견된 4개의 항아리에서는 제사 음식으로 바쳤던 52종류의 동물이 확인되었는데, 대부분이 해산물이었다.[15] 청어, 복어, 망상어, 참돔, 감성돔, 넙치, 방어, 볼락, 노래미, 민어, 고등어 등의 생선 뼈, 참굴, 홍합, 소라, 전복, 백합, 바지락 피뿔고둥 등의 조개 껍데기가 남아 있었으며 돌고래 뼈도 나왔다. 죽은 이가 먹을 음식으로 차려졌던 것이지만 실제 귀족이나 왕가의 사람들은 일상 중에도 이런 종류의 생선이나 조개로 요리한 음식을 먹을 수 있었을 것이다.

신라의 신문왕 3년(683년) 왕이 김흠운의 딸을 왕비로 맞을 때 납채納采하면서 보낸 것이 폐백幣帛 15수레, 쌀, 술, 기름, 장, 포, 식혜가 135수레, 벼가 150수레였다.[16] 물론 왕실에서 보낸 것이어서 막대한 양이지만, 장, 포, 식혜 등은 귀족이나 부유한 백성이면 갖추어 먹을 수 있는 음식이다. 신라의 목간 자료에는 이외에도 가자미, 가오리 등 여러 종류의 생선을 발효시킨 식해食醢가 개발되어 식생활에 쓰이고 있었다.

그림59. 팥, 밀, 오이씨(가야, 4~5세기, 부산 기장 용수리 출토, 국립중앙박물관)
그림60. 박씨, 복숭아씨, 호두껍질(가야, 4~5세기, 부산 기장 용수리 출토, 국립중앙박물관)
그림61. 생선 뼈가 담긴 굽다리 접시(가야, 5세기, 고령 지산동 출토, 국립중앙박물관)
그림62. 닭뼈가 담긴 굽다리 접시(신라, 5세기, 경주 황남대총 출토, 국립경주박물관)
그림63. 생선 뼈가 담긴 굽다리 접시(가야, 5세기, 고령 지산동 출토, 국립중앙박물관)
그림64. 고둥이 담긴 굽다리 접시(가야, 5~6세기, 고령 지산동 출토, 국립중앙박물관)

그림65. 밤이 담긴 칠기(삼한, 기원전 1세기, 창원 다호리 출토, 칠기: 복제품, 국립중앙박물관)
그림66. 굴 껍데기(신라, 6세기, 경주 서봉총 출토, 국립중앙박물관)
그림67. 돌고래 뼈(신라, 6세기, 경주 서봉총 출토, 국립중앙박물관)
그림68. 생선 뼈가 담긴 굽다리 접시(가야, 5세기, 함안 오곡리 출토, 국립김해박물관)

고구려 고분벽화의 예로 보아 귀족 가운데 경제적 여유가 있는 이들은 칠기漆器와 같은 고급 그릇에 음식을 담아 먹었다. 물론 음식상은 개인상이었고 남녀 시종이 곁에서 시중을 들었다. 고구려 무용총 벽화를 보면 여럿이 함께 쓸 음식을 담은 발이 낮은 상 위에 하나씩 따로 놓여 있고, 시종이 여기서 발鉢과 완椀에 음식을 덜어 각 사람의 앞에 놓인 상 위에 올려놓는다. 벽화의 다른 장면에는 시녀들이 미리 차려진 음식상을 하나씩 들고 부엌에서 나와 주인과 손님이 기다리는 사랑채를 향해 가고 있다.

그릇

물을 담으면
때로 거울이 되고
술이 흘러들면
함께 마시고 취하는 벗이 되었지
때로 네 안의 씨앗이 싹을 틔우면
넌 밭둑처럼 바람을 막아 줬어

갈라지고 부스러져
다시 흙으로 돌아가기까지
향이란 향은 다 배어들 것 같고
온갖 추억 흘러와 쌓일 듯 말 듯해도
늘 그랬던 듯 받았다가 내주며
그러려니 하는 표정이었지

이제 보니 넌
하늘에서 귀양 온
옥황상제의 밥사발이구나

기마인물 모양 주기 – 말

먼 길 끝, 이 땅 너머는
눈이 내리지 않는단다

가을의 금빛 햇살에 서리가
아지랑이 되는 벌 앞에서
고깔모자 쓴 사내가
색 바랜 나무 안장 내리고
속살 비치는
흙받이 벗기며
말굽에 새 편자 달 준비를 한다

백화수피 장니의 하늘 말이
하얀 콧김 뿜으며
언제 길 끝
흰 눈 없는 거기에 닿는지
묻는다

씨앗

홀홀 털다 보니
가슴에서 땀방울이
송송 솟다가
얇게 줄을 짓는다
가재만 몇 마리 넣으면
물도랑이다

얇은 바람
한 줄기
자네와 나 사이로
지나면
시워언하겠다

턱턱 내리치다 보니
사방이
까실거리는 이삭 더미
한 알, 한 알
구슬 같은 속살이
올이 거친 삼베 저고리같이
노르스름한 껍데기에 쌓여
한껏
숨죽이고 있다

그래, 봄까지 버틴 너희 몇은
새 삶 여는 씨앗이다

밥

거지는
찬밥 더운밥
가리지 않는다 했다
나그네는
따뜻한 밥 한 끼
그립다고 했다

방에
아랫목 윗목 있듯이
밥에도
찬밥 더운밥 있다
더운밥에 찬 반찬, 한 상에 놓는 게
뭔지 모르면
찬밥 더운밥 가릴 일도
없다

쌀밥

이밥에 고깃국이면
생일상이다
쌀 한 국자에
좁쌀 한 줌 섞으면
조밥이고
나물 좀 들어가면
나물밥이다
감자 몇 알 얹으면
감자밥이다

이밥에 고깃국이면
생일상이다
묵을 썰어 한 사발 먹고
묵밥 먹었단다
보리알만 보이는데
보리밥 먹었단다

이밥에 고깃국
제삿상 올리고
밥이 약이라며
조상에게 절 올리고
한 해 두어 번
흰쌀밥에
숟가락 올린다

제 6 장

색을 입히고, 무늬를 넣어

| 옷과 장신구 |

여성들은 머리를 드러냈으므로
다양한 형태로 묶어 올려 멋을 냈다
여기에 여러 형태의 비녀와 꽃모양으로 만든
보조 장식을 덧붙여 머리 맵시가
극히 화려하게 보이려 하기도 했다

그림1. 사냥 나가는 귀족 남자(고구려, 무용총, 중국 집안), 그림2. 대화를 나누는 귀족 남자(고구려, 무용총, 중국 집안), 그림3. 절풍 쓴 남자(고구려, 삼실총, 중국 집안), 그림4. 흑건을 쓴 시종들(고구려, 수산리벽화분, 북한 남포), 그림5. 귀족 여인(고구려, 수산리벽화분, 북한 남포), 그림6. 귀족 여인(고구려, 삼실총, 중국 집안), 그림7. 시녀(고구려, 수산리벽화분, 북한 남포), 그림8. 시녀(고구려, 무용총, 중국 집안)

옷

삼국시대 한국인의 기본 복식은 저고리와 바지였다. 남자는 저고리와 바지 차림에 상투를 덮는 모자를 머리에 썼고, 여자는 저고리와 바지에 치마를 한 겹 더하는 게 일반적이었다. 여자들은 외출할 때, 이런 옷차림에 두루마기를 더하여 우아함이 돋보이게 하기도 했다. 치마는 주름치마가 기본이었으며 신분과 지위가 높은 귀부인은 색동치마를 입었다. 물론 집 안팎 일에 바쁜 평범한 백성이나 귀족 집 시종들은 남녀 가리지 않고 저고리와 바지 차림으로 이리 뛰고 저리 뛰는 게 일과였다.

삼국시대 이전에도 한국인의 기본 옷차림은 저고리와 바지였을 것이나, 그림이나 기록으로 제대로 남겨지지 않아 정확히 알기는 어렵다. 다만 시대가 정확히 특정되기 어려운 울산 천전리 각석 하

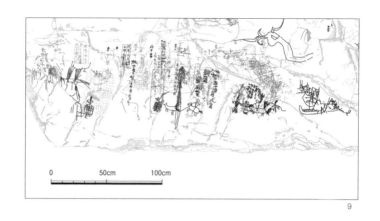

0   50cm   100cm

부의 역사시대 선각화線刻畵에 무리로 등장하는 남녀 인물들은 저고리와 바지, 치마 차림이어서 추정은 가능하다. 남자가 머리를 상투 트는 관습은 고조선, 삼한 모두에서 확인된다.[1]

신분과 지위가 높고 재력이 뒷받침되는 이들은 좋은 재질의 옷감으로 소매와 바지통이 넓은 저고리와 바지를 지어 입었다. 옷감도 여러 색으로 염색한 것이었고, 여러 종류의 무늬를 더한 것이었다. 신분이 낮은 이들은 소매와 바지통이 좁고, 염색하지 않은 옷감으로 만든 저고리와 바지를 입었다. 이런 옷에는 장식무늬도 없었다. 신분과 지위와 관계없이 삼국시대 사람들은 저고리와 바지의 끝단에 선襈을 댔다. 선을 대면 끝이 쉽게 닳지 않으니 좋았고, 선 댈 때, 옷감과 다른 색의 띠로 장식 있는 것을 쓰면 저고리, 바지 등의 맵시가 더 나니 금상첨화錦上添花라고 할 수 있었다.

삼국은 관복도 등급에 따라 색을 나누었는데, 신라의 경우는 자紫, 비緋, 청靑, 황黃으로 구분하였다. 골품제에 따른 구분이 엄격하였던 신라는 진골, 6두품, 5두품 등 골품제에 따라 옷감의 재질부터 장식하는 정도까지 다 정해져 있었다.[2] 최고의 신분인 진골도 겉옷, 소매가 짧은 옷, 바지에 사용하는 옷감의 재질로 고급 비단인 계수금라罽繡錦羅는 사용할 수 없었다. 6두품의 경우에는 아예 사용하는 옷감의 재질이 정해져 있었다. 겉옷表衣은 면주綿紬와 주·포紬布만을 사용하고, 속옷內衣을 지을 때는 작은 무늬 능직小文綾과 시·견·포絁絹布만 쓸 수 있었다. 바지袴에는 시·견絁絹과 면주·포綿紬布만 사용한다고 규정하였다.

남자들이 머리에 쓴 모자는 신분과 지위에 따라 달랐다. 예로부터 모자는 그것을 쓴 사람의 신분, 지위, 직업과 관계가 깊었다. 그것을 쓴 사람이 사는 환경, 그 사람이 속한 종족적 특징과도 관련이 있었다. 겨울이 길고 추우며 일교차도 적지 않은 지역에 사는 사람들은 짐승 가죽으로 만든 털모자를 썼고, 얼굴이 넓은 편인 사람은 챙이 넓고 덮개가 높이 솟은 모자를 썼다. 얼굴이 긴 편인 사람들은 모자의 덮개가 낮고 챙이 좁은 모자를 쓰는 게 일반적이었다. 신분과 지위가 높은 이들은 덧붙이는 장식이 화려하고 많거나 만드는 데 품이 많이 들고 재료도 고급인 모자를 썼지만, 평범하게 살고 재화도 넉넉지 않은 사람들은 그냥 검은 수건 하나 머리 위로 질끈

그림9. 가는 선으로 새겨 그린 인물들 (천전리 각석 세선각화, 울산)　　　　173

동여매는 거로 모자를 대신하기도 했다.

오늘날에도 빵을 굽거나 특정한 직업에 종사하는 사람들은 같은 일을 하는 사람들은 물론, 다른 일을 하는 사람조차 쉽게 알아볼 수 있는 특정한 형태의 모자를 쓴다. 직업의 연륜이나 그 일에서 획득한 능력을 나타내기 위해 모자의 높낮이를 조절하거나 덧붙이는 장식의 수, 종류를 다르게 하기도 한다. 이런 특징이 잘 나타나는 모자 가운데 하나가 관리와 군인들이 쓰는 모자이다. 전근대 사회에서는 관리와 군인이 어떤 모자를 썼느냐로 그의 계급이나 지위, 소

그림10. 고분벽화에 보이는 각종 모자 쓴 남자: 1. 관을 쓴 무덤주인(357년, 안악3호분, 북한 안악), 2. 관을 쓴 무덤주인(수산리벽화분, 북한 남포), 3. 책을 쓴 관리(덕흥리벽화분, 북한 남포), 4. 책을 쓴 시종(수산리벽화분, 북한 남포), 5. 새 깃 장식 절풍을 쓴 사냥꾼(무용총, 중국 집안), 6. 새 깃 장식 절풍을 쓴 기마인물(쌍영총 벽화 모사화, 북한 남포), 7. 절풍을 쓴 남자(삼실총 벽화, 중국 집안), 8. 흑건을 쓴 남자(408년, 덕

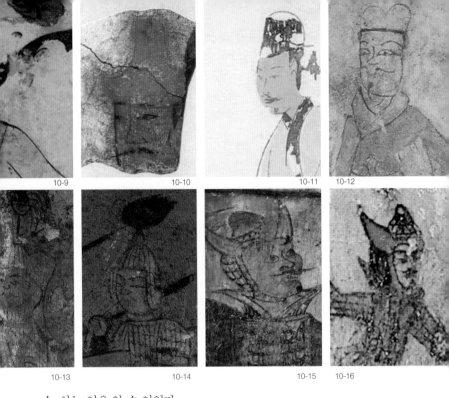

속, 하는 일을 알 수 있었다.

　고구려에서는 관원으로서 이른 지위에 따라 형태와 재질, 색, 세부 장식이 다른 모자를 썼는데, 최상급의 인물들은 관冠을 썼으며 관의 색과 재질로 상호 지위의 차이를 알 수 있게 했다. 중국의 역사서에는 고구려의 '왕은 5채로 된 옷을 입고 백라白羅로 만든 관冠을 쓰며, 가죽띠에는 모두 금테를 두른다. 대신은 청라관靑羅冠을 쓰고, 다음은 강라관絳羅冠을 쓰고, 두 개의 새 깃을 꽂고 금테와 은테를 섞어 두른다. 저고리는 통소매이고 바지는 통이 크며, 흰 가죽띠

흥리벽화분 벽화, 북한 남포), 9. 모자 쓴 선인(무용총 벽화 모사화, 중국 집안), 10. 모자 쓴 남자(동임리벽화분, 북한 순천), 11. 모자 쓴 남자(쌍영총 벽화 모사화, 북한 남포), 12. 모자 쓴 견우(408년, 덕흥리벽화분, 북한 남포), 13~14. 새 깃 장식 투구를 쓴 기사(357년, 안악3호분, 북한 안악), 15. 투구를 쓴 무사(삼실총, 중국 집안), 16. 투구를 쓴 기사(통구12호분, 중국 집안)

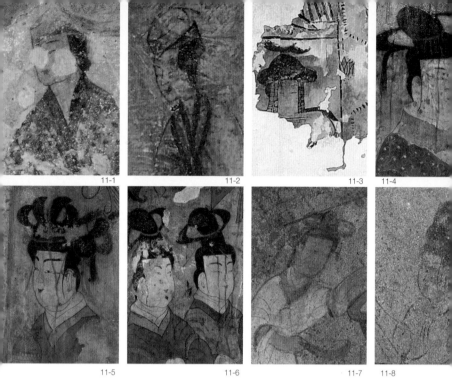

11-1　11-2　11-3　11-4

11-5　11-6　11-7　11-8

를 두르고 노란 가죽신을 신는다'는 기사가 실려 있다.[3]

　관을 쓴 인물들의 다음 등급 사람들은 책幘을 썼는데, 모자의 위쪽
에 솟게 만든 뿔 형태의 것이 몇 갈래인지로 높낮이를 알게 했다. 두
갈래면 지금의 시장이나 군수에 해당하는 태수, 하나면 일반 관인이
었다. 군관들도 평소에는 머리에 책을 썼고, 전쟁에 나갈 때는 투구
를 썼는데, 투구에 꽂은 새 깃의 숫자로 계급의 높낮이를 알게 했다.

　고구려인의 전통적인 모자는 절풍折風이다. 고깔 형태의 이 모자
는 가加로 불리는 귀족만 쓸 수 있었다. 소가小加는 아무 장식도 없

11-9 11-10 11-11 11-12

11-13 11-14 11-15 11-16

는 절풍을 썼고, 대가大加는 새 깃 꽂은 걸 썼다. 높낮이에 따라 두 깃
만 꽂은 것을 쓸 수 있는 사람도 있고, 여러 깃을 꽂은 것을 머리에
쓸 수 있는 이도 있었다. 신분이 매우 높은 이는 은깃, 혹은 금깃을
꽂은 절풍을 머리에 썼으니, 조금 멀리 떨어진 데서도 그 사람이 머
리에 쓴 절풍에 꽂힌 장식을 보면 아예 근처에 얼씬거리지도 못할
정도인지 아닌지 알 수 있었을 것이다. 물론 고구려에서도 여염의
평범한 남자들은 머리에 검은 두건을 둘렀을 뿐이다. 여성들은 특
정한 형태의 모자를 쓰지 않지만, 고구려의 귀부인들은 흰 수건 모

그림11. 고구려 고분벽화에 보이는 각양 머리의 여자: 1. 귀족부인(각저총, 중국 집안), 2. 귀족부인(삼실
총, 중국 집안), 3. 귀족부인(천왕지신총, 북한 순천), 4. 귀족부인(357년, 안악3호분, 북한 안악), 5~8. 시녀
(357년, 안악3호분, 북한 안악), 9. 귀족부인(수산리벽화분, 북한 남포), 10. 귀족부인(삼실총, 중국 집안),
11. 시녀(무용총 벽화 모사화, 중국 집안), 12. 시녀(감신총 벽화 모사화, 북한 남포), 13. 연주자(장천1호분,
중국 집안), 14. 시녀(삼실총, 중국 집안), 15. 시녀(각저총, 중국 집안), 16. 시녀(수산리벽화분, 북한 남포)

자 형태로 만들어 머리에 쓰기도 했는데, 이를 건귁巾幗이라고 했다.

여성들은 머리를 드러냈으므로 다양한 형태로 묶어 올려 멋을 냈다. 여기에 여러 형태의 비녀와 꽃모양으로 만든 보조 장식을 덧붙여 머리 맵시가 극히 화려하게 보이려 하기도 했다. 삼국 모두 여성은 결혼하기 전에는 머리를 뒤로 내려 묶었지만, 결혼한 뒤에는 올려 말아 묶는 게 일반적이었다.

중국의 역사서에는 백제의 16관등을 소개하면서 6품까지의 명칭을 정리해 알린 다음 '[6품] 이상은 관冠을 은화銀華로 장식하였다. 장덕將德은 7품으로 자대紫帶를, 시덕施德은 8품으로 조대皁帶를, 고덕固德은 9품으로 적대赤帶를, 계덕季德은 10품으로 청대靑帶를 둘렀다. 11품인 대덕對德과 12품인 문독文督은 모두 황대黃帶를 둘렀다. 13품인 무독武督과 14품인 좌군佐軍, 15품인 진무振武와 16품인 극우剋虞는 모두 백대白帶를 둘렀다'는 기사를 덧붙였다.[4] 백제에서는 1품에서 6품까지는 머리에 쓴 관에 은화를 장식하여 알게 하고, 그 이하 관인들은 두루마기 형태의 관복 위에 두르는 띠의 색깔로 서로 높낮이를 알 수 있게 했다는 것이다.

이런 식의 구분은 고구려, 신라에서도 마찬가지였다. 고구려 고분벽화에는 두루마기 위에 흰 띠, 검은 띠를 맨 사람의 모습이 보이는데, 일반 백성들이 감히 자, 비, 청, 황으로 색이 구분된 관인용 허리띠를 두르는 일은 없었을 것이다. 경주의 신라 유적에서는 신라

12

그림12. 금제 허리띠(신라, 6세기, 경주 천마총 출토, 국립경주박물관)
그림13. 흰 허리띠를 맨 귀족 남사(고구려, 무용총, 중국 집안)
그림14. 검은 허리띠를 맨 노인(고구려 각저총, 중국 집안)
그림15. 흰 허리띠를 맨 시종(고구려, 팔청리벽화분 벽화 모사도, 북한 순천)
그림16. 검은 허리띠를 맨 무용수(고구려, 무용총, 중국 집안)

그림17. 고구려 유적, 유물에 보이는 신발: 1. 귀족 남자(무용총, 중국 집안), 2. 사냥꾼(무용총, 중국 집안), 3. 고구려 사신(중국 섬서성박물관), 4. 무용수(무용총, 중국 집안), 5. 귀족 남자(쌍영총, 북한 남포), 6. 의장 기수(안악3호분, 북한 안악), 7. 승려(무용총, 중국 집안), 8. 금동 못신(국립중앙박물관)

마립간과 왕비, 갈문왕 등 왕가 사람들이 허리에 찼던 금제 장식 허리띠가 여럿 발견되었다.

삼국시대 사람들이 신던 신발은 가죽신인 화靴, 혜鞋, 짚과 갈대, 마른 풀을 재료로 만든 신인 리履가 주로 사용되었다. 이런 신발들은 모두 신코가 도드라졌는데, 삼국시대 사람들이 코가 도드라진 버선을 즐겨 신었던 까닭이다. 화는 신 목이 발목 조금 위까지 올라가는 짧은 것이 많았다. 리는 신 목이 올라가지 않고 신코만 도드라지게 만들었다. 이외에 기병이 가죽신에 덧신는 전투용 신발이 있었는데, 신 바닥에 날카로운 못을 거꾸로 박은 것으로 이런 형태의 덧신은 기병전 도중 상대 기병이나 보병을 발로 차서 상처를 주는 데에 쓰였다. 비가 오거나 진창을 건널 때에 신는 나막신은 나무로 만들었다.

화장과 장신구

삼국시대 사람들이 어떤 재료로 어떻게 얼굴과 몸을 단장했는지 기록상으로는 전하지 않는다. 그러나 바보 온달을 찾아간 평원왕의 딸 평강공주의 몸에서 향내가 났다는 기사로 보아 고구려에서는 왕실과 귀족 가문의 여인이 몸단장을 하면서 향을 내는 물질을 몸에

바르거나 향이 나는 물건을 주머니에 담아 몸에 지녔음을 짐작하게
한다.[5] 또 벽화에 보이는 사람들은 화장한 얼굴이어서 고구려에서
는 남녀가 화장하여 멋을 냈다는 사실도 알 수 있다.[6]

고구려 안악3호분에 그려진 무덤주인의 부인과 세 시녀는 아랫
입술만 붉게 점찍듯이 표현되었다.[7] 동암리벽화분에서 수습된 벽
화 조각에서는 볼연지가 잘 남은 귀족부인과 시녀의 얼굴을 볼 수
있다. 옥도리벽화분의 귀족부인도 볼과 입술에 연지를 발랐다. 귀
족 부인 뒤에 그려진 시녀들의 얼굴에도 볼과 입술에 바른 붉은 연
지가 보인다. 송죽리벽화분 마부의 얼굴은 홍조를 띠고 입술이 붉
어 화장했다는 느낌을 준다. 수산리벽화분의 귀족부인과 시녀들은
눈썹을 짙게 그리고 입술, 볼, 이마에 연지 화장을 했음이 확실히
드러난다.[8] 쌍영총 널길 벽화의 두 여인은 볼과 입술에 연지 화장
을 했고 눈썹 밑에도 색조 화장을 한 것처럼 보인다. 장천1호분 벽
화의 무용수는 얼굴이 짙은 홍조를 띤다. 함께 있는 오현금五絃琴 연
주자는 얼굴에 흰 분을 바른 다음 그 위에 연지, 곤지 화장까지 했
음이 확실히 드러난다.

고구려 벽화의 사례로 보아 여인들은 대부분 입술연지와 볼연지
를 했다. 눈 주위에 색조 화장을 하는 사례도 있었다. 얼굴을 붉게
물들이다시피 한 장천1호분 벽화의 무용수와 얼굴에 흰 분을 바르
고 연지, 곤지로 멋을 낸 오현금 연주자는 공연 화장의 사례를 구체

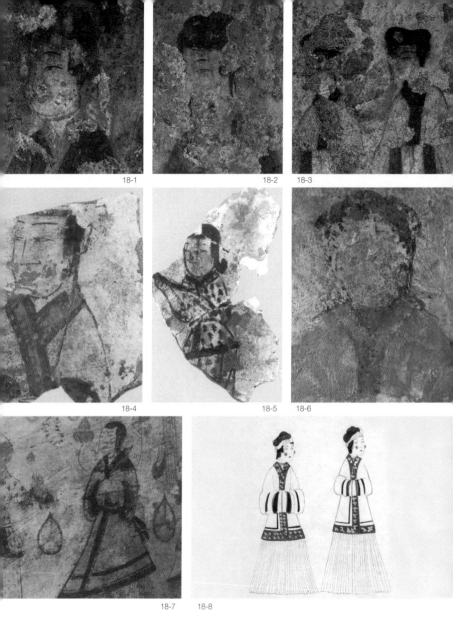

그림18. 고구려 고분벽화 인물도에 보이는 화장의 사례: 1~2. 귀족 여인(수산리벽화분, 북한 남포), 3. 시녀 (수산리벽화분, 북한 남포), 4. 귀족 여인(동암리벽화분, 북한 순천), 5. 시녀(동암리벽화분, 북한 순천), 6. 귀족 여인(쌍영총, 북한 남포), 7. 무용수와 연주자(장천1호분, 중국 집안), 8. 시녀(쌍영총벽화 모사화, 북한 남포)

적으로 보여준다. 삼국에서는 백분白粉을 사용한 분칠로 얼굴을 희게 보이도록 한 뒤,[9] 그 위에 붉은색으로 연지, 곤지를 넣어 얼굴이 두드러져 보이게 하는 화장법이 널리 쓰였다. 볼연지를 둥글게 점 찍기도 했지만, 상현달 모양 등으로 변화를 주고 이마의 곤지 화장도 꽃 모양으로 장식하는 사례도 있었다.[10] 잇꽃(홍화)에서 얻는 홍색 색소로 연지를 만드는 한국 전래 민간 기법은 삼국시대에 알려진 연지 제조법에서 비롯되었을 가능성이 크다.[11]

한국에서 장신구는 신석기시대 유적에서부터 발견된다. 토제 귀걸이와 조가비 팔찌와 발찌 등이 보이고 조가비, 뼈, 옥으로 만든 목걸이 장식도 확인된다. 이런 장신구들은 대개 시신의 몸을 장식한 상태로 발견된다. 부여를 비롯하여 삼국이 정립하기 이전에 있던 나라들에서도 금이나 은으로 만든 장신구가 사용되었음은 역사 기록으로도 확인된다.[12]

삼국시대에 이르면 장신구의 종류가 다양해진다. 장신구는 용도에 따라 머리에 사용하는 것, 몸에 장착하는 것으로 크게 나눌 수 있다. 관모 장식은 신분과 지위를 확인시켜 주는 효과를 염두에 둔 것이고, 비녀와 동곳은 머리카락을 올려 말아 묶고 고정하는 데 쓰이는 것이다. 이외에 몸 여러 곳에 걸거나 다는 귀걸이, 팔찌, 반지, 발찌, 허리띠 고리와 드리개 등이 있다.

고구려와 백제의 장신구는 남아 있는 게 많지 않다. 신분제가 잘

그림19. 돌과 뼈, 조가비로 만든 장신구(신석기시대, 인천 운서동 및 완도 여서도 출토, 국립중앙박물관), 그림20. 조가비 팔찌(신석기시대, 부산 동삼동, 국립중앙박물관), 그림21. 상어 이빨 및 뼈로 만든 장신구(신석기시대, 부산 가덕도 출토, 국립중앙박물관), 그림22. 옥제 장신구(신석기시대, 부산 가덕도, 통영 연대도, 춘천 교동 출토, 국립중앙박물관), 그림23. 목걸이(초기철기시대, 창원 삼동동 및 천안 청당동 출토, 국립중앙박물관) 그림24. 옥제 장신구(청동기시대, 진주 대평리, 여수 평여동, 칠곡 복성리 출토, 국립중앙박물관)

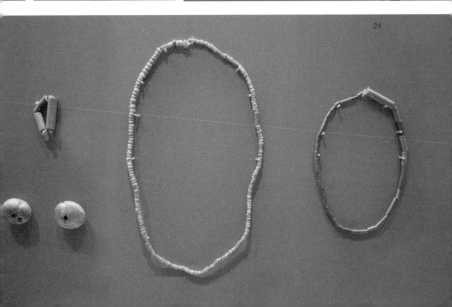

정비되고 장신구가 집중적으로 만들어져 껴묻어지던 시기의 무덤
양식이 돌방무덤이었던 까닭이다. 돌방무덤은 도굴이 쉬워 두 나
라가 멸망한 뒤 무덤무지가 두드러진 무덤들은 대부분 도굴되었다.
특히 일제강점기에 경주의 옛 무덤 조사 과정에서 금붙이가 발견되
고 있다는 사실이 언론 보도를 통해 알려지면서 전국적 차원에서
노골적으로 도굴이 이루어졌다. 가루베 지온이라는 일본인은 공주
에서 교사로 지내면서도 백제의 왕릉과 귀족묘를 집중적으로 도굴
한 것으로 잘 알려져 있다.[13]

　　고구려의 관모 장식은 새 깃을 흉내 낸 것과 관모에 붙였던 공작
모양 쇠판 정도가 남아 있다. 백제의 관모 장식은 도굴되지 않은 상
태로 발견된 무령왕릉에서 출토된 왕과 왕비가 쓰던 게 잘 알려져
있다. 신라의 유적에서는 다수의 금관이 출토될 때 관모 장식도 여
럿 수습되었는데, 새가 날개를 활짝 편 듯이 보이는 경주 천마총 출
토 금제 장식품은 대단히 정교하게 만들어진 것이어서 세인의 눈길
을 끌었다.

　　머리를 올려 쪽지는 데 쓴 비녀와 동곳은 수습 사례가 많지 않
다. 비교적 형태가 단순한 비녀, 동곳과 달리 위로 올려 쪽을 진 머
리의 이곳저곳에 꽂아 잔머리가 흘러내리지 못하게 하면서 멋도 부
릴 수 있게 하는 핀 형태의 머리 장식은 끝을 꽃 모양으로 다듬는 등
의 방식으로 멋을 낸 것이 많다. 중국 5호16국시대에 북중국에서

25 26

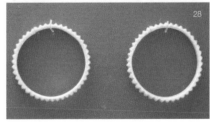

그림25. 각종 머리꽂이로 장식된 귀족 여인의 고리 튼 머리(안악3호분, 북한 안악)
그림26. 감보석금계지(嵌寶石金戒指, 서진, 요녕조양 북표방신촌 출토, 중국 요녕성박물관)
그림27. 금제 귀걸이(백제, 6세기, 공주 무령왕릉 출토, 국립중앙박물관)
그림28. 금제 팔찌(백제, 6세기, 공주 무령왕릉 출토, 국립중앙박물관)
그림29. 목걸이(가야, 5~6세기, 합천 저포리 및 의령 천곡리 출토, 국립중앙박물관)

그림30. 금방울(신라, 6세기, 경주 금령총 출토, 국립중앙박물관)
그림31. 금반지(신라, 6세기, 경주 출토, 국립중앙박물관)
그림32. 금구슬과 금제 드리개(신라, 경주 출토, 국립경주박물관)
그림33. 금팔찌(신라, 5세기, 황남대총 북분 출토, 국립중앙박물관)

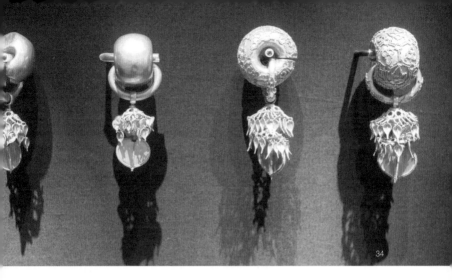

그림34. 금귀걸이(신라, 6세기, 경주 보문동무덤 출토, 국립중앙박물관)
그림35. 목걸이(신라, 6세기, 경주 금령총 출토, 국립중앙박물관)
그림36. 금목걸이(보물456호, 신라, 6세기, 경주 노서동1호분 출토, 국립중앙박물관)

여러 왕조를 세웠던 선비족 모용부의 이름 '모용'은 머리에 꽂는 보요步搖 장식이 보는 이의 눈에 잘 들어와 붙은 이름이다.

고구려, 백제의 돌방무덤과 달리 경주의 대형 돌무지나무덧널무덤들은 무덤무지가 거대하고 매장된 나무덧널 등 중심부가 엄청난 규모의 자갈로 덮여 있던 까닭에 도굴의 손길이 닿지 않았다. 신라인의 장신구가 많이 남아 전하는 것도 이 때문이다. 더욱이 마립간 시기에 집중적으로 축조된 대형 돌무지나무덧널무덤에는 당시의 황금 문화를 알게 하는 금제 장신구가 대량으로 묻혀 있었다는 사실이 몇몇 적석목곽분의 발굴을 통해 확인되었다. 천마총과 황남대총에서 수습된 금제, 유리제 장신구들은 마립간 시기 신라 장인들의 공예 기술이 섬세하고 정교하다는 말로도 부족할 정도였으며, 무덤 축조 당시 신라의 대외교류가 애초 예상보다 광범위했다는 사실을 알려준다.

장신구 가운데 수습 사례가 가장 많은 귀걸이는 남자가 쓰는 모자처럼 종족, 신분, 지위와 관계가 깊었다. 물론 남녀 구분은 없었다. 신분이 어떠냐, 혹은 어느 종족이나 사회에 속하는가에 따라 귀걸이의 형태와 재질이 달랐다. 신라에서 금제 귀걸이는 왕족만 쓸 수 있었다. 왕족 외의 신분층이 금제 귀걸이를 사용한다면 기존 질서에 도전하는 것이었으므로 엄격한 제재와 처벌을 받았다.

치마저고리

무릎 위 긴 저고리
찬 바람 막아주고
넓은 소매 좁은 아구리
온기로 팔 데우는데
왜 기냐고 묻고
너무 넓다고 투덜거린다

색 넣으니 알록거리고
주름 지으니 길게 빠져
멋도 있고 쓸모도 있는데
눈 어리고 손 많이 간다며
단색에 통으로 두르잔다

끝동에, 아랫단에
무늬 넣은 띠 붙이잔 말
꺼내지도 못했다

분대 粉黛

눈썹을 다시 깎고
거울을 본다
눈썹먹 고르는 표정이
자못 심각하다
그게 그건데
그게 아닌가 보다

볼연지 고민하며
거울을 본다
볼연지 고르는 눈빛이
심상치 않다
그게 그건데
그게 아닌가 보다

귀걸이

누가 누군지
안다
금귀걸이니
저는 왕족이다
은이니 저는
큰 귀족이다

어디서 왔는지
모양으로 안다
귀에 초생달 걸었으니
저는
흰 큰 산 너머에서 왔다
작은 새가 반짝거리니
저는
검은 숲 너머 호숫가에서 왔다

저건 처음 보는 귀걸이다
푸른 돌조각 여럿 붙은
금붙이가 찰랑거리니
저는 사막 너머 어딘가에서
왔으리라
돌과 금을 같이 썼으니
왕족인지
작은 귀족인지도
알 수 없구나

제 7 장

즐겁게, 튼튼하게

| 놀이와 운동 |

고구려에서는 매년 봄 삼월삼짇날 평양의 낙랑 언덕에서
왕이 참관하는 사냥대회를 열었다
이 대회에서 가장 뛰어난 활 솜씨를 보인 사람은 무관으로 발탁되었으니
고구려 젊은이면 누구든 이 좋은 기회를 놓치지 않으려 했다

놀이

삼국이 정립하기 이전 여러 나라의 제천행사 가운데 하나인 동예의 무천舞天은 이름 그대로 노래 부르고 춤추면서 하늘에 공경의 뜻을 보이는 축제다.[1] 부여에서는 해마다 12월 은정월에 행하던 제천의례 영고迎鼓 때에 백성들이 춤추며 노래 부르는데, 밤낮없이 남녀노소 가리지 않고 여기에 몰두했다고 한다. 삼한의 5월과 10월 계절제도 행사 방식은 이런 나라들과 별 차이를 보이지 않았다고 한다.

축제 때에 여럿이 모여 춤과 노래를 즐기는 외에 개인이 불렀던 가장 오래된 노래로 알려진 것은 '공무도하가'다. 고조선 때 백수광부의 아내가 공후箜篌를 타며 불렀고, 곽리자고의 아내 여옥이 다시 공후를 타며 불러 후대에 전하게 했다는 이 노래는 가사까지 전한다.[2]

그림1. 춤과 노래(고구려, 무용총, 중국 집안)
그림2. 오현금 연주에 맞춘 춤(고구려, 장천1호분, 중국 집안)　　　　197

예맥족이 세운 나라 고구려에서도 사람들이 '노래 부르기와 춤추기를 좋아하며, 나라 안의 모든 읍邑과 촌락에서는 밤이 되면, 남녀가 모여서 서로 노래하며 즐겁게 논다. (中略) 10월에는 하늘에 제사를 지내는데, 동맹東盟이라 부른다'는 문헌 기록이 전하다.[3] 고구려 고분벽화에도 춤추고 노래 부르는 모습이 다양한 방식으로 묘사되었다.

장천1호분 벽화에는 오현금 연주에 맞추어 춤추는 모습이 보이고, 무용총 벽화에는 완함 반주에 맞추어 여럿이 줄을 지어 춤추는 장면이 그려졌다. 무용총 벽화에 보이는 무용수들은 선두에 서서 춤추는 이를 따라 두 줄로 늘어서서 긴 소매를 들어 올리며 춤추는데, 한 줄의 두 사람은 저고리와 바지 위에 두루마기를 입었고, 다른 줄의 두 사람은 저고리와 바지 차림이다. 일상복보다 소매가 길어 이런 형태의 소매 긴 무용복이 별도로 만들어져 사용되었음을 알 수 있다.

이외 안악3호분 벽화에는 세 사람이 악기를 연주하고 탈을 쓴 듯이 보이는 한 사람이 두 다리를 모아 굽히며 춤추는 모습도 묘사되었다. 이런 형식의 춤은 고구려 외부에서 유입되었을 가능성이 크다. 안악3호분 대행렬도에는 고취악대의 연주에 맞추어 칼과 활을 들고 춤추는 사람도 등장하는데, 이런 형식의 춤은 군무軍舞다.

고구려의 노래로 잘 알려진 것은 유리왕이 불렀다는 황조가黃鳥

歌이다.[4] 이외에도 가곡인 지서芝栖, 무곡인 가지서歌芝栖 등이 있다. 고구려의 무악은 일본에도 전해졌다.[5] 박모狛鉾, 고려용高麗龍, 박견 狛犬, 아야기리阿夜岐理가 그것이다. 진숙덕進宿德, 퇴숙덕退宿德, 장보 악長保樂, 길고桔橰 등은 서역에서 고구려에 전해져 고구려 노래로 소 화된 뒤 신라를 거쳐 일본에 전해진 것으로 추정되고 있다. 측천무 후則天武后 때에 당에 알려진 고구려의 가곡이 25장이었다고 한다.[6]

백제의 춤은 기록으로 전하지 않지만, 노래는 여러 곡 전한다. 정읍사는 행상 나간 남편을 기다리는 아내의 노래로 가사도 전해 내려온다.[7] 선운산가, 무등산가, 방등산가, 지리산가 등도 『고려 사』에 실린 백제 노래 제목이다.[8] 그러나 소개된 내용을 보면 백제 시대의 것과 후백제시대의 것이 섞여 있는 듯이 보인다. 일부 곡의 가사는 고려시대에 다시 쓰인 듯하다.

신라의 춤과 노래는 전하는 것이 많다. 사뇌가로도 일컫는 향가 는 특히 유명하다. 14곡의 향가 외에 민간에서 불리던 노래로 서라 벌 6부 여자들의 길쌈 겨루기 내기에서 비롯되었다는 회소곡會蘇曲, 승려 양지良志가 영묘사 불상을 조각할 때 흙을 나르던 남녀들이 불 렀다는 풍요風謠가 있다.[9] 이런 노래들은 실제 일하거나 일을 마친 뒤 춤추면서 불렀던 까닭에 노동요라고 할 수 있다. 회소곡 등은 가 사가 전하는 점에서 의미를 부여할 만하다. 백결선생이 거문고를 뜯으며 불렀다는 방아타령도 노동요에 해당한다.[10]

신라의 춤으로 전하는 황창무黃倡舞는 탈을 쓰고 추는 검무이다.[11] 백제 정벌에 나선 신라군이 계백장군의 부대와 맞붙었을 때 전사한 관창의 죽음에서 비롯된 춤으로 추측되고 있다. 해론가, 양산가 등도 이와 같은 종류의 탈춤으로서 검무를 추면서 불렀던 노래로 보인다. 이외에도 통일신라 말기 처용이 아내에게 몰래 접근한 역신疫神을 가리키면서 노래 부르며 추었다는 처용무는 사악한 기운이나 악신을 쫓아버리기 위해 펼치던 나례희儺禮戱의 일부로 현대까지 전승되고 있다는 점에서 특별히 주목할 필요가 있다.[12]

악기는 노래와 춤의 반주에 쓰이기도 했지만, 군사들의 행렬이나 곡예에도 쓰였다. 삼국시대 이전의 악기로는 고조선 때에 사용되었다는 기록이 있는 공후인이라는 현악기가 있는데, 실물이 전하지는 않는다. 고구려에서 사용한 악기로 전하는 수공후, 와공후 등과 비슷한 형태의 악기였을 것으로 추정된다.

삼한시대에 대한 기록에 마한의 소도蘇塗에는 큰 나무를 세우고 방울과 북을 달아매고 귀신을 제사했다고 전한다.[13] 악기로 사용되었던 이런 방울과 북 외에도 가야금이나 거문고와 같은 계통의 현악기가 사용되었음이 유적에서 출토된 유물을 통해 확인되었다. 광주 신창동유적에서 출토된 이 현악기는 10줄의 현을 튕겨서 연주하던 것이다.[14]

삼국시대의 악기는 실물이 전하지 않지만, 고구려 고분벽화를

통해 형태와 연주 방식을 일부분 알 수 있다. 고구려의 악기는 벽화와 문헌 기록을 통해 구체적으로 파악할 수 있다.[15]

현재 확인된 고구려 악기는 36종으로 문헌에 언급된 현악기인 쟁箏, 탄쟁彈箏, 추쟁搊箏, 와공후臥箜篌, 수공후竪箜篌, 봉수공후鳳首箜篌, 비파琵琶, 오현五絃, 금琴 가운데 오현과 금은 벽화로도 확인할 수 있다. 벽화에는 4현금, 5현금, 6현금 등 세 종류의 금이 보인다. 완

그림3. 대행렬 중의 악대: 나팔, 소, 말북(고구려, 357년, 안악3호분, 북한 안악)
그림4. 대행렬 중의 악대: 메는 종, 작은 쇠북, 큰 쇠북(고구려, 357년, 안악3호분, 북한 안악)   201

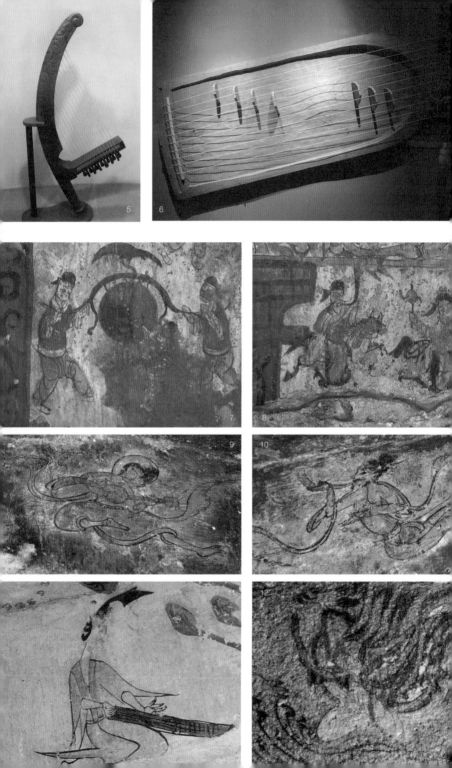

함으로도 불리는 오현, 오현현비파는 벽화에 자주 등장하는 현악기 가운데 하나이다. 관악기인 생笙, 호로생葫蘆笙, 의자적義觜笛, 적笛, 횡적橫笛, 横吹, 소簫, 소필률小篳篥, 대필률大篳篥, 도피필률桃皮篳篥, 패貝 가운데 상당수도 벽화로 확인할 수 있다. 뿔나팔은 문헌 기록에는 보이지 않고 벽화에는 자주 등장하는 악기로 큰뿔나팔, 쌍뿔나팔, 작은 뿔나팔 등 여러 종류를 볼 수 있다. 타악기인 요고腰鼓, 제고齊鼓, 담고擔鼓, 귀두고龜頭鼓, 철판鐵板 가운데 철판과 귀두고, 제고는 벽화에서 확인되지 않다

곡예는 고구려 고분벽화에도 여러 차례 묘사된 놀이다.[16] 이 놀이는 전문 곡예사가 펼치는 놀라운 재주를 사람들이 관람하고 즐거워하는 형식으로 이루어졌다. 이런 면에서 함께 어우러지며 흥취를 돋울 수도 있는 춤, 노래와 다르다. 고분벽화에는 공과 막대 엇바꾸어 던지기, 긴 막대 받고 던지기 같은 손재주와 높은 나무다리 타고 춤추기, 공중바퀴 굴리기, 격검擊劍 연기 같은 재주가 묘사되었다. 고분벽화로 보아 곡예사, 재주꾼, 놀이꾼으로 불리는 이 전문 직업인들은 악기 반주에 맞추어 재주를 펼치기도 하고, 반주 없이 재주를 보여주기도 했다. 놀이꾼들은 귀족부부의 나들이 같은 작은 행사에 초청받아 공연하기도 하고, 고구려의 동맹과 같은 대규모 축제에도 등장하여 사람들의 관심과 환호성도 받았던 것으로 보인다.

그림5. 소공후(광주 국악원), 그림6. 현악기(삼한, 광주 신창동 출토, 복원품, 국립중앙박물관), 그림7. 세운북 연주(고구려, 408년, 덕흥리벽화분, 북한 남포), 그림8. 뿔나팔과 흔들북 연주(고구려, 408년, 덕흥리벽화분, 북한 남포), 그림9. 완함 연주(고구려, 삼실총, 중국 집안), 그림10. 뿔나팔 연주(고구려, 삼실총, 중국 집안), 그림11. 거문고 연주(고구려, 무용총, 중국 집안), 그림12. 장고 연주(고구려, 오회분4호묘, 중국 집안)

삼국시대의 풍경을 묘사한 문헌 기록에 잘 남아 있는 놀이의 하나는 바둑이다. 고구려 승려 도림은 장수왕의 밀명을 받고 죄를 지은 것처럼 꾸며 백제 땅으로 들어온 뒤 백제의 개로왕에게 접근하여 바둑 친구가 된다.[17] 이때도 국수國手라는 칭호가 있었던 듯 국수의 실력을 보여준 도림에게 푹 빠진 개로왕은 바둑 친구의 조언대로 대규모 토목공사를 일으켜 충실했던 국고國庫를 탕진시킨다. 결과는 고구려 군대의 전격적인 침공, 한성의 함락과 개로왕의 죽음, 신라군을 동원한 왕자 문주의 한성 구원 실패, 백제 왕실과 귀족의 남하, 웅진(공주) 천도이다. 후세에도 사람들의 입에 오르내렸던 이 전대미문의 사건은 고구려와 백제에서 애호되었던 놀이 바둑이 국가의 운명, 삼국 세력 관계를 변화시킨 매개가 되었던 극적인 사례이다.

이 밖의 문헌 기록에 전하는 삼국시대의 놀이 투호投壺, 축국 등은 이후 고려, 조선에서도 유행한 놀이이다. 투호는 지금도 민속 명절에 행해진다. 축국蹴鞠은 공을 발로 차올려 서로 주고받는 놀이로 지금의 제기차기나 족구와 비슷한 놀이다. 신라의 김유신은 김춘추와 축국 놀이를 하던 중 일부러 김춘추의 저고리 고름을 밟아 떨어뜨린 뒤, 집에 들어가 여동생에게 이를 달게 해 마침내 처남과 매부의 인연을 맺게 된다.[18] 축국이 신라 두 유력가문을 맺는 계기가 된 셈이다. 오빠 친구의 옷고름을 달아준 인연으로 김유신의 여동

13

생 문희는 왕비가 되어 삼국을 통일한 문무왕을 낳고, 처남 매부의 인연을 맺은 김유신은 김춘추를 왕위에 올리고 당대의 명장이자 권신으로 동방에 이름을 떨쳤으니 김유신 집 앞에서 놀았던 축국이 결국은 역사적 사건의 시작이었다고 할 수 있다.

괴뢰희傀儡戲는 꼭두각시극으로 문헌 기록에는 전하나[19] 벽화로 표현되지는 않았다. 고구려의 괴뢰희는 당의 장수 이적이 고구려를 멸망시킨 뒤 당의 고종에게 바쳤다는 백희무악百戲舞樂 중의 하나이다.[20]

신라의 경흥법사의 병은 한 여승이 열한 가지 얼굴을 만든 다음 각기 우스운 춤을 추게 하는 것을 보고 낫는다.[21] 신라에서도 괴뢰희가 행해졌음을 알 수 있다.

그림13. 곡예 관람(고구려, 수산리벽화분, 북한 남포)   205

고구려에서는 매년 봄 패수[대동강]가에서 왕이 지켜보는 가운데 서로 패를 나누어 물을 뿌리고 돌을 던지며 서로 쫓고 쫓기기를 몇 차례 하다 그쳤다.²² 풍년을 기원하는 주술적인 놀이에서 유래한 것으로 보이는 이 행사는 돌을 던졌다는 점에서 모의 전투 훈련으로도 볼 수 있다. 이로써 근래까지 시골에 남아 있던 마을 청년들 사이의 정기적인 투석전投石戰의 원류가 삼국시대까지 거슬러 올라갈 수 있음을 짐작할 수 있다.

운동

고구려의 각저총은 벽화의 씨름 장면을 이름으로 붙인 사례이다. 민속 씨름의 가장 오랜 모습을 보여주는 이 장면에서 두 씨름꾼은 서로 상대의 오른쪽 어깨에 머리를 대고 오른쪽 어깨는 상대의 왼

그림14. 바둑(백제, 일본 나라 쇼소인 소장, 복제품, 한성백제박물관)
그림15. 바둑(신라, 7세기, 경주 용강동6호무덤 출토, 국립경주박물관)

16   17

편 갈빗대에 맞댄 채, 두 손을 뻗어 상대 등 쪽의 바지 허리춤의 샅
바를 잡고 왼쪽 허벅지는 상대 사타구니 아래에 이르게 한 자세로
씨름에 몰두하고 있다. 실제 민속 씨름 모습을 보면 가만히 상대와
맞잡고 있는 듯이 보여도 서로 상대의 중심을 흩어 넘어뜨리려고
힘을 주면서 밀고 당긴다. 땀은 송글송글 맺히고 거친 숨소리가 숨
죽이며 바라보는 구경꾼들의 귀에도 들릴 정도이다.

벽화 씨름 장면의 두 씨름꾼 중 한 사람은 전형적인 고구려인의
얼굴로 묘사되었고 다른 한 사람은 매부리코에 눈이 큰 서역계 인
물의 얼굴로 그려졌다. 밑동에 곰과 호랑이가 등을 대고 앉은 큰 나
무를 배경으로 펼쳐지는 이 씨름에 얼굴이 서로 다른 두 씨름꾼이
등장한다는 사실은 눈여겨볼 필요가 있다. 이 씨름이 단순한 놀이
가 아님을 시사하는 것일 수도 있기 때문이다.

씨름은 장례 때에 행하는 진혼의식鎭魂儀式의 하나로 죽은 이의
영혼이 무사히 서승에 이르기를 기원하는 성격을 지니기도 했다.[23]

그림16. 씨름(고구려, 각저총, 중국 집안)
그림17. 수박희(고구려, 무용총, 중국 집안)

벽화의 이 장면도 저승의 관문을 지키는 이 서역계 역사와 씨름에서 이겨 문을 지나 저승에 이르기를, 조상신의 세계에 들어가 편안한 내세의 삶을 누리기를 기원하는 것일 수도 있다. 무용총 벽화에 묘사된 수박희手博戱에도 서로 겨루는 두 사람 중의 한 사람은 서역계이다. 이로 보아 수박희도 씨름과 비슷한 의미를 담아 벽화에 그려진 듯하다.

그러나 씨름과 수박희가 삼국시대에도 신체를 단련하는 운동으로 즐겨 행해졌음은 두말할 필요가 없다. 기원이 오랜 강릉의 단오제를 포함하여 주요한 민속 명절에 씨름판이 벌어지고 수박희와 유사한 택견 시범을 보이는 것도, 춤과 노래처럼 사람들이 이런 운동에 관심을 보이고 참여했기 때문이다. 벽화의 수박희도 한국에서는 격투기 모습을 묘사한 가장 이른 시기의 회화 작품이다.

고구려의 덕흥리벽화분에는 말을 달리면서 활로 과녁을 쏘아 맞히는 경기에 열중하는 기마인들이 벽화로 그려졌다. 여러 사람이 등장하는 이 마사희 장면에는 붓을 들고 과녁을 몇이나 맞혔는지 기록하는 사람과 이를 곁에서 지켜보는 사람들도 그려져 묵서 명문에 쓰여 있는 마사희馬射戱가 점수로 순위를 가리는 경기였음을 알게 한다.

신라의 탈해이사금 때, 장군 거도는 매년 한 차례씩 병사들을 장토의 들판에 모이게 한 뒤 말을 달리면서 재미있게 놀게 한 뒤, 이

를 놀이로 여겨 마기馬技로 부르던 거칠산국과 우시산국을 갑작스
럽게 쳐 멸망시킨다.[24] 지증왕 때에는 신라의 장군 이사부가 마희
馬戲로 가야국을 미혹시켜 나라를 빼앗았다.[25] 신라의 마기나 마희
모두 마사희와 비슷한 방식의 놀이였음을 알 수 있다. 말 타고 달리
면서 활 쏘는 연습을 한다는 점에서 마사희나 마희는 군사 훈련으
로서도 매우 유효한 운동이었음을 알 수 있다.

　고구려에서는 매년 봄 삼월삼짇날 평양의 낙랑 언덕에서 왕이
참관하는 사냥대회를 열었다.[26] 이 대회에서 가장 뛰어난 활 솜씨
를 보인 사람은 무관으로 발탁되었으니 고구려 젊은이면 누구든 이
좋은 기회를 놓치지 않으려 했다. 평강공주의 남편이자 평원왕의
사위였다고 전하는 바보 온달도 이 사냥대회에서 빼어난 활 솜씨를

그림18. 마사희(고구려, 408년, 덕흥리벽화분, 북한 남포)

보이며 짐승을 가장 많이 잡은 기사의 자격으로 왕 앞에 당당히 섰고 사위로 인정받았다고 한다.

고구려뿐 아니라 백제와 신라에서도 사냥은 군사 훈련, 제천 희생 마련, 먹거리 준비도 가능한 다목적 활동에 속했다. 삼국의 왕들은 전쟁에도 몸소 나갔으므로 평소 사냥을 통해 지도력과 전술 운용능력을 높이려 애썼다. 그러나 왕이 참가하는 사냥은 자연스레 많은 인원이 참가하기 마련이므로 때에 따라서는 몰이꾼으로 동원되는 사냥터 인근의 백성들이 겪어야 하는 고충도 적지 않았다. 신라 진평왕의 신하 김후직은 사냥을 즐기는 왕을 말리려고 죽어서도 왕이 사냥 나가는 길 곁에 무덤을 만들어 달라고 유언한 것으로 유명하다.[27] 사냥을 너무 자주 나간 왕으로 알려진 백제의 진사왕은 사냥 나가 머물던 행궁行宮에서 죽었다.[28]

유명한 고구려 무용총 벽화의 사냥도는 제천 희생을 마련하는 사냥에서는 무엇이 중시되었는지 알게 한다. 사냥도에는 새 깃이 많이 꽂힌 절풍을 머리에 쓴 주인공이 파르티안 샷으로 달아나는 두 마리의 자색 사슴을 쏘려 하는데, 화면의 사냥 대상 중에서도 이 두 마리의 사슴이 가장 크게 묘사되었다. 거기에 비하면 화면 중단의 호랑이는 다 크지 못한 새끼처럼 보인다. 아마도 호랑이보다는 사슴이 더 중요했던 까닭에 주인공이 사냥하는 대상으로 가장 크게 그려졌을 것이다.

그림19. 사냥(고구려, 무용총, 중국 집안)
그림20. 사냥무늬 전돌(신라, 8~9세기, 전 경주 흥륜사지 출토, 국립중앙박물관)

19

20

산야에서 이루어지는 사냥에는 몰이꾼이 많이 동원되었다. 보통 사냥은 숲에서 들판으로 짐승을 몰아내는 것으로 시작되기 때문이다. 고구려 약수리벽화분 사냥도에는 몰이꾼들이 들판으로 몰아낸 짐승들을 귀족 기사들이 말을 타고 달리면서 활로 쏘아 잡는 장면이 잘 묘사되었다. 장천1호분 사냥도에는 거대한 멧돼지를 몰아가면서 활과 창으로 잡으려는 장면이 표현되었는데, 기마 사냥과 도보 사냥이 잘 조합된 사례라고 할 수 있다.

매사냥은 야생의 어린 매를 붙잡아 훈련시킨 뒤 새나 작고 빠른 짐승을 사냥하게 하는 간접적인 사냥 방식이다. 매사냥은 삼국시대에 대한 문헌 기록에도 보이고 고분벽화로도 확인된다. 매사냥은 왕가와 귀족사회에서 특히 인기가 있었던 까닭에 '사냥용 매'를 주고받는 게 국가 사이의 우호를 다지는 효과적인 외교 수단으로도 자주 쓰였다.

백제의 아신왕(재위 392년~405년)은 기마 매사냥을 즐긴 것으로 유명하다.[29] 358년 일본에 간 백제 사절은 매와 개를 가져갔다.[30] 434년 백제는 신라에 흰 매를 보냈다.[31] 이로 보아 백제에서는 매사냥이 매우 적극적으로 이루어지고 있었음을 짐작할 수 있다. 신라의 진평왕도 매사냥을 즐겼던 인물이다. 신라의 귀족으로 후에 승려가 된 자장은 청년 시절 매를 놓아 꿩을 잡다가 막다른 골목에 몰려 눈물 흘리는 꿩을 보고 마음에 깨달음이 있어 출가했다.[32] 신라

진평왕대의 인물 천진공은 자신의 집에서 종살이하던 젊은이가 매를 잘 돌보는 것을 보고 보통 사람이 아님을 깨달았다고 한다.[33] 이 젊은이가 후에 유명한 승려 원효의 친구이자 스승으로 잘 알려진 승려 혜공이다.

600년 백제의 법왕은 즉위하자 바로 민가에서 기르는 매와 새매를 거두어 놓아주게 하고 고기를 잡고 사냥하는 데 쓰이는 모든 도구를 불사르게 했다.[34] 백제에서는 민간에서도 사냥매를 길러 매사냥에 나섰음을 알 수 있다. 신라 신문왕 때의 재상 충원은 사냥매에 달아두었던 매 방울 소리를 따라가 마침내 우물가 나무에 앉은 자신의 매를 찾았다고 한다.[35] 신라 성덕왕이 당에 보낸 물품 가운데에는 여러 가지 무늬를 새긴 매 방울이 다수 포함되어 있었다.[36] 경문왕 대에 당에 보낸 매 관련 선물은 모두 16종류였고, 이 가운데에는 금꽃과 매를 새겨 물린 방울 200개, 금꽃과 새매를 새겨 물린 방울 200개, 매에 잡아매는 아롱진 붉은 가죽 백 쌍, 새매에 잡아매는 아롱진 붉은 가죽 백 쌍이 포함되어 있었다.[37]

고구려 고분벽화에는 매사냥 장면이 자주 나와 당시의 매사냥이 어떻게 이루어지고 있었는지 알 수 있다. 삼실총의 사냥도는 매사냥과 기마사냥 장면으로 구성되었는데, 화면 왼편의 매사냥꾼은 왼쪽 팔뚝에 황색 바탕에 검은 줄무늬의 토시를 두르고 그 위에 사냥매를 앉혔다. 사냥매의 목에는 세 줄 띠가 묘사되어 이 매가 길들여져 사람과 함께 지내는 맹금猛禽이라는 사실을 알게 한다. 말을 몰아 빠르게 달리는 매사냥꾼 앞에는 주인의 팔뚝에서 날아오른 사냥매가 두 날개를 크게 펼치고 두 다리는 나란히 뒤로 젖힌 채 힘껏 날며 달아나는 까투리를 쫓고 있다. 날개를 크게 퍼덕이며 창공으로 급히 솟구치는 자세의 까투리에게서 절박함이 묻어 나옴을 보는 이가 느낀다면 과장일까?

장천1호분 백희기악도 중에 그려진 매사냥꾼은 누런 바탕 검은 점무늬의 소매 좁은 저고리와 녹색 바탕 검은 점무늬 통 좁은 바지 차림이다. 이 매사냥꾼은 화면의 왼쪽을 향해 걸어가고 있다. 이 사람은 오른쪽 팔뚝에 검은 바탕 홍선무늬 토시를 둘렀고, 그 위에 부리가 날카로운 사냥매를 앉혔다. 매사냥꾼 왼쪽에 서 있는 작은 나무 한 그루를 사이에 두고 그 왼쪽에는 머리를 약간 숙인 채 급히 날아가는 까투리 한 마리를 뒤쫓는 사냥매가 묘사되었다. 사냥매는 날개를 좌우로 크게 펼친 채 두 다리를 뒤로 가지런히 젖힌 상태로 달아나는 까투리를 위에서 막 덮치려는 참이다.

안악1호분 벽화에 묘사된 매사냥 장면은 매사냥의 긴박한 순간이 너무 생생하게 묘사되어 동영상의 한 장면을 보는 듯한 느낌을 준다. 화면에는 챙이 넓은 패랭이를 머리에 쓴 기마인물이 창공으로 날려 보낸 매를 보면서 말을 달리는 중이다. 사냥꾼은 말 위에서 허리를 굽혀 몸을 앞으로 내밀면서 오른손으로는 챙의 한쪽 끝을

잡고 있다. 사냥감이 된 까투리는 산봉우리 위의 창공을 향해 급히 날아가는 중이고 그 뒤를 쫓는 매는 활짝 폈던 두 날개의 폭을 순간적으로 오므려 더 빨리 날면서 창공으로 치솟고 있다. 매가 몸 뒤로 빼낸 두 발은 깃털에 가려진 상태이다.

바둑

아슬아슬하게 이겼다며
좋아한다
진 줄 알았더니 이겼다며
의기양양이다
계가하며 집 바꾸어
져준 줄 모르고
노인이 마냥 기뻐한다

저에게 오늘 하루 남았다면
활짝 웃게
흑백 돌 몇 바꾸는 게
대수겠는가

사냥

한 번의 숨만 남은 오늘
밤하늘 별빛 스러지면
하늘 멀리 무지개 한 줄 걸린다

잠깐이다
갈래 길 어디라도
미처 못 뗀 한 걸음
내디딜 곳이라고는
무지개다리 앞
섬돌뿐이다

생명

난 어제 꽃이었는데
지금은 당신의 살이네
어젠 사슴이었는데
지금은 당신의 핏방울이네
어젠 곰이었는데
지금은 당신의 두툼한 장딴지네

내 안에 도토리가
꿩이, 멧돼지가 들었네
내 안에 세상이 있네
바위틈에서 얻고 풀섶에서 잡은 게
내 안에 녹아 있네
내 살과 피가 그것이네
눈과 입이 그것이네

난 지금 사람이지만, 내일은
흙이네
지금 숨 쉬지만
내일은 범의 송곳니에 걸린 고기 조각이네

제 8 장

생생한 숨소리와
땀방울로 되살아나는 하루

| 벽화 속의 일상 |

귀족들이 비교적 여유롭게 일상을 보냈다면
이들의 하루를 책임져야 했던 남녀 시종은
시간을 쪼개 가며 집 안팎을 돌아다니며
온갖 허드렛일을 감당해야 했다

왕과 귀족의 일상

지금도 세상에 가장 널리 퍼져 있고, 사람들이 자연스럽게 받아들이는 내세는 현재의 나이와 신분, 직업과 지위, 사회질서가 재현된 세계이다. 죽으면 현재의 모습 그대로, 성별 구분이나 성격도 그대로인 채 저세상으로 가 삶을 계속한다는 식의 관념이 가장 오래되고 보편적이라고 할 수 있다. 이 세상과 저세상이 크게 다르지 않다는 생각은 매우 자연스럽게 사람 사이에 공유되고 있다. 이런 관념과는 다른 내세관을 제시하는 불교나 기독교를 믿는 사람도 평소에는 현재와 비슷한 내세를 상식처럼 받아들인 채 일상생활을 한다. 초기 고구려 고분벽화에는 이런 보편적인 관념이 잘 묘사되어 있다.

고구려의 안악3호분은 초기 벽화고분이다. 357년 묵서명이 남

그림1. 13군태수배례(고구려, 408년, 덕흥리벽화분, 북한 남포)
그림2. 대행렬(고구려, 408년, 덕흥리벽화분, 북한 남포)

아 있는 이 고분은 평면 구조가 복잡하다. 오히려 그 때문에 고구려 귀족 저택의 사랑채와 안채, 그 외의 시설이 어떻게 배치되었는지 알 수 있다.[1] 벽화가 각 방의 벽에 한 장면, 한 장면 나뉘어 그려진 까닭이다. 널길방, 앞방, 동서 두 개의 곁방, 널방, 회랑으로 이루어진 안악3호분 앞방의 서쪽 곁방에는 무덤주인과 신하, 부인과 시녀들이 그려졌으며 동쪽 곁방에는 부엌, 고기창고, 차고, 방앗간, 우물이 묘사되었다. 널방에는 3명의 악사와 춤추는 사람이 그려져 널방에 안치된 무덤주인 부부가 이를 관람하며 즐기는 듯한 분위기를 연출한다.

널방의 동쪽에서 북쪽으로 뻗은 10m 길이의 긴 회랑에는 무덤주인이 탄 수레를 중심으로 대규모 행렬이 묘사되었다. 250명 규모의 이 행렬에는 64명의 악대가 등장하는데, 실제 생략된 후열이 전열 및 중열을 합한 규모라는 일반적인 사실을 고려하면 행렬에 동원된 인원은 500명에 가깝다. 이 무덤의 주인이 생전에 이 정도의 행렬을 동원할 정도의 권세를 누렸는지는 알 수 없으나, 주인이 바깥 행차를 할 때는 때로 이런 행렬에 버금가는 규모로 남녀 시종과 신하, 군사들이 주인공의 수레를 둘러쌌을 가능성은 크다.

고구려 초기 벽화고분으로 안악3호분과 비슷한 분위기를 보이는 벽화고분은 408년 묵서명이 남아 있는 덕흥리벽화분이다.[2] 이 무덤은 앞방과 널방으로만 이루어진 두방무덤이라는 점에서 여러

방 무덤인 안악3호분과 구조가 다르다. 하지만 고구려 귀족 저택의 구조가 벽화 제재의 배치에 영향을 미치고 있다는 점에서는 안악3호분과 큰 차이를 보이지 않는다.

덕흥리벽화분의 앞방 남벽과 동벽에는 안악3호분 회랑의 것보다 규모가 작은 행렬이 묘사되었다. 행렬은 동벽에서 남벽을 향해 나아가는데, 무덤주인이 탄 수레를 비롯해 여러 대의 수레가 행렬에 둘러싸여 있다. 여러 가지 악기를 연주하는 악대는 행렬 앞에 그려졌다. 안악3호분에 비해 규모는 작아도 주인공을 비롯하여 주요

그림 대행렬(고구려, 357년, 안악3호분, 북한 안악)

한 인물이 여럿 등장한다는 점에서 나름 무게감을 갖춘 행렬이라고 할 수 있다.

덕흥리벽화분 앞방 북벽과 서벽에는 무덤주인 진鎭이 유주 13군 태수, 장군의 배례를 받는 장면을 묘사했다. 유주자사의 막부幕府에서 어떤 일이 있었는지를 나타낸 것이다. 덕흥리벽화분의 앞방은 사랑채의 주인인 무덤주인 진의 지위와 그가 하는 일을 묘사한 셈이다. 귀족 저택의 안채에는 어떤 시설이 있고 어떤 일이 일어나는지는 무덤 널방 벽에 그려졌다. 남자들 여럿이 말을 타고 달리면서 화살로 과녁을 맞혀 떨어뜨리는 마사희馬射戱, 여래에게 복락을 비는 칠보공양七寶供養 행사는 이곳에서 치러지고 있다. 마굿간, 외양간, 곡식 창고인 부경桴京, 연못 등도 이 안채에 있다.

집안의 각저총 벽화는 덕흥리벽화분이 축조된 지 오래지 않은 시점에 국내성 지역에서 그려져 제재의 구성이나 배치 방식이 앞의 안악3호분이나 덕흥리벽화분의 것과 별로 다르지 않다.[3] 안채 역할을 하는 각저총 널방 안벽인 동북벽에는 무덤주인과 두 부인이 앉아 있고 왼벽인 동남벽에는 부엌이 있다. 부엌과 좀 떨어진 마당 한가운데에서는 두 남자가 씨름에 열중하고 있으며, 널방 오른벽인 서북벽에는 무덤주인 부부가 타고 온 것으로 보이는 소수레와 말이 있고, 마부가 잠시 쉬고 있다. 다른 제재들은 생략되었지만, 널방 화면 전체의 주인공은 안채에 앉은 무덤주인과 두 부인이다. 이들

곁에 놓인 음식상에 올린 음식들은 안채 가까운 곳에 있는 부엌에서 조리한 것이 틀림없다.

　고구려 초기 벽화고분의 일관된 주제는 생활풍속이다. 당시 고구려인의 일상생활, 곧 의식주와 놀이, 운동, 여러 가지 행사가 벽화로 그려졌다. 화면 속 인물들이 입고 있는 저고리와 바지, 치마, 머리에 쓴 모자, 허리에 두른 띠, 발에 신은 신발까지 모두 당대의 것이다. 옷의 재질, 염색 정도나 장식무늬도 벽화가 그려지던 시기 고구려인의 눈에 익숙한 것들이다. 벽화로 재현된 이들의 모습과 행동은 단순히 과거에 있었던 일을 회상하기 위해서일까?

　불교가 알려지기 전까지 고구려 사람들에게 저세상이란 현재와

그림4. 무덤주인부부(고구려, 각저총, 중국 집안)　　　　227

크게 다르지 않은, 사는 곳만 다를 뿐 현재와 사실상 같은 세계였다. 큰 강이나 높은 산 같이 두 삶을 나누는 경계는 있어도 이쪽과 저쪽이 알아볼 수 없게 다른 게 아니었다. 수레를 타고 몇 날, 몇 달을 가도, 심지어 몇 해를 쉬지 않고 걸어가도 닿을 수 없을 정도로 두 세계 사이는 멀리 떨어져 있을지 몰라도, 한 하늘 아래서 같은 공기를 마시며 사는 곳이라고 생각했다. 죽은 뒤에 가는 저세상은 북쪽 끝의 큰 산일 수도 있고, 서쪽 먼 곳의 큰 강 건너일 수도 있다. 살았을 때의 몸으로는 닿을 수는 없을지라도 거기에는 그 길을 먼저 간 어머니와 아버지가 계시고, 먼 조상님들도 모두 계시다. 이제 막 죽은 이가 생전에 모시던 높은 분들도 있고, 그분들이 부리던 시종이나 우마도 거기에 있음이 틀림없었다. 내가 버리는 건 늙고 지친 몸뚱이일 뿐이다. 때가 되면 내가 죽었음을 애통해하고, 눈물 콧물 범벅이 되어 이별의 노래를 부르는 가족과 친구도 내가 곧 가 닿을 곳으로 올 것이다. 그땐 거기서 재회하는 기쁨에 또 한 번 눈물, 콧물 흘리며 반가워하리라.

고구려와 이웃하였던 오환烏桓은 북쪽 멀리 있다는 적산赤山이 죽은 이가 가는 곳이라 믿었다.[4] 무덤에 함께 묻는 개는 죽은 이가 가는 멀고 먼 길의 동반자였다. 때로 앞길이 어디로 이어지는지를 알 수 없으면 영혼과 함께 가는 개가 먼저 간 이의 흔적을 찾아내며 길머리를 잡았다. 이 개가 없다면 영혼은 적산으로 가는 길에서 벗어

나 구만 갈래 나뉜 길을 헤매게 될 게 틀림없다. 얼마나 오래 걸려 조상신들이 사는 죽은 자의 세상에 닿을지 몰랐다. 오환이나 선비 사람이 죽으면 반드시 개와 함께 묻히는 것도 이 때문이었다.

고구려의 각저총, 무용총, 장천1호분, 송죽리벽화분에 그려진 개도 이런 영혼 안내견이었을 가능성이 크다.[5] 특히 장천1호분 백희기악도 백마 앞에 앉아 있는 커다란 개나 무용총 가무배송도의 말 탄 무덤주인 곁에 그려진 맹견은 죽은 무덤주인과 함께 가는 동반자임이 확실하다. 유라시아 초원지대의 유목민족들 가운데에는 개를 죽은 자와 함께 묻는 민족이 여럿 있다. 목축이 주업이었다고 알려진 중국 상商 왕조 사람들의 무덤에도 죽은 이의 시신 근처에 개가 함께 묻혔다.[6]

장천1호분에 그려진 백마에는 아무도 타고 있지 않다. 마부만 말의 곁을 지키고 있을 뿐이다. 화면의 오른쪽 위에 높이 치솟아 있는 굵은 나무 곁 무덤주인이 이 말을 곧 타려고 하는지, 혹은 이미

그림5. 말에 탄 무덤주인 앞의 개(고구려, 무용총, 중국 집안)
그림6. 흰말과 개(고구려, 장천1호분, 중국 집안)

229

타고 온 말에서 내려 생명나무처럼 굵은 열매가 주렁주렁 달린 나무, 상서로운 새가 날아드는 나무 곁 걸상에 앉아 원숭이 나무타기 놀이를 보며 시원스레 웃고 있는지, 어느 쪽인지 알기 어렵다.

무용총의 무덤주인은 말에 오른 채 막 떠나려는 모습이다. 주인의 저승길을 아쉬워하는 친족들은 가무단을 불러 춤과 노래로 서로의 마음을 달래고 있다. 이제 저승길 행보가 시작되면 목줄을 두른 채 기다리던 말 앞의 개는 앞장서서 길을 안내할 것이다. 주인이 살았을 때와 같이 죽은 뒤에도 충성스럽게 주인 곁을 떠나지 않을 것이다.

한 화상석을 보면 죽은 이의 영혼이 죽은 자의 세상을 향해 멀리 길 떠난다는 생각이 중국에서도 공유되던 관념임을 알 수 있다. 물론 시간이 흐르면서 저세상으로의 오랜 여행 뒤에 닿는 곳을 불사不死의 선계仙界로 상정하게 되지만, 중국인들이 선계의 주인으로 여기던 서쪽 끝 곤륜崑崙의 주관자 서왕모西王母는 본래 삶과 죽음을 관장하는 태초의 어머니 신이었다.[7] 모습도 사납고 내는 소리도 무서웠다. 결국 서왕모라는 여신의 본질은 생명이 시작된 세계, 살았던 생명이 죽어서 돌아가는 세계를 관장하는 모든 생명의 어머니였음을 미루어 짐작할 수 있다.

고구려 사람들이 애초에 믿고 있던 죽어서 가는 곳이 적산이나 곤륜산과 같은 큰 산인지, 무릉도원武陵桃源처럼 산골짝에 넓게 펼쳐

7

8

그림7. 왕모와 시중꾼들(한, 섬서 수덕 출토, 중국 섬서 비림박물관)
그림8. 곡예를 관람하는 무덤주인(고구려, 수산리벽화분, 북한 남포)

진 선상지 같은 곳이었는지는 알 수 없다. 광개토왕릉비문 첫머리로 보아 언젠가부터 해의 아들이자 나라의 아버지인 주몽이 산 채 하늘로 올라갔다는 이야기가 사람들 사이에 돌면서[8] 사람이 죽어서 가는 곳을 하늘로 상정하게 되면서 이전의 관념이 잊힌 듯하다. 평범한 백성들 사이에서는 여전히 서천 서역 어딘가에 죽어서 가는 곳이 있다는 바리데기 신화처럼 죽어서 가는 곳이 어딘가에 관한 이야기가 돌았겠지만, 설화나 역사기록에서는 사라진 것이다.

고구려 사람들의 생각에 사람이 사는 땅 끝 어디건, 주몽이 용의 머리를 딛고 올라갔다는 하늘이건, 사람이 죽어서 가는 곳에서의 새로운 삶은 살았을 때와 거의 같았다. 입는 옷도 그대로고, 먹는 것도 그전과 다름이 없다고 여겼다. 물론 즐거운 낮 뒤에는 편안한 밤이 오게 마련이다. 오히려 살았을 때보다 좋은 옷을 입고, 더 맛난 음식을 즐길 수도 있다. 귀족 남자는 부인과 함께 춤과 노래, 여러 가지 놀이를 감상할 수도 있고, 시종들을 거느리고 벗들과 함께 들판과 숲으로 사냥을 나갈 수도 있을 것이다.

귀족 남편이 벗들과 사냥을 나가 있는 동안, 귀부인은 잘 차려입고 시종들과 한나절 나들이를 다녀올 수도 있다. 영험한 산기슭 큰 바위 신령께 복락을 빌거나, 등고신 주몽과 부여신 유화를 모신 시조신들의 사당에 들른다는 핑계로 새벽부터 부산스레 이바지를 마련하여 둘러매거나 나귀에 싣고 길 나선다고 하여 누가 뭐라 그러

그림 9. 무덤주인의 부인과 시녀들(고구려, 357년, 안악3호분, 북한 안악)
그림10. 귀부인과 여인들(고구려, 수산리벽화분, 북한 남포)
그림11. 귀부인과 남녀시종(고구려, 삼실총, 중국 집안)

12   13   14

15   16

그림12. 고상창고로 가는 시종(팔청리벽화분, 북한 대동)
그림13. 방앗간(고구려, 357년, 안악3호분, 북한 안악)
그림14. 우물(고구려, 357년, 안악3호분, 북한 안악)
그림15. 부엌(고구려, 357년, 안악3호분, 북한 안악)
그림16. 상 나르기(고구려, 무용총, 중국 집안)

겠는가? 종일 치성 드리며 봄꽃 가득한 산야를 눈에 넣고 가슴에 담는다고 수군댈 이 어디 있겠는가?

시종과 평민의 일상

이렇듯 귀족들이 비교적 여유롭게 일상을 보냈다면 이들의 하루를 책임져야 했던 남녀 시종은 시간을 쪼개 가며 집 안팎을 돌아다니며 온갖 허드렛일을 감당해야 했다. 고구려 가가호호의 경우, 곡식은 부경에 보관하는 게 일반적이었으므로 때가 되면 시종은 사다리 타고 이 창고에 들어가 그날 밥할 곡식을 내왔고, 귀족 저택이면 하나씩 마련되어 있던 디딜방아로 껍질째 보관되었던 알곡을 찧었다. 물론 찧은 뒤에도 알곡에 붙어있던 겨는 우물가에서 씻어내야 한다. 그런 뒤 가는 곳이 부엌이다.

난방과 취사를 겸하던 고구려식 부뚜막은 뚫린 구멍, 확이 하나였다. 여기에 쇠솥을 걸고, 그 위에 시루를 올렸으므로 쌀과 조, 수수를 섞은 알곡은 맷돌로 가루를 내어 시루 위 베 보자기 위에 올리거나 알곡째 올려 더운 김으로 쪘다. 물기가 많은 채 알곡을 쪄내면 질척한 밥이 되고, 물에 갠 가루를 얹으면 찰진 떡과 비슷해진다. 쌀보다 보리, 밀, 조나 수수가 많으면 밥은 상당한 정도로 고슬 거

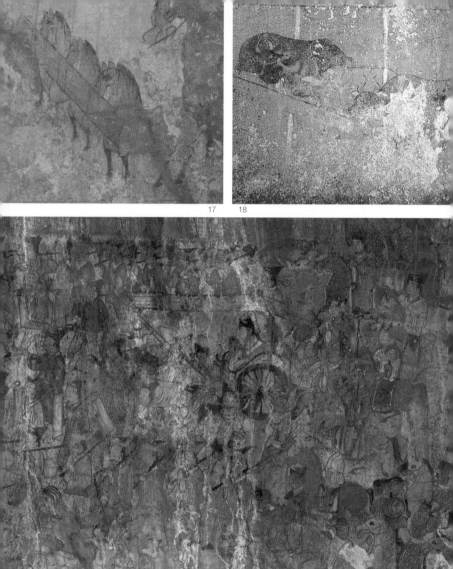

그림17. 마굿간(고구려, 408년, 덕흥리벽화분, 북한 남포)
그림18. 외양간(고구려, 357년, 안악3호분, 북한 안악)
그림19. 무덤주인과 신하들(고구려, 357년, 안악3호분, 북한 안악)

릴 수도 있다. 어쨌거나 시녀는 아궁이에 장작을 넣고 불씨를 잘 살려 때에 맞게 밥을 짓는다.

밥을 짓는 동안 부엌 옆 칸에서는 쌓아 놓은 소반을 하나씩 내려 상에 앉은 먼지 행주로 훔쳐내고, 그 위에 종지며 접시, 완 같은 그릇에 장도 담고 젓갈도 올린다. 좀 잘 차려야 하는 날이면 고기도 올리고, 생선도 올린다. 그래 보았자 상 위에 올리는 반찬은 서너 가지다. 여기에 아욱이나 근대를 넣어 끓인 국과 밥이 오르면 상차림이 끝난다. 이제 차려진 음식상을 하나씩 들고 안채로 들어가 주인 것은 주인 앞에, 부인 것은 부인 앞에 놓으면 한 끼 상차리기는 끝난다. 시녀들은 잠시 잠깐이라도 쉴 틈이 생기는 것이다.

주인과 부인의 식사가 끝났으니, 남녀 시종들은 모시는 분들의 외출 준비를 도와야 한다. 남자 시종은 남자 시종대로 말을 대령하거나 수레를 끌 소를 외양간에서 끌고 나와야 한다. 시녀들은 부인의 화장을 돕고, 귀걸이며 목걸이 몸에 다는 걸 시중들어야 한다. 평소에 잘 준비해두어 별문제가 없는 것도 있고, 갑작스레 닥쳐서 부랴부랴 해야 하는 일도 있다. 말과 소에 여물 먹이고 털이 윤기 나게 잘 다듬는 일이며 수레바퀴 손보기는 평소에 해두어야 한다. 말발굽의 편자도 제때 갈아두어야 하고, 말 등에 올릴 안장도 손봐두어야 한다. 말에게 물릴 재갈이며 소 코에 꿸 코뚜레도 한 번 더 살펴보는 게 좋다.

주인이 관모 갖추고 위의威儀 있게 출타하여도 뒤따라가는 시종은 따라가면서, 집에 남은 시종은 남아서 할 일이 여럿 있다. 귀부인에게도 마찬가지다. 시녀들은 남아서도 따라가면서도 할 일이 있다. 주인이 잠깐 걸어서 다녀오겠다면 양산을 받쳐 들고 따라가야 하고, 말이나 수레를 타고 가면 마부 노릇도 해야 한다. 집에 남아서 할 일도 적지 않다. 소, 말 먹일 여물도 준비해야 하고, 온갖 연장이며 기구도 잘 정비해두어야 한다. 연못도 손봐야 하고, 마당에 깔린 전돌이며 담장에 올린 기와도 깨지거나 제 자리에서 벗어난 게 없는지 확인해야 한다.

사람이 죽으면 영혼이 깊고 너른 강을 건너 저세상으로 가건, 아득한 산 위 큰 나무 위로 난 길을 따라 하늘로 올라가건, 귀족은 귀족대로 평민은 평민대로 종은 종대로 평소 하던 일을 그대로 해야 한다는 게 당시 사람들의 믿음이다. 지체가 높고 부유한 귀족을 따라간다면 종이라도 굶지 않을 것이고, 그런 기회도 없이 가난뱅이로 농사짓다가 역병에 걸려 황천길 가게 되면 저세상에서도 배곯기 쉽다. 죽은 이를 따라 순사殉死하는 건 살았을 때처럼 저승에서도 왕과 높은 귀족을 모시기 위해서다. 기꺼이 왕 곁에 묻히겠다고 나서서 소원대로 왕릉에 부장된다면 그 또한 좋은 일이다. 살았을 땐 몰라도 죽어서는 왕을 모시니, 이 얼마나 영광스럽고 복된 일인가. 입고 먹는 것도 해결되고.

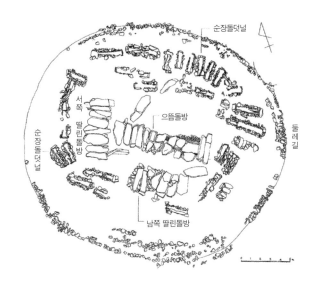

대가야 왕릉인 고령 지산동44호분은 3개의 중심 돌방 둘레에 작은 돌덧널무덤 32기가 배치된 여러널무덤이다.[9] 중심 돌방과 32기의 돌덧널무덤에서는 한 무덤에 묻힌 20~30대 성인 남녀, 홀로 묻힌 9~10세 정도의 여자아이, 8세의 여자아이와 함께 묻힌 30세 남자 등 37명 이상의 순장자 유골이 확인되었다. 함께 발견된 껴묻거리를 자세히 살펴보면 각각 호위무사, 신하, 남녀 시종, 전문 직업인으로서 역할이 있었음을 확인할 수 있다. 왕의 저세상 삶에 동반할 이들이 죽은 왕과 함께 무덤에 묻힌 것이다. 고구려의 동천왕이 죽자 많은 이들이 슬퍼하며 왕릉 곁에서 스스로 목숨을 끊은 이가 적지 않다는 기사도 죽은 이들로서는 저세상에서 왕을 모시며 살겠

그림20. 고령 지산동44호분 발굴 후 단면   239

다는 확실한 의지가 있었음을 미루어 짐작할 수 있다.[10] 부여에서는 최소 수십 명 단위로 순장이 이루어졌다.[11] 순장은 삼국시대에도 계속되었다. 결국 국가가 적극적으로 개입한 뒤에야 그쳤다. 신라 지증왕은 공식적으로 순장을 금지하는 명령을 내렸다.[12] 그러나 고령 지산동44호분에서 확인할 수 있듯이 대가야에서는 말기까지 이 관습이 유지되었다. 고구려에서는 삼국 가운데에서도 이른 시기에 순장 관습이 없어졌으나 벽화로도 확인할 수 있듯이 순장을 가능하게 했던 종교 관념은 약간 변형된 상태로 이후에도 상당 기간 유지되었다.

세계의 일부 지역에서는 근대에도 남아 있었던 순장이나 순사가 한국의 삼국시대에 대부분 지역에서 사라진 이유는 무엇일까? 중국의 경우, 순장은 명나라 때에도 극히 제한적으로나마 이루어졌지만, 전국시대를 마감한 진나라에서는 이미 사라져야 할 구습으로 여겨졌다. 유명한 진시황의 병마용은 순장의 시대가 끝났음을 보여주는 상징적인 유적이다. 비록 병마용을 만들기 위해 엄청난 재화와 인력이 소비되었다고는 해도 죽은 이를 위해 산 사람을 죽여 묻는 일은 이미 과거의 없어져야 할 관습으로 여겨졌다는 사실을 병마용이 확인시켜 준다고 하겠다.

순장이 왜 사라졌는지를 짐작하게 해준다는 점에서 고구려 고분벽화도 지니는 의미가 크다. 고구려 초기 고분벽화는 현세를 재현

21

하는 내용으로 채워졌다. 현재의 삶의 이모저모가 내세 삶의 모습
을 그리는 바탕이 된 것이다. 그러나 잘 생각해보면 죽은 이나 죽은
이를 보내는 이들로서는 벽화로 그리는 내세 삶의 모습이 현재와
같아서는 별 의미가 없다. 더 좋아져야 한다. 살아 있을 때보다 지
위도 높아지고 권세도 더 있어야 한다. 의식주도 더 풍족해지고 부
리는 신하와 남녀 시종의 수도 늘어야 한다. 이 세상에서 사는 동안
중급 정도의 귀족이었다면 죽어서 가는 저세상에서는 대귀족이어
야 한다. 현재보다 낮지 않다면 이렇게 많은 재화를 들어 무덤의 규

그림21. 진시황릉 병마용(진, 중국 함양)　　　　　241

모를 키우고 화려한 벽화를 그려야 할 이유가 없지 않은가? 재력을 기울여 번듯하게 장례 치르고 무덤을 만들고 장식을 더 화려하게 하는 이유가 무엇인가? 더 나아지기 위해서가 아닌가? 죽은 자는 죽은 자대로 저세상에서, 산 자는 산 자대로 이 세상에서 지금보다는 나은 삶을 누리기 위해서 이러고 있는 것 아닌가?

중국 한대漢代에는 충효를 강조하며 군현 단위로 가장 효성스러운 자를 천거하여 나라의 관리로 삼는 제도를 택했다.[13] 이로 말미암아 3년이 지나도 갚지 못할 정도의 큰 빚을 내서라도 이웃 군현의 아무개보다 성대하게 상장례를 치르려는 사례가 비일비재했다. 한 가문과 일족, 마을 전체가 빚더미에 올라앉는 일도 흔했다. 국가에서는 이런 부작용이 심해지자 격에 맞지 않는 화려한 화상석 무덤을 만들고 번듯한 화상석 사당 세우는 일을 금지했다. 하지만 이런 일이 쉽게 근절되기는 어려웠다. 가문이나 마을을 대표할 수 있는 인물이 지극한 효자라는 평가를 받고 관리가 되면 이로 말미암은 파급 효과가 적지 않았기 때문이다.

이런 극단적인 사례와 비교하기는 어렵지만, 상장례를 둘러싼 의식의 전개나 이로 말미암은 사회적 효과는 충분히 주목해볼 필요가 있다. 일상생활을 거의 그대로 재현한 것으로 이해되는 고분벽화에서 정작 눈길을 두어야 할 것은 벽화 구성과 배치 과정에 개입된 의식이 아닐까? 단순한 재현으로 보기에는 과장되었다고 볼 수 있는 표현이 여기저기에 보이는 까닭에서다. 대규모 행렬에서는 그런 의식의 흐름이 특히 잘 드러난다. 과잉되고 과장된 '새로운 현실', 현실을 과장하여 그려낸 내세의 모습이 보이는 것이다. 순장이나 순사가 사라지게 된 것도 바로 이 과장된 새로운 현실에 대한 소망, 더 나아진 내세 삶에 대한 바람이 작용하면서부터라고 보아도 무리는 아닐 듯하다.

너머

환한 웃음 너머엔
땀과 얼룩이 있다
조용한 미소 아래엔
깊은 열정이 끓는다

세월

아이가 자라면
어른이 된다
어른이 더 자라면
아이가 된다
둘 사이에
세월이 있다

장사

구경꾼이 많다
입 벌리고 지나가고
감탄사 던지며 지나간다
흘끔거리며 입술 달싹이다
또 그냥 지나간다
하나라도 팔아야 하는데

오늘도
한 번 보고
또 보고
목을 빼 한참 보다
안 되겠다는 표정 지으며
가버린다

흥정이라도 붙여 보다
아쉽다는듯 한숨 쉬며 가도
뭐라 않을 텐데
그저 보기만 하고
지나간다

제 9 장

정토

| 벽화 속의 낙원 |

벽화로 그려지는 건 무덤에 묻힌 이에게
익숙한 세계의 모습이다
잘 알고 있고 관념적으로 수용된 세계가
벽화의 제재로 선택된다

그림1. 미륵보살(2~3세기, 간다라 출토, 프랑스 기메미술관)
그림2. 여래좌상(간다라 출토, 독일 베를린 동아시아미술관)

열린 미래를 말하는 새로운 종교, 불교

불교는 인도 갠지스강 유역의 작은 나라 카필라의 왕자 고타마 싯다르타가 기존 브라만교의 한계를 넘어서려 하면서 시작되었다. 싯다르타의 깨달음을 씨앗으로 발아한 뒤 오랜 시일에 걸쳐 줄기가 자라고 가지가 뻗으면서 브라만교의 이 분파는 '붓다의 가르침'을 바탕으로 한 새로운 종교로 인식되고 자리 잡았다. 새로운 종교인 불교의 내세론에는 윤회를 거듭하면서 6개의 세계 가운데 하나에서 태어나는 데서 한 걸음 더 나아가 끝없는 윤회의 삶에서 벗어나 모든 인연으로부터 자유로운 정토에서 영원한 삶을 누릴 수 있다는 내용이 추가되었다. 석가모니 붓다는 500번의 삶을 거듭하면서 복업福業을 쌓고 또 쌓아 마침내 스스로 윤회의 끈을 풀고 온전히 자유로운 세계, 영산靈山 정토의 주관자가 되었다는 것이다.

불교는 오랜 기간 그리스 문화의 세례를 받은 인더스강 상류 지역을 지나고, 중앙아시아와 북아시아 초원지대를 거쳐 동방에 전해졌다. 이 긴 여정을 통해 다양한 갈래의 문화와 관념이 섞여든 점에서 동방에 전해진 대승불교는 붓다가 문을 연 불교와는 달랐다. 특히 달라진 부분이 간다라 지역에서 수용된 신상의 제작과 숭배였다. 올림포스 12신을 닮은 여래상과 보살상이 불교의 숭배 대상으로 동방에 알려졌다. 초기 부파 불교에서는 붓다의 모습을 그리거나 만들어 숭배하는 것이 금기시되었다.

5호16국시대에 북중국을 석권한 전진 왕 부견苻堅은 경문과 불상을 들려 승려 순도를 고구려에 보냈다. 372년의 일이다. 고구려의 소수림왕은 이를 받아들이고 전진에 사신을 보내 사례했다.[1] 374년에는 승려 아도가 고구려에 왔다. 소수림왕은 국내성 안에 초

그림3. 여래에게 절하는 귀족 남녀(고구려, 장천1호분, 중국 집안)

문사와 이불란사를 지어 각각 순도와 아도가 이곳에서 지내게 했다.[2] 375년의 일이다. 384년에는 호승胡僧 마라난타가 동진을 거쳐 백제에 왔다. 이 해에 즉위한 침류왕은 승려 마라난타를 궁궐에 모시고 공경하였다.[3] 이처럼 고구려와 백제 두 나라에서는 불교가 알려지고 전해진 뒤 오래지 않아 믿고 전파할 수 있었다.

하지만 신라에서는 그렇게 되지 않았다. 고구려로부터 중앙아시아 출신 승려 묵호자가 들어온 뒤에도[4] 오랜 시간이 흐른 뒤에야 불교를 믿는 것이 허락되었다. 무려 150년이나 지나 이차돈의 순교라는 유명한 사건을 겪고 난 뒤 가능해졌다.[5]

불교는 후한시대에 중국에 전해졌다. 65년 후한 명제明帝의 동생 초왕 유영이 형인 명제에게 속죄를 위한 비단을 보내자 명제가 조서를 내려 '황제와 노자의 가르침을 외우고, 부처의 인자함을 숭상

그림4. 불교사원(차사전국, 기원전 1세기~5세기, 교하고성, 중국 투르판)
그림5. 불탑(차사전국, 기원전 1세기~5세기, 교하고성, 중국 투르판)

하여 깨끗하게 재계하고 석 달이나 보낸 네게 무슨 죄가 있으며 무슨 후회할 일이 있겠는가?' 하고 속죄 비단을 돌려보내 부처의 제자들을 받드는 데 쓰게 했다고 한다.[6]

명제는 일찍이 정수리에서 흰빛이 나는 금으로 된 사람이 궁궐 뜰에 날아 내려오는 꿈을 꾼 뒤, 그것이 부처라는 사실을 알게 되자 신하 채음을 천축[인도]에 보내 부처의 모습을 그리고 인도 승려들과 함께 돌아오게 했다고 한다. 초왕 유영의 속죄 비단 사건 이전에 명제는 불교에 대해 알고 있었다. 한대에는 초왕 유영과 같이 이국 성인의 종교적 가르침에 관심을 보이는 사람 외에는 불교가 사회적으로 널리 믿어지지 않고 있었음을 알 수 있다. 전한 시대에도 중앙 정부에서는 불교라는 종교가 중앙아시아 일대까지 퍼지고 있다는 사실을 알고 있었다.

중국에 전파된 뒤 오랜 기간 지지부진하던 불교가 널리 퍼지기 시작한 건 5호의 북중국 침입과 지배라는 전대미문의 사태를 맞아서다. 삼국시대를 마감했던 서진이 혼란에 빠지면서 선비족과 흉노족, 저족, 갈족, 갈족 등 5호의 일부가 용병이나 이민 등의 방식으로 북중국에 들어왔다. 이후 서진이 몰락하는 과정에 호족 용병들이 활용되는 틈을 타 북방과 서방에 경계지대에 있던 5호의 나머지 사람들도 차례차례 북중국 각지로 들어오게 된 것이다. 이어 북중국 각지에서 5호 중심의 호한胡漢 정권이 성립하며 명멸을 거듭했

6

7

다. 소수의 호족과 다수의 한족이 어우러져 만들어진 새로운 정권의 지배자들은 호한 융합으로 사회를 안정시켜야 한다는 초미의 과제로 골머리를 앓았다. 이때 이들의 눈에 들어온 것이 기존의 문화나 관습에서 자유로운 동시에, 보편적인 관심이랄 수 있는 새로운 내세의 삶을 꿈꾸고 누구나 깨달음을 추구할 수 있다고 주장하는 불교였다.

그림6. 귀부인의 공양(고구려, 쌍영총, 북한 남포)
그림7. 승려의 설법을 경청하는 무덤주인(고구려, 무용총, 중국 집안)

253

4세기에 북중국 호한정권의 왕들은 대부분 불교에 호의적이었다. 어떤 이들은 왕즉불王則佛론을 내세우기도 했다.[7] 붓다이자 왕인 지배자 앞에서는 호족도 한족도 없다는 식이었다. 5호16국시대에 북중국을 처음으로 통일한 전진 왕 부견은 불교의 가르침에 심취한 인물로 왕즉불 관념에도 관심을 보였다. 북중국을 통일할 즈음 동방의 고구려에 승려와 불상을 보낸 것은 불교에 호의적이었던 저족 출신의 왕 부견에게는 자연스러운 행동이었다. 고구려도 불교 신앙의 세계로 들어오라는 것이었다.

　고구려왕에게 불교는 왕권을 강화하는 데에 도움이 되는 듯이 보였을 것이다. 왕즉불이라는 관념이 귀족을 견제하면서 백성의 신망을 얻는 데에 효과적인 이념 장치로 기능할 수 있으리라 여겼을 수도 있다. 소수림왕의 뒤를 이은 고국양왕이 '불교를 믿어 복을 구하라'는 왕명을 내린 것도 백성의 불교 신앙이 왕을 중심으로 한 국가 운영에 긍정적으로 작용할 수 있다고 판단해서였을 것이다.[8]

　불교는 한 개인의 현재의 삶, 곧 현재의 지위와 살림살이는 과거 삶의 결과라고 설명했다. 과거의 선업과 악업이 현재의 그를 낳았고, 현재 그가 쌓고 있는 복업이 미래의 삶을 결정한다는 것이다. 현재 그가 어떻게 살고 있는가가 과거 삶의 인연과 합해져 미래에 그가 천계, 인간계, 아수라계, 지옥계, 아귀계, 축생계라는 여섯 세계 중의 어떤 세계에 태어날지 정하므로 현재를 어떻게 살지, 현재

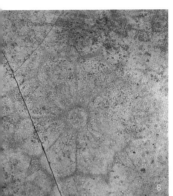 

의 삶에서 얼마나 많이 복업을 쌓을지 고민하고 실행에 옮겨야 한다는 것이다.

사람들의 눈길은 바로 이 '열린 미래'에 쏠렸을 것이다. 당시의 일반적인 관념으로는 현재든 미래든 삶의 조건은 바뀌지 않았으니까. 지금 귀족이면 죽어서 저세상에서도 귀족이고, 이 세상에서 여자로 살면 두 세상 사이 크고 깊은 강 건너 죽은 이의 새 삶터에서도 여자 아닌가? 죽을 때 아이면 그냥 아인 거고, 노인이면 그대로 노인일 텐데, 아니 죽으면 이 모습 이대로가 아니라니, 이 무슨 말 같지 않은 소리인가? 하면서도 호기심을 누르기 어려웠을 것이다. 자, 미래가 열린다. 그렇다면 지금 여기서 열심히 좋은 일, 선업을 쌓는다면 다음 세상에서는 다른 모습으로 살 수 있다!

수평적 이동이나 수직적인 이동으로 삶의 세계와 죽은 뒤 지금과 크게 다르지 않은 또 다른 삶의 세계로 간다고 믿던 사람들에게 하늘, 인간, 아수라, 축생, 아귀, 지옥이라는 6개의 서로 다른 세계가 있다든가, 끝없이 이런 세계에 다시 난다든가, 심지어 이런 세계에서 살기를 그칠 수 있는 영원한 복락의 세계가 있다는 가르침이 쉽게 받아들여지지는 않았을 것이다. 그러나 이런 새로운 관념을 받아들인다면 현재를 사는 사람들의 마음 자세와 행동거지는 달라질 수밖에 없다. 높은 귀족이라도 선업 중의 선업이라는 붓다 믿는 사람들의 집단에 공양하기 위해 재화를 내놓고, 절에 찾아와 불공드리는 일에 열심일 것이다. 빚 못 갚는다고 가난한 이의 마지막 재산인 솥단지까지 뺏는 일도 자제할 것이다. 또 신분이 낮고 가난하다는 사실을 한탄하며 주인댁 일을 게을리 하는 이도 줄어들지 않겠는가?

고구려가 불교를 공식적으로 수용하기 전 불교의 가르침이 이미 알려지고 개인적으로 이 새로운 종교를 받아들인 이들이 있었을 가능성은 매우 크다. 전진 왕 부견이 보낸 승려 순도가 오기 전 만들어진 무덤에 불교의 상징으로 여겨지던 연꽃이 벽화의 장식무늬로 그려지고 있기 때문이다. 보통 벽화로 그려지는 건 무덤에 묻힌 이에게 익숙한 세계의 모습이다. 잘 알고 있고 관념적으로 수용된 세계가 벽화의 제재로 선택된다. 풍문으로 듣던 어떠어떠한 존재가 죽은 이의 내세 삶을 위한 공간에 들어와 터 잡기는 어렵다. 벽화에 연꽃이 그려진다면 무덤에 묻힌 이는 이 연꽃이 상징하는 의미, 연꽃이 유래한 관념 세계의 논리를 잘 알고 있었다고 보아야 한다. 357년에 그려진 안악3호분 벽화, 그것도 무덤주인 부부가 각각 앉아 있는 장방 지붕 위에 연봉오리가 그려졌다면, 주인 부부를 위한 무덤칸의 천장에 활짝 핀 연꽃이 묘사되었다면, 이는 불교라는 새로운 관념 세계가 무덤주인 부부에게 받아들여졌다는 증거로 보아야 할 것이다.

고국양왕이 내린 명령은 4세기 말 고구려에서는 불교가 국교 비슷한 지위를 얻게 되었음을 뜻한다. 고국양왕의 뒤를 이은 광개토대왕은 고구려 제2의 도시 평양에 새로 9개의 절을 짓게 해 평양이 이 새로운 종교의 중심지로 부상할 수 있게 했다.[9] 아마도 이즈음 고구려 중앙 정부의 주요한 인물들은 평양으로 서울을 옮길지 진지하게 고민하고 있었을 가능성이 크다.

408년 제작된 덕흥리벽화분에는 고구려에 수용된 불교가 어떤 사회적 영향을 끼쳤는지 알게 하는 주요한 지표적 글과 그림이 남아 있다. 덕흥리벽화분에 묻힌 '진'은 묵서묘지명에서 자신을 '석가모니부처의 제자'라 밝히고 있다. 물론 묵서묘지명의 다른 내용에는 무덤의 위치를 정하고, 장례 일시를 정할 때, 주공과 공자를 언급하면서 당시 중국의 전통적인 장법에 따라 택했음을 거듭 강조하고 있다. 무덤에 남아 있는 진의 묵서묘지명을 번역하면 아래와 같다.[10]

10

□□군 신도현 도향 □감리 사람으로 석가문불釋迦文佛의 제자인 □□씨 진鎭은 역임한 관직이 건위장군 국소대형 우장군 용양장군 요동태수 사지절 동이교위 유주자사幽州刺使였다. 진은 77세로 죽어 영락 18년 무신년 초하루가 신유일인 12월 25일 을유일에 (무덤을) 완성하여 영구를 옮겼다. 주공周公이 땅을 보고 공자孔子가 날을 택했으며 무왕武王이 때를 정했다. 날짜와 시간의 택함이 한결같이 좋으므로 장례 후 부富는 7세에 미쳐 자손이 번성하고, 관직도 날마다 올라 자리는 후왕侯王에 이르기를. 무덤을 만드는 데 만 명의 공력이 들었고, 날마다 소와 양을 잡아서 술과 고기, 쌀은 먹지 못할 정도이다. 아침에 먹을 간장을 한 창고 분이나 두었다. 기록하여 후세에 전한다. 무덤을 찾는 이가 끊이지 않기를.

소수림왕 때에 공식적으로 불교를 받아들인 지 반세기도 지나지

그림10. 묵서묘지명(고구려, 408년, 덕흥리벽화분, 북한 남포)
그림11. 무덤주인과 남녀시종(고구려, 408년, 덕흥리벽화분, 북한 남포)

12

13

않아 고구려에서는 높은 등급의 귀족이 죽은 뒤 무덤에 묻히면서 자신이 석가모니불의 제자임을 묵서묘지명으로 밝히고 있는 셈이다. 덕흥리벽화분에는 이외에도 무덤주인 진이 중리도독中裏都督이라는 관직을 역임할 때 칠보공양七寶供養이라는 불교 행사를 치르는 장면이 묘사되었으며, 칠보공양 행사 장면 옆에는 집안에 설치된 연못이 벽의 반을 채우는 정도로 크게 그려졌다. 벽화 각 제재의 비례를 고려할 때, 벽화로 그려진 연꽃이 과장되게 큰 것은 이 연못에 특별한 종교적 의미가 부여된 때문일 것이다.

연꽃에서 다시 나기

불교의 상징으로 정착한 연꽃은 본래 여러 종교에서 재생의 매체로 여겨졌다. 이집트 왕조 시대의 파피루스 종이에도 수련에서 사람이 태어나는 모습이 그려져 있을 정도다. 불교가 출현하기 이전, 인도의 브라만교에서도 연꽃은 새 생명을 품은 신성한 꽃으로 이미지화되어 있었다. 브라만교를 모태로 새로 일어난 종교인 불교에서 연꽃에 종교적인 의미를 부여하게 된 것은 어쩌면 매우 자연스러운 일이었다.

불교에서는 생명이 나는 네 가지 서로 다른 방법 가운데 하나로

화생化生을 든다.[11] 화생은 태생胎生처럼 부모 자식 사이의 인연을 발생시키는 것과는 다른 자유롭고 우아하게 태어나는 방법이다. 화생 가운데 특히 신성하게 여겨진 것이 연꽃에서 태어나는 연화화생이었다. 이 연화화생은 전생의 수많은 인연에서 완전히 자유로워진 존재가 불교의 낙원인 정토淨土에서 태어나는 방법이다. 정토에서는 모든 존재가 이 신성한 연꽃을 통해 태어난다. 이런 점에서 정토의 연꽃은 하늘 연꽃으로 불릴 수 있다. 물론 이런 연꽃으로 가득한 못이 있다면 그런 곳은 하늘연꽃 못으로 불릴 수 있으리라.[12]

만일 누군가가 더는 윤회전생에 시달리지 않고, 정토에 태어나고 싶다면 그는 하늘연꽃을 모태로 삼을 수밖에 없다. 연꽃에서 태어나면서 누구와도 얽히지 않게 되니, 완전히 자유로운 존재로, 영원히 살 수 있게 된다. 불교 회화나 불교 조각에는 여래의 자비의 빛 속에서 화생이 이루어지는 장면이 묘사되는데, 새로운 생명의 모태는 당연히 연꽃이다. 귀여운 얼굴의 어린아이가 두 손을 합장한 채 모습을 드러낼 때도 그 아이가 모태로 삼는 것은 연꽃이다.

미술사적으로 보면 불교가 동방으로 전파되는 과정은 연화화생도가 동쪽으로 전해지는 발걸음이기도 했다. 중앙아시아 타클라마칸 사막의 잊힌 옛 도시의 불교유적에서도 조소로 빚어진 연화화생 작품이 발견된다. 불교가 전해진 동방의 끝 일본열도에서도 연화

화생도는 그려진다. 일본의 국보로 지정된 7세기의 자수작품 천수국만다라수장天壽國曼茶羅繡帳에도 연화화생 장면이 여러 번 나온다.

고구려 사람들은 새롭고 완전한 생명의 모체인 까닭에 불교의 하늘연꽃은 땅 위의 못에 뿌리를 내리는 대신 하늘 위를 떠다닌다고 생각한 듯하다. 무용총은 불교 승려의 설법을 열심히 듣던 귀족이 묻힌 무덤이다. 이 무용총 널방 천장 아래쪽에는 하늘로 떠오르는 연봉오리와 연꽃이 그려졌다. 이런 연꽃들 위에 신선으로 보이는 이들이 여기저기 앉아 글을 쓰기도 하고, 뿔나팔을 불거나 거문고를 연주하기도 한다. 어떤 이는 백학을 타고 하늘을 날아다니고,

그림14~17. 연화화생 과정(고구려, 성총, 북한 남포)
그림18. 연화화생(고구려, 삼실총, 중국 집안)   263

19

어떤 이는 새나 짐승의 힘을 빌리지 않고 허공을 떠다닌다. 사이사이에 봉황이 나래를 펴고 기린이 달린다. 신선경을 그린 것인지, 불교의 낙원을 묘사한 것인지 판단하기 쉽지 않지만, 무용총 널방 천장에 그려진 모든 생명이 떠오르는 연봉오리와 연꽃에서 탄생한 것으로 상정되고 있는 건 확실하다.

연꽃이 활짝 피고 그 안에서 사람이 태어나는 장면은 5세기 전반과 중엽에 제작된 고구려 고분벽화에서 자주 보인다. 고국양왕이 내린 왕명을 계기로 불교가 고구려 사회에 빠른 속도로 퍼지고, 사람들의 가슴에 새로운 신앙으로 자리 잡은 증거이다. 가장 보수적이라고 평가받는 내세관도 불교의 영향으로 바뀌었음을 고분벽화가 보여준다고 하겠다. 연꽃 장식이 고구려 중기 고분벽화의 새로운 주제로 자리 잡는 것도 내세관의 변화에서 비롯된 현상이다.

79년에 이르는 장수왕의 오랜 재위 기간(412~491)에 고구려는 전성기를 누렸다. 고구려의 새로운 서울 평양은 활기가 넘쳤고, 귀족 부부가 남녀 시종을 거느린 채 덕이 높은 승려를 앞세우고 도시 곳곳에 세워진 절에 공양을 드리러 가는 모습은 쉽게 찾아볼 수 있었다. 축일에 사원 안을 연등으로 장식하는 행사는 비단 신라에만 있었던 일은 아닐 것이다. 신라에서는 정월 대보름에 연등회를 열었다고 하는데, 이것은 기존의 대보름을 축하하는 세시풍속과 부처의 가르침과 자비를 기리며 깨우침을 바라는 연등 행사를 하나로 묶은 경우라고 할 수 있다.

고구려와 백제에서는 이미 5세기에 불교 신앙이 크게 퍼져 내세관의 변화를 초래할 정도로 사회적으로 큰 영향을 끼쳤지만, 신라는 그렇지 않았다. 고구려, 백제와의 경계지역 일부에서 믿어졌을 뿐, 수도 경주까지는 불교의 영향력이 깊이 침투하지 못했다. 향을 피우며 복을 비는 불교 승려가 신라의 궁성에 머무르기도 했지만, 조상신 숭배와 산천 신앙에 기초한 전통적인 신앙을 지키려는 사람들의 압박을 이겨내지 못한 채, 서라벌에 발을 들였던 승려들은 때론 모함을 받아 죽임을 당하고, 때론 변경지역으로 다시 나와 지방

그림19. 미창구장군묘 투시복원 모형(고구려, 요녕 환인, 중국 요녕성박물관)   265

20   21

귀족과 백성들 사이에서 석가의 가르침을 전하는 데 만족하기도 했다. 영주의 순흥 지역에 남아 전하는 읍내리벽화고분은 이런 분위기 속에서 만들어진 것이다.[13] 읍내리고분에 그려진 연못은 고구려의 덕흥리벽화분이나 진파리1호분에 그려진 연못과 같은 하늘연꽃못으로 보아도 될 듯하다.

삼국시대 동북아시아 지역으로의 불교 전파는 동방 세계가 서방 문화와 관념을 만나는 과정이기도 했다. 고구려는 중국과 유목세계로부터 불교와 불교 문화를 받아들일 수 있었고, 실제 그렇게 한 듯하다. 고구려인의 불교 신앙을 묘사한 고분벽화에 두 지역 모두 불교와 불교 문화 수용의 통로였음을 보이는 내용이 있기 때문이다.

아틀라스는 그리스 신화에 등장하는 거인족이다. 거인족인 티탄 이아페토스와 신 오케아노스의 딸 클리메네 사이에 태어난 이 거인은 티탄 편에 붙어 제우스를 비롯한 올림포스의 신들과 싸워 패한 뒤, 벌로 대지의 서쪽 끝에 서서 하늘을 떠받드는 형벌을 받게 됐다. 그리스 문화권의 여러 지역에서는 이 이야기를 바탕으로 '하늘을 떠받드는 거인'을 조소 작품이나 그림으로 형상화하거나 이야기에 살을 붙이거나 빼며 좀 더 흥미롭게 변형시키기도 했다. 알렉산더의 동방 원정 여파로 그리스인의 후손들이 정착한 박트리아의 끝자락, 아프가니스탄 핫다에 만들어진 불교사원에 아틀라스에 해당하는 인물들이 장식 부조의 일부로 등장하는 것도 이런 까닭이다. 흥미롭게도 고구려의 삼실총과 장천1호분에도 핫다의 부조로부터 영향을 받은 것으로 보이는 그림이 그려졌다.

정토에서는 연꽃에서 태어난다는 연화화생도 불교와 함께 들어온 서방 세계의 관념이라고 할 수 있는데, 고구려에서는 이것이 장천1호분 벽화에 보이듯이 남녀쌍인연화화생으로 변형된다. 수용된 새로운 관념을 소화하여 고구려식으로 변형시킨 사례이다. 회화 기법 가운데 하나인 단축법短縮法으로 정면 하강하는 비천飛天을 묘사한 것도 고구려에는 익숙지 않던 외래의 기법이 수용되었음을 보여주는 좋은 사례이다. 단축법 묘사의 다른 사례는 중국의 변경

그림20. 연등(양산 통도사)
그림21. 연못(신라, 순흥 읍내리벽화분 벽화 모사도, 영주 소수박물관)   267

그림22. 하늘을 받드는 거인(3~4세기, 아프가니스탄 핫다 사원 유적 이전 복원, 프랑스 국립기메미술관)
그림23. 우주역사(고구려, 삼실총, 중국 집안)
그림24. 우주역사(고구려, 장천1호분, 중국 집안)

으로 외래문화의 수용 통로이던 돈황 막고굴 회화에 보인다. 삼실 총이나 장천1호분 벽화에 보이는 눈이 크고 코가 높은 서역계 인물의 묘사 또한 고구려가 서방 세계 문화와 접하는 과정을 상징적으로 잘 드러낸다. 비파로 불리는 서역 기원의 악기가 서역계 인물에 의해 연주되는 장면도 눈여겨볼 만한데, 5세기 중엽을 전후하여 고구려의 평양과 국내성 지역에 매우 이국적인 문화가 자연스럽게 흘러들던 당시의 정황을 미루어 짐작할 수 있다. 고구려가 동아시아의 강국으로 위용을 자랑하던 5세기에 국내성과 평양 일대는 국제도시로 평가받을 수 있을 정도로 다양한 문화가 혼재된 곳이었다고 하겠다.

신라에서는 6세기에 들어서서야 불교 공인을 위한 노력이 열매를 맺게 된다. 고구려와 백제에서 불교 신앙이 주요한 종교적 흐름으로 자리 잡은 지 1세기 정도 지난 뒤의 일이다. 불교계가 남긴 기록에 따르면 신라 법흥왕이 불교를 공인하려고 암중모색하던 중, 이차돈異次頓이라는 인물이 왕의 뜻이라며 전통적인 신앙의 성지인 천경림天鏡林을 훼손하고 불교사원을 지으려 한 사건이 빌미가 되었다고 한다.¹⁴ 왕의 명을 거짓으로 내세웠다고 하여 이차돈은 죽임을 당하고 이 과정에서 나타난 이적異蹟을 본 이들이 더는 불교 공인을 반대하지 않게 되었다는 것이다. 이차돈의 순교를 기념하여 세웠다는 경주 백률사 석당石幢에는 이차돈의 순교 전후 사건의

전개 과정이 명문으로 새겨졌고, 이차돈의 목
이 잘리면서 흰 피가 한 길이나 솟구치고 꽃비
가 내리며 땅이 진동했다는 설화적 장면이 간
결하게 잘 묘사되었다.

25

　이 사건의 자초지종이 정확히 전한다고 보
기는 어려우나 법흥왕대 이차돈의 순교가 불
교 공인의 계기가 된 것은 확실하다. 이차돈
은 527년 순교했고, 불교 공인은 528년에
이루어졌다. 법흥왕의 시호는 불법佛法을
일으킨 왕이라는 뜻이다. 울산의 천전리
각석에는 이 왕이 재위 당시에도 '성법흥
대왕聖法興大王'으로 불렸다는 사실이 명문으로 기록되어 있다. 법
흥왕은 말년에 천경림 자리에 세워진 흥륜사의 승려가 되었다고
한다.[15] 법흥왕의 조카로 법흥왕의 뒤를 이은 진흥왕이라는 왕명
도 불법을 진흥시킨 왕이라는 뜻이다.

　　그림25. 백률사 석당(이차돈순교비, 이차돈공양비, 신라, 818년, 국립경주박물관)

연꽃

아름다운 자태를 세상에 보여도
뿌리는 진흙 밭에 있다
맑고 고운 꽃잎이
진흙에서 얻은 기운으로
사람의 눈에
꿈을 심는다
네가 사는 이 땅이
예토라도
네 영혼은
정토를 꿈꾸라고

신라 불상

멀리도 왔구나
갠지스강 기슭에서
산 넘고 물 건너
모래언덕, 자갈밭 지나
예까지 왔구나

동쪽의 끝, 바닷가 센 바람이
호수 곁 갈대로 피리 소리 내게 하는
여기까지
힘들게 왔구나

긴 머리 다 빠져
죄수 머리 되고
둥근 눈 가늘어져
제비 꼬리 될 때까지
험한 길 헤치며
예까지 왔구나

해초로 끼니 삼고
버들가지로 어두움 뿌리치며
여기 이 자리까지
왔구나

네 눈빛은 사랑을 말하고
네 미소는 자비가 흐르게 해도
사람들은 두 손 모으려 않고
짐승들은 어리둥절한 표정인
여기에
네 자리가 있던가

네 손은 두려움을 떨치게 하고
네 발은 탐욕을 뿌리치게 해도
악신들은 분노를 퍼뜨리려 애쓰고
사령들은 여전히 거짓을 속삭여도
여기 이 자리에서
넌
떠나려 않는구나

천수국 天壽國

하늘 어딘가에
연꽃에서 나야
어울려 살 수 있는 나라가 있다
사람도 새도, 풀과 나무까지
연꽃이 아기집이라
서로 위아래 나눌 일 없다

하늘 이편에는
해가
하늘 저편에는
달이
뜨면 질 줄 모르고
지면 뜰 줄 몰라
아예 별처럼
붙박여 있다

꽃에서 난 사람은
다 출세간이라
부모 형제 사이로
애달플 일 없다

한 때, 한 차례
듣는
범종 소리로
꽃 속에 앉아 있던
사람과 사람 사이를
잠시 되돌아볼 뿐이다

하늘 어딘가에
연꽃에서 난 이들이
마주 보며
미소 짓는 나라가
있다
한 때, 한 차례
울리는
범종 소리에서
아스라한 기억의 저편을
붙잡아보려다 마는 이들이
있다

산사 풍경

무지개는 저 아래
산자락에 걸쳤고
바다는 산골짝
물길에서도 먼데
산사의 풍경소리
귀에 익을 즈음
하늘 물고기는
서리 타고
제 고향 찾아
한 줄 개울 거슬러 오르네

제 10 장

해, 달, 별들 사이에 숨은
내 안식처

| 벽화 속의 수호신, 사신四神 |

현무는 뱀이 수컷, 거북이 암컷이 되어
서로를 얽음으로 암수 교미, 음양 조화를
이루는 상황을 연출하는 신수이다
이 현무가 하늘 북방의 수호신으로 여겨진 것은
북방을 모든 생명의 고향, 곧 우주질서가
완벽한 조화를 이루는 공간으로 상정한 때문이다

그림1. 천상열차분야지도와 사신(복원도, 김일권)

28수에서 비롯된 사신

조선 왕조에서 여러 차례 석각으로 만든 천상열차분야지도. 석각
에 새겨진 권근의 발문에 따르면, 이 석각천문도는 조선의 건국이
선언된 뒤 어떤 사람이 들고 와 태조에게 바친 고구려 천문도 탁본
을 바탕으로 만든 것이다. 고구려가 멸망할 때 원본인 석각천문도
는 대동강에 빠뜨려졌고, 탁본만 하나 남아 전해 내려왔단다. 그러
니 이 천문도 탁본을 받은 조선 태조는 하늘의 뜻을 받아 새 왕조를
연 분이라는 게 권근이 쓴 글의 속뜻이다.[1]

천상열차분야지도에는 1467개의 별, 283개의 별자리가 새겨졌
다. 별은 밝기에 따라 6등성으로 나뉘었고, 28수의 명칭과 은하수
까지 세밀하게 묘사되어 고대 및 중세 천문 관측의 정밀한 정도를
잘 알 수 있다. 이 천문도의 원본이 고구려 때에 제작되었는지, 조

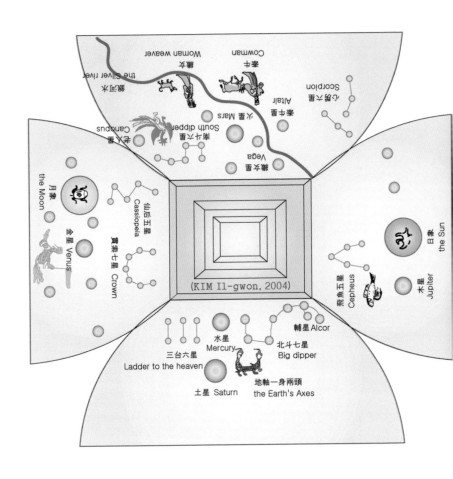

(KIM Il-gwon, 2004)

선의 이전 왕조인 고려 때 만들어졌는지로 논란이 있으나,[2] 사람이 눈으로 관측할 수 있는 하늘의 모든 별이 천문도로 남겨졌다는 점에서 그 가치는 논란의 여지가 없다.

장수왕 때부터 중국 역사기록에 '고려'로 표기되는 고구려는 천문 관측도 삼국에서 가장 앞섰다. 고구려는 나라의 시조를 해의 아들로 믿고 벽화에도 해와 달, 북두칠성과 남두육성, 28수를 그려 넣던 나라이다. 한 해 농사의 풍흉과 관련이 깊고, 하늘의 뜻을 헤아려 정책의 추진 여부를 결정하는 게 당연시되던 당시에 국가 차원에서 별의 움직임을 관찰하여 기록으로 남기는 건 극히 자연스러운 일이었다. 고구려의 천문 관측과 기록 능력은 고분벽화로도 확인할 수 있다.

408년 묵서묘지명이 있는 덕흥리벽화분 앞방 천장에는 은하수를 포함한 60여 개의 별자리가 몇몇 별자리를 형상화한 신비한 새, 기이한 짐승과 함께 그려졌다. 석각천문도의 원형에 해당하는 이런 별자리 그림 묘사는 진파리1호분의 28수 표현으로 이어지고 최종적으로는 정교한 전천全天천문도로 남겨지게 된다고 볼 수 있다.[3]

동아시아 고대 천문에서는 달의 공전 주기를 기준으로 28개의 별자리를 설정하여 방위별로 7수씩 나눈 다음 4방 방위별 수호신을 상정했는데, 이 수호신이 청룡, 백호, 주작, 현무다.[4] 여기에 북극성을 중심으로 한 자미원 등 3개의 천상 공간은 해와 달이 지나는 황도와 백도에 속하지 않으므로 중앙 세계를 지키는 황룡이라는 별도의 수호신을 상정하였다. 이 다섯 수호신을 오행五行이라는 우주 운행의 원리와 대응시킨 것이 오신五神이다. 중앙의 황룡을 지키는 사방의

그림2. 별자리(복원도, 고구려 덕흥리벽화분 앞방 천장, 김일권)   281

네 수호신으로 하늘 세계, 곧 우주가 완성된다고도 할 수 있다.[5]

고구려 후기 고분벽화의 주제로 등장하는 사신四神, 오신은 이런 별자리 관측의 결과이기도 하고, 별자리에 대응시킨 관념 체계가 신앙으로 굳건히 뿌리내렸음을 잘 보여주는 사례이기도 하다.[6]

고구려 후기 고분벽화에서는 사신이 벽면의 유일한 제재로 등장하기도 하지만, 처음부터 그랬던 것은 아니다. 사신이 고분벽화의 제재로 선택되어 표현되기 시작하던 초기 단계에 벽화 구성에서 지니는 제재로서의 비중은 그리 높지 않았다. 이는 사신에 부여된 의미가 크지 않았음을 뜻한다.

동아시아에서 죽은 이를 지키는 존재로 사신이 상정되고 표현된 역사는 신석기시대까지 거슬러 올라간다.[7] 중국의 하남 복양 서수파유적에서 발견된 신석기시대 무덤에는 청룡과 백호에 해당하는 신성한 동물이 죽은 이 좌우에 표현되어 있었다.[8] 조개껍데기로 만들어진 이 용과 호랑이는 신석기시대에 이미 이런 존재를 죽은 이의 수호신으로 삼는 신앙이 있었음을 짐작하게 한다.

호랑이나 사자 같은 대형 고양잇과 동물은 늦어도 후기구석기시대부터는 신앙의 대상으로 떠올랐고 신석기시대에는 신적 존재로서의 위상을 확고히 하고 있었다. 터키의 차탈휘윅 신석기시대 마을에서는 방 벽에 표범을 그려놓고 제의를 펼친 흔적이 확인되었다. 호랑이가 산신으로 여겨지게 된 것도 신석기시대에 정착 마을

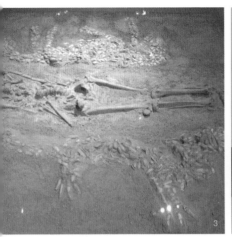
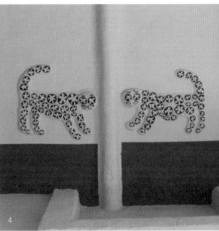

그림3. 조개껍데기로 만든 용과 호랑이(신석기시대, 하남 복양 서수파무덤, 중국 국가역사박물관)

그림4. 표범 수호신(신석기시대 주거지 복원 모형, 터키 차탈휘윅)

그림5. 깬돌로 만든 용(신석기시대, 요녕 사해 유적, 중국 사해박물관)

그림6. 옥룡(신석기시대, 내몽골 새심타라유적 출토, 중국 국사역사박물관)

이 만들어지면서부터였을 가능성이 크다. 동예의 호랑이 신앙도 그런 유래를 지닌 것으로 보인다.[9]

　용은 상상 속에 실재하는 가장 신비한 동물이다. 번개나 용오름, 태풍 같은 기상 현상이 용이란 존재를 상상하고 믿게 한 씨앗이라는 이야기도 있지만, 어떻게 용이 실재한다고 믿어지게 되었는지는 알기 어렵다. 동아시아에서 용이 형상화된 가장 오랜 모습은 중국 요녕의 사해유적에서다. 신석기시대 마을 유적으로 60여 기의 주거지가 발굴되는 과정에 발견된 이 용은 깬돌을 덮어 형상화한 것으로 길이만 19.7m에 이른다. 이 돌로 만든 용의 뒤를 잇는 유물이 내몽골 새심타라유적에서 발굴된 옥룡玉龍이다. 용과 호랑이로 시작된 사신 구성은 상서로운 새 봉황이 주작이란 이름으로 더해지고, 거북과 뱀이 서로를 얽으며 교미하는 형상의 현무를 더함으로서 완성된다.

　사신은 무덤 속에 벽화로 그려지기에 앞서 벽돌 장식이나 저택 지붕의 부조로 먼저 모습을 드러냈다. 죽은 자가 눕는 음택陰宅뿐 아니라 산 자의 공간인 양택陽宅을 지키는 존재로도 인식되고 표현된 것이다. 전한시대 유적에서 발굴되는 사신 와당은 그런 쓰임새를 보여주는 대표적인 사례이다. 전한 초기의 공심전묘에서 출토되는 사신 장식 공심전은[10] 진대에도 공심전에 사신이 묘사되었을 가능성을 고려하게 한다. 사신이 벽화로도 그려진 이른 사례는 전

한 후기의 벽화무덤인 섬서 서안 교통대학전한벽화묘가 그 대표적
인 사례이다.[11]

수호신이라는 기능에 상서로움이라는 이미지가 자연스럽게 덧
붙으면서 사신은 매우 인기 있는 제재가 되었다. 사신을 표현한 동
경銅鏡이 많이 만들어지는 것도 이 때문이다. 청동기시대 제사장의

그림7~10. 사신문 수막새
(청룡, 백호, 주작, 현무: 전한, 한 장안성 유지 출토, 중국 섬서역사박물관)

무구巫具였던 동경은 왕조 국가들이 출현한 이후에도 오랜 기간 화장도구이자 부적의 기능을 가진 호구護具로 여겨져 몸에 지니고 다니기도 하고, 집의 현관에 걸어두기도 했다. 지금도 중국의 오래된 가게 입구 상단에는 이런 구리거울을 걸어놓는다. 사악한 존재가 변신한 채 해코지를 하러 들어오려 해도 거울에 자신의 본래 모습이 비치면 바로 달아나버린다고 믿기 때문이다.

고구려의 사신 신앙과 사신도

고구려 벽화고분에 사신이 보이는 것은 4세기 말부터이다. 처음 무덤칸 천장고임 벽화 제재의 하나로 사신이 등장하는 것으로 보아 이를 벽화로 그린 화공이나 그리도록 둔 사람들은 사신을 우주적 수호신으로 비중 있게 여기지는 않았던 듯하다. 말 그대로 좋은 것을 하나 더 넣는 정도였을 가능성도 있다. 죽은 이의 내세 삶에 도움이 되고, 무덤을 지키는 데에 좋다면 마다할 이유가 무엇인가? 고구려가 평양을 영역화하기 이전 평양의 대동강 이남에 축조된 낙랑 무덤에서 발견된 사신 표현 금구金具도 시신을 안치한 관에 이런 것을 달아두면 좋을 것이라 여겼던 까닭에 장식을 겸해 관에 덧붙였을 수 있다. 물론 사신 표현에 투사된 관념은 '지킴이' 역할이었을 것이다.

　　5세기 전반의 늦은 시기에 축조된 집안 무용총의 널방 천장에는
청룡과 백호, 주작이 그려졌다. 청룡과 백호는 제법 그럴듯하면서
도 어색한 감이 있게 묘사되었지만, 주작은 세련된 필치로 사실감
있게 그렸다. 사실 잘 보면 주작이라고 그려진 것은 볏과 깃털이 자
못 아름다운 수탉이라고 해도 과언이 아니다. 봉황을 언급한 중국
의 문헌에 공작과 비슷하다는 설, 장닭과 닮았다는 설이 모두 제시
되었음을 고려하면,[12] 봉황에서 비롯된 주작을 표현하면서 고구려
화공이 장닭처럼 그렸다고 해서 잘못이라고 보기는 어렵다.
　　무용총 벽화에서 장닭으로 묘사된 주작이 장천1호분 벽화에서
는 공작의 모습으로 그려진다. 봉황이 곤륜산 둘레의 약수弱水를 건

그림11. 청룡(고구려, 무용총, 중국 집안)
그림12. 백호(고구려, 무용총, 중국 집안)
그림13.수탉 형상의 암수 주작(고구려, 무용총, 중국 집안)
그림14. 공작 형상의 암수 주작(고구려, 장천1호분, 중국 집안)　　　　　287

널 때 부리에 물고 난다는 사당沙棠 열매가 묘사된 것으로 보아 벽화의 암수 주작이 봉황에서 비롯되었음은 확실하다.[13] 사실 장천1호분 벽화의 주작과 비슷한 형상의 새는 무용총 벽화에도 등장한다. 이 새는 봉황이다. 아마도 무용총 벽화를 그린 화공은 봉황은 공작처럼, 주작은 수탉처럼 그리는 게 더 자연스럽다고 여긴 듯하다. 사신을 벽화로 그리던 초기에는 작품마다 청룡, 백호는 어떻게 묘사하고, 주작은 무엇을 모델로 그릴지도 화공에게는 고민거리였음을 미루어 짐작할 수 있다.

무용총의 주작 그림에서 보았듯이 사신이 벽화로 그려지던 초기에 사신 관념은 짜임새 있게 정리되어 있지 않았다. 이런 까닭에 동쪽의 청룡과 서쪽의 백호가 나란히 쌍으로 그려지거나, 뱀과 거북이 암수의 역할을 하며 한 몸을 이룬 것으로 인식되던 현무도 서로 마주 보는 한 쌍의 모습으로 벽화에 등장하는 사례도 나타난다. 그런 전형적인 예가 삼실총 벽화에 보인다.

현무는 뱀이 수컷, 거북이 암컷이 되어 서로를 얽음으로 암수 교미, 음양 조화를 이루는 상황을 연출하는 신수이다. 이 현무가 하늘 북방의 수호신으로 여겨진 것은 북방을 모든 생명의 고향, 곧 우주 질서가 완벽한 조화를 이루는 공간으로 상정한 때문이다. 암수 교미 상태의 현무는 흐트러졌던 우주 음양의 질서가 회복되는 순간을 보여준다는 점에서 동서남북을 지키는 사신 가운데서도 특별한 의

미를 지닌 존재이다. 이런 현무를 쌍으로 그렸다는 건, 화공이나 이런 그림을 용인한 사람들이나 이 현무에 투사된 우주론적 관념을 제대로 알지 못했음을 뜻한다. 현무를 제대로 알고 있는 이에게는 한 쌍이 서로 마주 보는 현무에게서 기이한 느낌을 받을 수밖에 없다.

그러나 한 번 이런 일이 있으면 관행처럼 반복되며 뒤로 이어지기도 한다. 쌍현무도 마찬가지다. 중국의 한대 공심전에도 보이는 이 쌍현무가 고구려 벽화에 등장하더니 여러 고분벽화에 반복해서

그림15. 쌍현무(고구려, 삼실총, 중국 집안)
그림16. 무덤주인부부와 쌍현무(고구려, 매산리사신총, 북한 남포)
그림17. 쌍현무(고구려, 쌍영총, 북한 남포)

그려진다. 무덤칸의 천장뿐 아니라 벽에도 쌍현무가 묘사되는데, 가장 늦게는 5세기 후반의 늦은 시기 작품인 매산리사신총과 쌍영총 벽화에도 보인다. 관행화된 이런 식의 쌍현무 표현은 6세기 초의 작품인 고산리1호분 벽화에서도 나타난다.

벽화로 그려지는 사신이 별자리가 형상화된 존재, 별자리와 관련이 깊은 신비한 생명체라는 인식은 별자리와 함께 그려진 약수리 벽화분 사신의 사례를 통해서도 확인할 수 있다. 이런 사신이 무덤칸 천장에만 그려지다가 벽면에 그려지고, 여러 제재의 하나로 묘사되다가 중심 제재, 혹은 유일한 제재로 위상이 변화하는 이유는 무엇일까? 실제로 5세기 후반의 늦은 시기부터 사신은 벽면의 비중이 높은 제재로 그려진다.

고구려 고분벽화에 보이는 이런 변화는 우주 방위의 수호신으로서 사신에 대한 인식이 깊어진 것과 관련된 현상으로 보아야 할 것이다.[14] 천장 벽화 제재의 하나로 나오면서 길상吉祥의 의미가 강하던 사신이 이제는 무덤 주인이 살게 될 새로운 삶터를 지키는 존재로 인식되고, 그런 새로운 삶의 출발점이기도 한, 무덤이라는 죽은 자의 공간 지킴이 역할도 부여받게 된 것이다. 우주적 수호신으로서 사신의 역할이 재인식되었다고 하겠다.

벽화로 그려진 사신에 대한 인식이 이전보다 깊어지면서 사신이 비중 있게 그려지게 되자 고구려에서는 벽화의 주제도 달라지고,

구성 방식도 변화를 보이게 된다. 아마 5세기 중엽을 고비로 나타나는 벽화 구성상의 가장 큰 변화는 생활풍속 제재의 후퇴 현상일 것이다. 현재의 삶이 내세에도 변함없이 계속된다는 관념이 불교의 영향으로 약화되는 와중에 우주 방위의 수호신인 사신에 대한

그림18. 청룡과 해, 별자리(고구려, 악수리벽화분, 북한 남포)
그림19. 백호와 달, 사냥(고구려, 매산리사신총, 북한 남포)

인식이 강화되는 새로운 흐름까지 더해지자 이전에 유행하던 생활 풍속 제재가 더는 그려질 이유가 없게 된 것이다. 5세기 중엽 어떤 벽화고분에서는 생활풍속 제재가 아예 사라지고 그 자리가 불교의 상징인 연꽃으로 채워지는가 하면, 생활풍속 제재는 한둘만 남고, 빈자리는 사신을 더 크게 그리기 위한 공간으로 사용되는 사례도 나타난다. 매산리사신총 벽화의 사신은 그런 변화의 순간을 잘 보여주는 좋은 사례이다.

고구려에서 5세기 말은 벽화에서 사신이 독립적이고도 사실상 유일한 제재로 그려지기 시작하는 시점이다. 한때 유행했던 불교 와 관련한 제재들도 이 시기에는 부차적이고 장식적인 존재에 불과 해진다. 왜 이런 일이 일어났을까? 5세기 중엽에 크게 유행했던 연 꽃무늬 장식 고분벽화가 더는 그려지지 않게 되었다. 도대체 고구 려에서 무슨 일이 일어난 걸까?

벽화에 불교와 관련된 제재가 여전히 높은 비중을 지니면서 사 신의 벽화 내 비중도 높아진 상태를 보여주는 거의 유일한 벽화고 분이 쌍영총이다. 5세기 후반 늦은 시기의 작품인 쌍영총 벽화에는 무덤주인의 부인으로 보이는 귀부인이 남녀 시종을 거느리고 승려 를 앞세운 채 불교사원에 공양하러 가는 장면이 한 화면의 중심에 그려졌다. 앞방과 널방의 천정석에는 활짝 핀 연꽃이 표현되었고, 천장고임에는 별자리와 함께 연꽃이 묘사되었다. 앞방과 널방 사

그림20. 무덤주인부부와 쌍현무
(고구려, 쌍영총, 북한 남포)
그림21. 쌍영총 내부 투시도
(고구려, 북한 남포)

이에 세운 실물 기둥은 용이 감싸며 올라가고 기둥의 주두와 받침은 활짝 핀 연꽃으로 장식하였다. 무덤칸의 입구인 앞방의 남벽에는 천왕형 신장神將 둘이 두 눈을 부릅뜨고 입을 크게 벌려 소리 지르는 듯한 모습으로 버티고 서 있어 어지간한 담력을 지닌 자 아니면 이곳을 지나서 안으로 들어갈 엄두도 내기 어렵다.

이런 불교적인 제재에 밀리지 않게 청룡과 백호는 앞방 동벽과 서벽을 거의 채울 정도로 크게 그려졌고, 암수 주작은 널방 입구 상단에 그려져 지키는 존재로서의 이미지를 잘 보여준다. 비록 작게 그려졌지만, 쌍현무는 무덤주인 부부가 정좌하고 있는 장방의 바깥에 자리 잡고 있어 주인의 내세 삶을 지키는 존재임을 느낄 수 있게 한다.

쌍영총 벽화에서 사신과 불교적 제재는 서로 충돌하지 않는다. 상호보완적이다. 무덤주인의 내세 삶을 지켜주는 존재들일 뿐이다. 벽화 구성에서 사신의 비중이 높아진 건 수호신으로서 사신의 역할이 커진 것을 의미한다. 그 이상도 그 이하도 아니다. 사실 이후 벽화 구성을 보아도 사신은 다른 제재들과 충돌하지 않는다. 사신이 기존의 전통적인 현세재현적 내세관과 불교의 전생적轉生的 내세관, 혹은 왕생적往生的 내세관이 서로 차이를 보이듯이 다른 관념체계를 상징하는 존재는 아니기 때문이다.

매산리사신총 벽화에 보이는 생활풍속 제재의 후퇴는 이후에도 멈추지 않고 계속되어 6세기에 이르면 개마총 외에 다른 고분의 벽화에서는 생활풍속 계열 제재를 찾아볼 수 없을 정도에 이른다. 그러나 불교와 관련된 제재는 천장을 장식하거나 천정석에 그려지는 등의 방식으로 남는다. 이것은 고구려 사회에서 불교의 사회적 영향력은 그대로 유지되었지만, 전통 신앙에 근거한 내세관은 주류적 흐름에서 밀려났기 때문으로 보아야 할 것이다. 비록 일반 백성들 사이에서는 전통적인 내세관의 핵심인 현세재현적 저세상에 대한 관념이 여전히 남아 있었다고 할지라도 벽화를 남기는 귀족이나 왕실 사람들에게는 이런 관념이나 인식이 희미해지거나 사라졌다고 보아도 될 듯하다.

고구려의 6~7세기 고분벽화에서 눈길을 끄는 것은 이 시기의 사신도가 동아시아 다른 지역으로부터 받은 회화적 영향을 소화하는 과정과 결과를 잘 보여준다는 사실이다.[15] 중국의 남북조에서 유행하던 회화 기법이 고구려에 들어와 그대로 반복되는 듯이 보이다가 오래지 않아 남북조 회화와는 다른 기법과 표현으로 그린 그림을 선보인다. 이른바 고구려식 사신도의 세계를 펼쳐 보이며 보는 이의 감탄을 자아낸다고 할까?

6세기 전반의 고구려 고분벽화의 사신도는 당시 동아시아에 유행하던 빠르게 흐르는 기운을 배경으로 청룡, 백호, 주작, 현무가 그려졌다. 운기화생雲氣化生으로 불리는 관념을 바탕으로 생명력을

그림22. 현무(고구려, 진파리1호분, 북한 평양)
그림23. 현무(고구려, 통구사신총, 중국 집안)
그림24. 현무(고구려, 강서대묘, 북한 남포)

지닌 기운의 흐름 속에서 새로운 생명이 나는 공간에 사신이 버티고 서 있는 모습은 우주적 방위신으로서 사신의 이미지를 두드러지게 하는 데 효과적이었을 수 있다. 당시 중국의 북조나 남조의 회화에서는 이런 운기화생을 배경으로 다양한 화제를 배치한 작품을 다수 생산하였다. 고구려의 진파리1호분이나 통구사신총 벽화의 사신도도 이런 회화적 흐름을 바탕으로 출현한 작품이다.

생동감 넘치는 이런 작품 속 사신은 강하게 용틀임하며 기운을 토해내거나 허공을 유영한다. 사신의 배경이 되는 공간 속에서 휘날리는 연잎이나 넝쿨, 꽃봉오리에서는 보주寶珠가 나오기도 하고, 서조瑞鳥가 태어나기도 한다. 운기화생으로 태어난 듯이 보이는 어린 천녀天女가 우아한 자태로 하늘을 나는 모습을 볼 수도 있다.

그런데 6세기 후반 작품인 강서대묘 벽화에서는 진파리1호분, 통구사신총 벽화에 보이던 운기화생적 표현이 사라지고, 화면 배경이 되는 공간을 아예 비워놓는다. 허공을 유영하는 듯이 보이는 사신만 그린 것이다. 이는 같은 시기 중국의 회화에서는 보이지 않는 구성과 표현이다. 깊고 높은 여러 봉우리 산 위의 공간에서 두 날개를 활짝 편 암수 주작의 모습에서도 두 발아래 아득한 곳의 연봉連峯은 별 다른 의미를 지니지 않는 듯이 보인다. 모든 걸 생략하고 비워놓은 공간이 오히려 깊은 공간감을 주어 사신이 말 그대로 우주적 신수神獸임을 보여주는 듯하다.

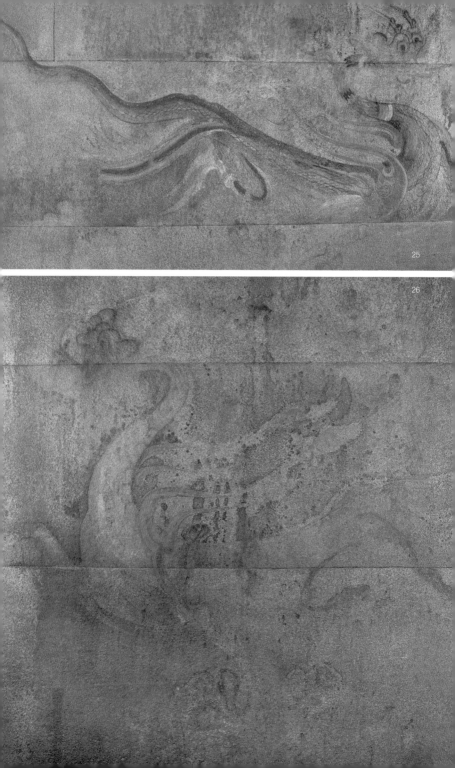

25

26

강서대묘 벽화의 사신은 고구려 회화의 걸작이다.[16] 같은 시기 동아시아 어느 곳에서도 이런 수준의 작품은 만들어지지 못했다. 서아시아나 유럽이 6세기에 별다른 예술적 작품을 내놓지 못했음은 잘 알려진 사실이다. 6세기 후반의 고구려 화가는 당대 최고의 작품을 무덤 안에 그린 것이다.

그림의 수준, 무덤의 규모와 짜임새 등으로 볼 때, 강서대묘는 왕릉일 가능성이 크다. 너무나 정교하고 짜임새 있게 축조된 데 더하여 1500년이 지나도록 생생함을 유지하는 높은 수준의 벽화는 넓은 무덤칸에 몸을 누이고 안식을 취하던 이가 고구려의 왕이었음을 웅변한다.

강서대묘는 오신도 벽화고분이다. 널방 천정석에 황룡이 그려졌다. 집안의 6세기 벽화고분인 통구사신총과 오회분4호묘에는 황룡이 묘사되었고, 오회분5호묘에는 청룡과 백호가 그려졌다. 무덤의 규모와 짜임새로 볼 때, 집안의 세 벽화고분과 강서대묘는 차이가 있다. 황룡이 그려진 오신도 벽화고분이라고 하여 다 왕릉은 아님을 알 수 있다. 실제 규모나 벽화 내용에서 별 차이를 보이지 않는 오회분4호묘와 오회분5호묘 널방 천정석에 각각 황룡, 서로 엉킨 청룡과 백호가 그려진 데서 이런 사실이 잘 드러난다.

고구려 벽화고분 가운데 축조 가장 시기가 늦다고 판단되는 강서중묘에는 널방 벽에는 사신이 묘사되었지만, 천정석에는 활짝 핀

그림25. 청룡(고구려, 강서대묘, 북한 남포)
그림26. 백호(고구려, 강서대묘, 북한 남포)

299

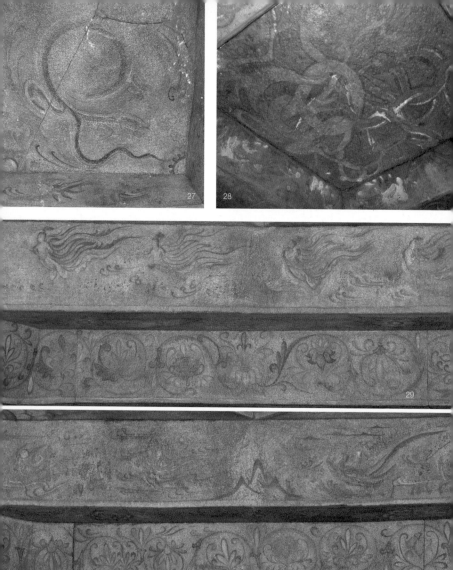

그림27. 황룡(고구려, 강서대묘, 북한 남포), 그림28. 청룡과 백호(고구려, 오회분5호묘, 중국 집안)
그림29. 비천(고구려, 강서대묘, 북한 남포), 그림30. 선계로 가는 선인(고구려, 강서대묘, 북한 남포)

연꽃이 그려졌다. 무덤에 묻힌 이가 꿈꾸던 내세 삶터가 불교의 낙원인 정토임을 짐작하게 한다. 6세기에도 고구려 사회의 주류 종교는 불교였고, 왕실 사람들과 귀족들은 여전히 불교사원에 공양을 드리러 갔다. 남아 전하는 평양의 고구려 유물 가운데 상당수가 불교와 관련된 것인 까닭도 여기에 있다. 벽화의 사신은 불교의 정토왕생을 꿈꾸는 이들을 지켜주는 존재였다.

강서대묘 널방 천장에 묘사된 천인天人들은 불교의 비천飛天을 연상시킨다. 실제 이 천인들은 연꽃잎을 뿌려 붓다의 덕을 기리는 산화공양散華供養을 하고 있다. 천인들 아래에 띠를 이루게 그려진 연꽃넝쿨도 하나하나 뜯어보면 연화화생을 하는 하늘연꽃이다. 그런데 흥미로운 것은 강서대묘 벽화에는 천인들이 묘사된 같은 공간에 서조를 타고 불사不死의 선계인 삼신산三神山이나 곤륜산 같은 곳으로 향하고 있음이 확실한 선인仙人이 그려졌다는 사실이다. 강서대묘에 묻힌 이가 정말 가고 싶었던 새로운 삶터는 어떤 곳인지 궁금할 따름이다. 불사의 선계인가, 불교의 낙원인 정토인가? 아니면 평안하고 여유로운 삶을 영원히 누릴 수 있다는 하늘 세계인가?

별

서쪽 사람들은 전갈의 꼬리라며
두려워하고
동쪽 사람들은 난새의 부리라며
좋아한다
난 그냥 별인데
저들 맘대로
사랑하기도 하고 겁내기도 한다

남쪽 사람들은 잘 보인다며
쳐다보고
북쪽 사람들은 보이지 않는다고
투덜거린다
난 그냥 별인데
저들 맘대로
보기도 하고 찾지 않기도 한다

용호작무龍虎雀武

난 별이었다
벗들과 무리 짓게 하더니
내게
용이 되란다
난 별이었다
여럿을 아우르더니
날
주작이라 불렀다

난 홀로 빛나고 싶었다
소녀가 내게
호랑이의 눈처럼
빛나라고 했다
난 가만히 있으려 했다
소년이 나더러
뱀과 거북의 혀가 되어
붉은 기운 내뿜으란다

터

한눈에 산 아래 계곡이
보인다며 좋은 터란다
골짝과 산마루 사이
개울이 흐른다며
좋은 터란다
뒤가 높고 앞이 트였다며
좋은 터란다
겨울엔 포근하고, 여름엔 시원하다며
좋은 터란다

죽은 이는 누워
산자를 그리워하고
산자는 주저앉아
죽은 이 만날 때를
기다린다

함께 있으면
어디든 좋은 터다
나뉘어 지내면
슬픔이 먼지처럼 쌓이고
고독이 그 위를 조용히 덮는다
터 좋다는 말도
둘이 한 손일 때 내는 소리다

천중 일일

해와 달이
낮밤 나누어 지키듯
용과 호랑이도
주작과 현무도
제 자리에 버티고 있어
틈서리 보이지 않으면
그 무엇도 주인의 내일을
깨뜨리지 못 한다
서쪽 끝 건목乾木 앞
누가 얼씬거리고
동쪽 끝 부상扶桑 밑동에
기웃거릴 게 없다
땅과 하늘 사이
황룡의 자리엔
편안한 하루만 남는다

제 11 장

신선이 아니면 서수라도

| 마침표 없는 삶을 꿈꾸며 |

고구려 사람들에게는 아무래도
천제의 아들인 시조 주몽왕과 그 어머니 유화가
하늘 세계의 가장 높은 신격으로 모셔졌을 것이다
고분벽화에 묘사된 해와 달, 혹은 해신과 달신에는
이 두 신에 대한 신앙이 투사된 것으로 보인다

불로불사의 세계

414년 세워진 고구려 광개토왕릉비문은 건국 시조 주몽의 일대기로 시작된다. '옛적 시조 추모왕鄒牟王이 나라를 세웠는데 (왕은) 북부여에서 태어났으며, 천제天帝의 아들이었고 어머니는 하백河伯의 따님이었다. 알을 깨고 세상에 나왔는데, 태어나면서부터 성스러운 …… 이 있었다. (중략) 왕이 왕위에 싫증을 내니, (하늘에서) 황룡黃龍을 보내 왕을 맞이하였다. 왕은 홀본忽本 동쪽 언덕에서 용의 머리를 딛고 하늘로 올라갔다.'

천제의 아들인 주몽은 죽지 않았으며, 용의 머리를 딛고 하늘로 올라갔다는 것이다. 비문에 이어지는 다른 이야기는 없지만, 생략되어도 고구려 백성들이 머리에 떠올리거나 서로 주고받을 수도 있는 이야기는 이럴 것이다. '우리 시조 왕은 하늘에 올라가서서 천제

그림1. 하늘세계(고구려, 무용총, 중국 집안)   309

의 뒤를 이어 하늘을 다스리신다. 우리가 사는 이 땅에도 은혜를 내려주시고 있어. 때에 맞추어 비와 눈이 오고 해가 비추는 건 다 우리 시조 주몽왕이 하늘에서 우리를 굽어보며 돌보아주시기 때문이야.'

나라의 시조가 하늘 혹은 하늘신의 후손이라는 이야기는 신라에도 있고, 가야에도 있다. 신라를 세운 시조 박혁거세는 죽어서 하늘로 올라갔는데, 유체가 다섯으로 나뉘어 땅에 떨어졌다고 한다.[1] 오릉五陵 혹은 사릉蛇陵은 이런 까닭에 만들어졌다는 것이다. 비록 죽어서 혼만 하늘로 올라갔지만, 박혁거세 역시 하늘에서 내려온 하늘의 자손이니 하늘로 돌아갔다는 게 신라 사람들이 믿고 나누며 후세에 전한 이야기였다. 금관가야를 비롯한 6가야의 시조는 하늘에서 내려온 금합 안에 있던 알이었다.[2] 하늘에서는 김해의 촌장들이라고 할 수 있는 9간干에게 이런 노래를 이렇게 부르라고 미리 알려주었다. 그게 구지가龜旨歌다.

삼국시대 사람들에게 하늘은 무엇이었을까? 그 이전 고조선과 부여, 삼한 사람들에게 하늘은 어떻게 인식되었을까? 청동기시대 제사장이 청동방울을 흔들며 답을 구하던 신은 하늘에서 어떻게 지내고 있었을까? 하늘은 땅과 이어져 있을까, 아니면 천년 묵은 고목이나 땅과 하늘, 두 세계 사이를 잇는 거대한 기둥을 타고 올라가야 닿을 수 있는 그런 곳일까? 만약 하늘과 땅이 이어져 있다면 땅끝, 하늘 입구까지 가려면 얼마나 걸릴까? 빠른 말을 타고 쉼 없이 달리고 달려도 닿을 수 없을 정도로 멀리 떨어져 있는 건 아닐까?

사실 의문을 품으려면 끝이 없을 것 같다. 답도 시원치 않은데, 질문만 하다가 끝날 수도 있겠다. 그래도 나름 이런저런 답이 제시되기도 하고, 믿어져서 옛사람들이 믿던 하늘 세계의 모습은 그림이나 조소로 형상화되기도 했다.

신화와 전설이 전하는 믿음과 형용에 따르면, 옛사람들에게 알려진 하늘 세계는 땅 위의 세상과 비슷하면서도 달랐다. 땅도 있고 집도 있으며 산과 계곡, 못과 강이 있었다. 숲과 들판에는 온갖 짐승도 있었다. 동시에 기이한 짐승과 신비한 새가 있었고, 사람도 하늘을 날아다닐 수 있었다. 이곳 사람들은 늙거나 병들지 않았으며 별과 별 사이를 오갔다.

이런 식의 하늘 세계 이야기는 언뜻 보면 상당히 혼란스러운 인식과 관념인데도 별다른 혼란 없이 사람들에게 믿어지고 입에서 입으로 전해졌다. 신비한 새, 기이한 짐승 이야기는 특히 인기가 있어 시간이 지날수록 내용이 부풀려지고 이전에는 이야기되지 않던 새로운 생명체가 더해졌다. 고구려의 안악1호분과 같은 이른 시기 벽화고분에 묘사된 새와 짐승들도 이런 이야기 속의 생명체 가운데 일부다.

408년 묵서묘지명이 있는 덕흥리벽화분은 이런 하늘 세계의 생명체들이 언제부턴가 별자리와 관련되어 이야기되고 있다는 사실

을 짐작하게 한다. 『산해경山海經』과 같은 중국 고대의 기서奇書에 실린 신비한 새, 기이한 짐승 이야기가 하늘 세계에 대한 상상과 얽히며 별자리가 형상화된 새와 짐승 이야기로 바뀌었을 가능성도 고려해볼 만하다.

『산해경』은 본래 지리서地理書다. 현재 알려진 이 책의 내용은 산과 계곡, 숲과 강에 사는 기이한 생명체의 효험에 대한 설명이지만, 처음 이 책이 편집되던 단계에 수집된 자료는 산과 바다, 천지에 있는 온갖 신과 정령을 잘 알고 섬기는 방법이 기록된 주문呪文들이었을지도 모른다. 편집이 새롭게 이루어질 때마다 내용이 수정되다가 어느 때부턴가 책 내용이 신과 정령이 아니라 마법적인 효력을 내는 영약靈藥의 재료로 쓰이는 신비하고 기이한 생명체들을 소개하는 것으로 바뀌었을 수도 있다.[3] 현재 전하는 『산해경』은 산과 바다의 온갖 기이한 생명체들이 어떤 병에 효험이 있는지, 먹으면 어떤 능력을 갖출 수 있는지를 설명하는 의약서醫藥書이기도 하다.

한때 영약의 재료로 인식되었던 신과 정령들이 고구려 덕흥리벽화분에서는 하늘의 별자리가 되었으니, 그간의 마음고생은 어느 정도 위로 받았다고 할까? 안악1호분과 덕흥리벽화분의 무덤칸 천장에 묘사된 천마天馬와 비어飛魚는 옛사람들이 하늘을 쳐다보며 상상하던 이상향의 일단을 잘 드러낸다. 말이 하늘을 날고, 물고기에 날개가 달려 허공에 둥둥 떠 있는 별스러운 세계, 거기서는 누구나 날

그림2. 비어와 천마(고구려, 안악1호분, 북한 안악)
그림3. 기린(고구려, 안악1호분, 북한 안악)
그림4. 사람 머리의 짐승(고구려, 안악1호분, 북한 안악)   313

아다니는구나, 사람도 그곳에서는 마음껏 날며 가고 싶은데 갈 수 있겠다고 생각했을 것이다.

천추千秋와 만세萬歲, 길리吉利와 부귀富貴는 또 어떠한가? 천년만 년 살고지고, 부귀와 길리가 그치지 않는 삶을 누리는 게 소망 중의 소망 아닌가? 하늘을 쳐다보며 꿈꾼 모든 걸 이 세상에서는 못 누리 더라도 죽어서 저세상에서 이룰 수 있다면, 그 얼마나 복된 일인가? 하늘은 그런 곳이다! 죽어서 저 하늘로 올라갈 수만 있다면, 무슨 일이라도 하리라. 아마 이런 생각을 하는 이도 있었으리라.

삼국에 불교가 알려지고 많은 사람이 불교 신앙을 가지게 된 이 후에도 하늘은 이런 식으로 상상되는 특별한 공간, 별세계였을 수 있다. 덕흥리벽화분에 묻힌 유주자사 진鎭이 묵서묘지명에 본인을 석가모니불의 제자라고 소개하면서도 주공과 공자를 들먹이며 '날 짜와 시간의 택함이 한결같이 좋으므로 장례 후 부富는 7세에 미쳐 자손이 번성하고, 관직도 날마다 올라 자리는 후왕侯王에 이르기를' 빈 것도, 어쩌면 매우 자연스러운 바람이라고 할 수 있다.

불경을 읽으며 부처의 가르침을 되새기고 되새기던 불교 승려가 아니라면, 붓다가 주관하는 정토와 6도의 하나인 하늘세계를 곰곰 이 따지며 나누어 인식한 이가 얼마나 있을까? 막연히 죽은 뒤 가고 싶은 곳을 하늘세계로 꼽은 이도 적지 않았을 것이다. 이런 사고방 식으로 말미암아 생겨난 틈새 공간이 불교의 내세관과 선계 삶의

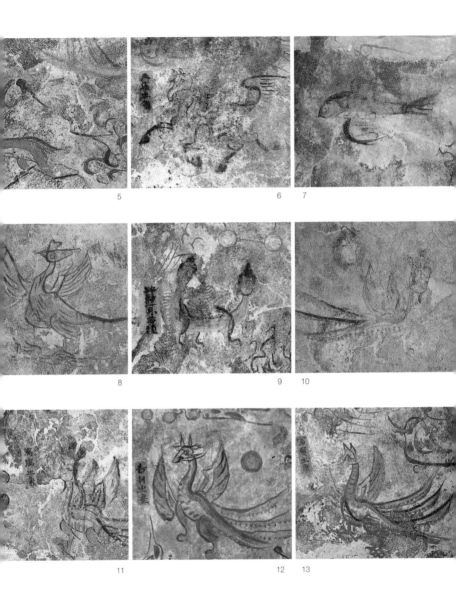

5 6 7

8 9 10

11 12 13

그림5~13. 하늘 세계의 신비한 생명들(성성, 천마, 비어, 양조, 지축, 천추, 만세, 길리, 부귀; 고구려, 408년, 덕흥리벽화분, 북한 남포)

소망이 뒤섞여 공존하는 곳이었을 수 있다. 어떻게 보면 이런 곳이 보통 사람의 관념 세계에서는 극히 자연스러운 새 삶의 공간이다. 굳이 선인仙人과 천인天人을 나누어 인식하고 형용할 필요가 있겠는가? 되물으면서 말이다.

덕흥리벽화분 앞방 천장에 천마, 비어, 천추, 만세와 함께 그려진 선인과 옥녀玉女는 무덤주인이 꿈꾸던 내세 삶의 공간에서 만날 수 있다고 믿었던 존재다. 자신을 석가모니불의 제자라고 했지만, 불교의 정토에는 없는 선인과 옥녀가 무덤주인 진의 내세 삶터에서는 함께 사는 이웃이라고 해도 과언이 아니다.

불교적 내세에 대한 소망과 표현이 잘 드러나는 무용총 앞방 천장에도 선인들이 여럿 그려졌다. 백학을 타고 하늘을 나는가 하면, 하늘 속 기운의 흐름을 타고 맨몸으로 날아다니는 선인도 있다. 어떤 이는 뿔나팔을 불고, 다른 이는 거문고를 연주한다. 불교의 비천飛天으로 볼 수 있는 이가 무용총 벽화에는 보이지 않는다.

동아시아에서 '불사不死의 선계仙界와 선인'이라는 개념은 오랜 기간에 걸쳐 내용이 정리되고 인식이 체계화되었다.[4] 불사의 세계가 상정되어 구체적으로 묘사된 초기 사례 가운데 하나는 서왕모가 주재하는 곤륜선계이다. 고대 중국인의 관념에서 동쪽 끝은 태산이고 서쪽 끝은 곤륜이다. 해가 뜨는 동쪽에서는 만물이 피어나지만, 해가 지는 서쪽에는 죽음이 기다린다. 이 죽음의 세계를 지배하

그림14. 선인(고구려, 408년, 덕흥리벽화분, 북한 남포)
그림15. 옥녀(고구려, 408년, 덕흥리벽화분, 북한 남포)
그림16. 백학을 타고 나는 선인(고구려, 무용총, 중국 집안)
그림17. 선인(고구려, 무용총, 중국 집안)

14   15   16

17

는 이가 삶과 죽음을 관장하는 서왕모다. 그런데 아이러니하게도 이 서쪽 끝 죽음의 세계를 주관하는 서왕모가 불사의 곤륜선계의 주인으로 상정된 것이다.[5]

어떤 면에서 이런 이해는 자연스럽기도 하다. 삶과 죽음의 경계가 사라진 상태가 불사이기도 하므로 죽음의 세계를 지배하는 이가 불사의 공간을 주관하는 게 이상한 것은 아니다. 서왕모도 처음에는 오형五刑을 주관하는 사납고 잔인한 이미지의 신인神人으로 묘사되었다.[6]

불사의 선계인 곤륜산은 위는 넓고 중간은 잘록한 호리병 형태이다.[7] 등산과 같은 방식으로는 넓고 아름다운 이 신비한 세계에 이를 수 없다. 게다가 이 곤륜산의 둘레에는 넓고 깊은 약수弱水라는 강이 흐르는데, 나는 새의 깃털도 빠뜨릴 수 있는 특별한 강이라서 어떤 새도 이 강을 건널 수 없다. 곤륜산은 용을 타고서만 다다를 수 있다.[8] 아마도 이런 설명이나 묘사는 곤륜산을 죽은 자만 갈 수 있는 공간으로 상정했기 때문일 것이다. 그런데 어느 순간부터 산 자도, 물론 특별한 능력을 지닌 자에 한정되지만, 갈 수 있는 곳으로 이야기된 것이다. '불사의 선계'라는 새로운 세계의 문이 열렸다고 할까?

서왕모가 주재하는 불사의 선계를 소망하는 관념은 낙랑을 통해 고구려에도 알려진다. 고구려 감신총 벽화에 이 서왕모의 세계가 그려진 건 불사의 선계를 고구려 사람들도 알고 소망하게 되었음을

그림18. 서왕모(한, 산동 가상현 송산촌1호 한묘 제4석 탁본, 중국 산동성박물관)
그림19. 서왕모(한, 이석 마무장촌2호한묘 화상 탁본, 중국 산서 이석)
그림20. 서왕모와 시녀(낙랑, 칠반 그림, 왕우묘: 석암리205호분 출토, 국립중앙박물관)
그림21. 서왕모(고구려, 감신총, 북한 남포)

의미한다.[9] 감신총 벽화가 그려지기 전후 제작된 안악1호분이나 덕흥리벽화분 벽화에 선인이며 옥녀가 묘사된 것은 이런 세계에 대한 관심과 소망이 점차 확산되고 있었다는 증거로 볼 수도 있다.

천제의 아들인 시조 주몽왕의 나라에 산다는 자부심이 있던 고구려 사람들이 죽어서 가는 저세상을 하늘로 상정했는지는 확실치 않다. 주몽왕이 살아서 용의 머리를 딛고 올라갔다는 하늘 세계에 죽어서라도 갈 수 있다면 어떨까 생각했을 수는 있어도, 이를 소망으로 삼아 하늘에 기도했는지는 알기 어렵다. 그런데 불사의 선계라는 개념이 소개되고, 선인과 옥녀가 사는 하늘 세계가 구체적으로 묘사되면서 사람들의 생각도 조금씩 달라졌을 가능성은 없을까? 여기에 더하여 불교에서 말하는 6도의 하나인 하늘 세계, 육도윤회에서 자유로운 세계인 정토라는 게 있다는 이야기까지 세간에 돌고 있다면 사람들은 어떤 생각을 하게 될까?

선계든 정토든 하늘로

5세기 중엽, 전성기 고구려의 수도 평양은 동아시아에서도 손꼽히는 국제도시 가운데 하나였을 것이다. 거리에 나가면 북위의 사신 행렬이 지나갈 때도 있고, 신라의 사절과 상인들이 무리 지어 오갈 수도 있다. 때로는 남조 송나라에서 사온 진귀한 물건을 담은 상자를 수레에 싣고 운반하는 사람들과 마주칠 수도 있고, 멀리 몽골고원의 유연柔然에서 왔다는 사람들의 모습을 볼 수도 있다. 혹, 일본열도에서 온 사람 몇이 백제 사람과 함께 평양에서만 구할 수 있는 물건을 찾고 기뻐하는 모습이 새삼스러울 수도 있을 것이다. 평양 거리를 걷다 자주 마주치게 되는 불교사원 안은 각종 행사를 치르느라 떠들썩하다. 정토왕생을 빌러 온 귀족부부는 부처를 모신 금당金堂 안으로 스님 따라 들어가고, 따라온 시종들은 사원 회랑 여기저기에 둘러앉아 행사가 끝나기를 기다리며 세상 잡사로 이야기꽃을 피운다.

여기서 시선을 잠시 돌려보자. 평양 거리에는 불교사원만 있는 게 아니다. 시조왕 주몽과 그 어머니 유화를 신으로 모신 사당도 있다. 평양 중심부의 주몽사朱蒙祠에는 아무나 들어가지 못하지만, 시가지 외곽에 세워진 소규모 사당에는 누구나 찾아가 주몽신과 유화신에게 소원을 빌 수 있다. 집안의 소소한 일부터 죽은 뒤 가게 될 내세에 대한 것까지 무엇을 얼마나 빌건 제지하는 사람이 없다.

그럼 이 주몽사에서 죽은 뒤 삶에 대해 뭔가를 빈다면, 이때 비는 죽은 뒤 삶의 공간은 어디일까? 주몽왕이 산다는 하늘나라일 수도 있고, 오환족이 상정하는 조상신의 세계와 비슷한 곳일 수도 있다. 여기서 흥미로운 가정을 하나 해보자. 북아시아의 샤먼들은 세상의 끝에 하늘나라로 가는 통로가 있다고 설명한다.[10] 혹 오환족의 적산이 그런 곳이라면, 서왕모가 주관하는 곤륜선계가 그런 곳이라면, 세상 끝에서 만나는 땅과 하늘의 경계를 지났을 때 만나는 세계라면 그곳은 하늘나라 아닌가? 주몽왕이 홀본 동쪽에서 용의 머리를 딛고 바로 올라갔다는 하늘나라의 한쪽 끝이 아닌가?

대가야의 건국신화는 천신 이비가지가 가야산 정상에 내려와 산신인 정견모주와 부부가 되었다고 전한다. 정견모주는 두 개의 알을 낳았는데, 이 알들에서 대가야와 금관가야의 시조가 태어났다는 것이다.[11]

큰 산의 여신이 하늘에서 내려온 천신과 만나 시조를 낳았다는 이 이야기는 환웅이 신단수 아래에서 기도하는 웅녀와 부부관계를 맺어 고조선의 시조 단군을 낳게 했다는 이야기의 다른 버전version이라고 볼 수 있다. 곰에서 사람으로 변신한 웅녀는 어떤 면에서는 산신이 잠시 인간의 모습을 입은 것이다. 단군신화는 환웅과 웅녀 사이의 아들 단군은 고조선의 시조가 되어 나라를 다스리다가 나이가 들자 아사달 산신이 된다는 이야기로 마무리된다.[12]

두 신화의 핵심은 천신의 아들이 나라의 시조라는 것일 테지만, 하나 더 주목할 것은 천신과 산신의 관계가 이야기의 줄거리를 이룬다는 사실이다. 인간 세상에 이로움을 주고자 많은 무리를 거느리고 태백산에 내려왔다는 환웅이 웅녀와 부부의 인연을 맺은 곳은

신단수神檀樹 아래다. 어떤 면에서 신단수와 태백산은 하나를 가리키는 다른 용어이다. 산 위에 높이 솟은 나무 한 그루의 이미지가 강렬히 와닿는 것도 이 때문이다. 태백산이나 곤륜산의 정상은 하늘 세계가 될 수 있는 것이다.

중국에서는 남북조가 대립하고, 내륙아시아에서는 유연이, 동

그림22. 선인(고구려, 강서대묘, 북한 남포)
그림23. 단약 사발을 들고 있는 선인(고구려, 오회분4호묘, 중국 집안)

북아시아에서는 고구려가 패권을 잡고 있던 5세기 후반, 동아시아를 휩쓸던 종교·신앙은 불교만이 아니었다. 중국의 남북조에서는 도교가 불교와 거의 맞먹을 정도로 백성들에게 영향을 주고 있었다. 도교의 도사들은 도교의 제의인 재초齋醮를 주관하는 게 주 업무였다. 하지만 도사와 도교 신도들 가운데에는 불사에 이르기 위한 온갖 방법을 찾고자 애쓰는 이들도 적지 않았다. 호흡법을 익히는 자들도 있었고, 벽곡辟穀과 같은 식이 요법으로 몸을 건강하게 만들려는 이들도 있었다. 불사의 단약丹藥을 만들어 단번에 불사의 경지에 이르려는 자들도 적지 않았다. 단약 만드는 비법을 둘러싼 온갖 모험과 기담奇談은 저잣거리에서 가장 인기 있는 이야기 주제였다. 6세기 고구려의 집안 국내성 지역 고분벽화에 단약 사발을 들고 하늘을 나는 선인이 두 차례나 묘사된 것도 이러한 당대의 분위기와 관련이 깊다. 고구려 사람들이 단약 만드는 재료로 특히 중시되던 금과 수은을 다루는 능력이 뛰어나다는 도홍경陶弘景의 저서 『본초경집주本草經集註』의 기록은 고구려에도 단약 제조에 힘쓰는 이들이 적지 않았음을 시사한다.[13]

오늘날에도 종교의 세계는 대단히 조직적이고 위계적이다. 이는 주요한 종교들이 열리고 조직화할 때 모델이 되었던 당대의 현실이 위계적이기 때문일 수도 있다. 불교와 도교에서는 이런 점이 두드러진다. 불교의 경우, 33개의 하늘 세계를 주관하는 존재는 천왕이지만, 이 천왕들도 정토의 주관자인 붓다나 보살들보다 위계가 낮다. 도교에서도 세 천존天尊 아래 군君과 왕으로 불리는 신성한 존재들이 차례차례 위계적으로 배열된다. 어떤 면에서는 불교보다 위계적으로 복잡해 별도의 조직표가 필요할 정도다.

고구려 사람들에게는 아무래도 천제의 아들인 시조 주몽왕과 그 어머니 유화가 하늘 세계의 가장 높은 신격으로 모셔졌을 것이다. 고분벽화에 묘사된 해와 달, 혹은 해신과 달신에는 이 두 신에 대한 신앙이 투사된 것으로 보인다. 고분벽화의 제재 배치로 볼 때, 아마이 두 신, 곧 해신과 달신 다음이 농업신, 불의 신, 대장장이 신, 수레바퀴의 신, 숫돌의 신 등일 것이다. 선인들은 당연히 사람들이 문명적 삶을 누릴 수 있게 해준 이런 신들의 다음이다.

『삼국사기』「열전」에는 이런 기사가 실려 있다. '거칠부는 젊었을 때 마음이 해이하여 실없지 않았고 원대한 뜻을 품었으며 머리를 깎고 승려가 되어 사방을 돌아다니며 구경하였다. 곧 고구려를 엿보려고 그곳에 들어갔다가 혜량법사惠亮法師가 절堂을 개창하여 불경을 설법한다는 말을 들었다. 마침내 나아가 경전의 뜻을 해설하는 것을 들었다. (중략) 거칠부 등은 승리를 틈타서 죽령 바깥, 고현高峴 이내의 10군을 빼앗았다. 이때 혜량법사가 그 무리를 거느리고 길가로 나왔다. 거칠부가 말에서 내려 군례軍禮로 인사를 올리고 앞으로 나아가, "옛날 유학할 때 법사의 은혜를 입어 생명을 보전

24

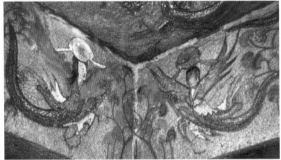

25

26

그림24. 해와 달(고구려, 쌍영총, 북한 남포)
그림25. 해신과 달신(고구려, 오회분4호묘, 중국 집안)
그림26. 불의 신(고구려, 오회분4호묘, 중국 집안)
그림27. 수레바퀴의 신과 대장장이 신(고구려, 오회분4호묘, 중국 집안)
그림28. 해와 선인들(고구려, 오회분5호묘, 중국 집안)
그림29. 달과 선인들(고구려, 오회분5호묘, 중국 집안)

할 수 있었습니다. 지금 우연히 서로 만나니 어떻게 은혜를 갚아야 할지를 모르겠습니다"라고 말하였다. 혜량이 "지금 우리나라의 정치가 어지러워 멸망할 날이 얼마 남지 않았소. 나를 그대 나라로 데려가주기를 바라오"라고 하였다. 이에 거칠부가 함께 수레를 타고 돌아와 그를 왕에게 뵙게 하니, 왕이 승통僧統으로 삼았다.'[14]

551년(신라 진흥왕 12년) 거칠부를 포함하여 8명의 장군이 이끄는 신라군이 고구려의 한강 유역 10군을 빼앗을 때 고구려의 승려 혜량이 신라로 망명하며 '나라가 어지럽다'는 이유를 든다. 거칠부가 젊었을 때 고구려 땅으로 들어가 혜량을 만났다면 법흥왕이 통치하던 6세기 전반에 고구려를 정탐하러 들어갔음을 알 수 있다. 진흥왕이 7살의 어린 나이로 즉위하는 540년 이전 거칠부와 혜량이 처음 만난 것이다.

문자명왕을 이은 안장왕(재위 519년~531년)의 사후, 고구려 사회에 흐르던 활력은 사그라들기 시작했다. 고구려를 둘러싼 국제 환경이 달라지면서 이웃의 작은 세력들을 아우르는 방식으로 국가의 영역을 확장하는 게 어려워졌기 때문이다. 더욱이 고구려에 한강 유역을 빼앗기고 웅진으로 수도를 옮겨야 했던 백제가 힘을 회복하여 고구려와 맞서기 시작했고, 남쪽 변방의 작은 나라에 불과했던 신라가 가야 여러 나라를 차례차례 제압하면서 북으로도 세력을 뻗으려는 조짐을 보였다.

그러나 고구려에서는 안장왕을 이은 안원왕(재위 531년~545년) 말년 왕위 계승을 둘러싼 귀족 세력 사이의 갈등이 고조되다가 결국 폭발했다. 『일본서기』에는 『백제본기百濟本記』를 인용한 왕의 중부인 측의 추군과 소부인 측의 세군 사이에 싸움이 일어나 세군 측이 모두 죽임을 당했다는 기사가 전한다.[15] 이때 세군 측의 죽은 자가 무려 2천 명에 이르렀다고 한다. 안원왕은 두 세력 사이의 싸움이 계속되는 와중에 죽은 듯하다. 『일본서기』에는 안원왕 이전 안장왕도 죽임을 당했다는 기사가 나온다.[16] 두 왕이 잇달아 온전한 죽음을 맞이하지 못한 것이다.

백제와 신라의 연합군이 고구려를 공격한 때는 이런 혼란스러운 상황이 제대로 수습되지 못한 양원왕(재위 545년~559년)의 재위 시기이다. 551년 신라 장군 거칠부를 만난 고구려 승려 혜량이 '나라의 운명이 풍전등화'라며 망명을 요청한 건 당시 고구려 사회를 지배하고 있던 이런 분열된 상황을 가리켰다고 하겠다. 비록 불교가 나라의 후원을 계속 받고 있었다 하더라도 국가 지배층 사이의 갈등이 오랜 기간 안에서 타오르고 있었다면 저잣거리의 평범한 백성들이라도 느끼는 불안감이 어느 정도였겠는가?

6세기 전반과 중엽에 제작된 집안 국내성 지역 고분벽화는 화려한 색감과 역동적인 필치를 자랑한다. 무덤칸 널방 벽 가득 그려진 사신은 강력한 기운에 휩싸인 채 허공을 짓쳐 나가고, 천정석에 묘사된 황룡은 힘있게 꿈틀거리다 천장을 뚫고 하늘로 솟아오를 듯하다. 천장에 표현된 해신과 달신, 온갖 문명신들은 해와 달의 아들 주몽왕이 세운 고구려가 문명국 중의 문명국임을 천하에 소리쳐 알리려는 듯이 보인다.

그러나 곰곰이 생각해보면 6세기 고구려의 서울은 평양인데, 국내성 지역에 이렇게 규모 있는 무덤이 축조되고 화려한 벽화가 그려지는 건 어떤 까닭인지 궁금해진다. 왕과 왕실 사람들, 고구려를 지배하던 대귀족들은 평양에 살고, 왕릉과 무덤은 평양 인근에 만들어질 텐데, 국내성에 이렇게 커다란 무덤이 축조되고 멋진 벽화가 그려지는 이유는 무엇일까? 게다가 몇몇 벽화고분은 무덤칸 천정석에 황룡이 표현된 오신도五神圖 벽화무덤이다.

사실은 이미 6세기 초부터 고구려 사회는 최상층부부터 분열되기 시작했던 게 아닐까? 대외 진출이 어려워지고 덩달아 사회적 활력이 약화되면서 내부의 권력 투쟁이 시작되었던 건 아닐까? 안에서 서로 더 많은 힘을 가지려고 다투기 시작하면서 평양 중심의 구심력이 떨어지고 사회 전반에 원심력이 더 강하게 작용하게 된 건 아닐까? 평양이 아닌 국내성에도 감히 왕릉급 무덤이 축조된 것도 이 때문이 아닐까? 이전에는 불교의 정토를 꿈꾸면서도 자연스럽게 불사의 신선 세계를 함께 그렸지만, 이제는 정토를 꿈꾸는지, 불사의 선계를 소망하는지 스스로 잘 알지 못하는 가운데 이것저것

30

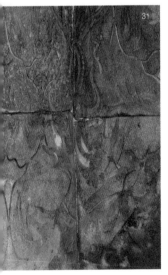

31

32

그림30. 사귀를 잡는 괴수(고구려, 통구사신총, 중국 집안)
그림31. 하늘을 받치는 우주괴수 (고구려, 오회분5호묘, 중국 집안)
그림32. 하늘을 받치는 우주괴수(고구려, 오회분4호묘, 중국 집안)

섞은 그림으로 무덤칸 천장을 채우고, 사신으로도 부족하여 벽기둥
에는 괴수를 그려 무덤주인의 둘레를 지키는 존재로 가득 채우는
데만 관심을 두게 된 건 아닐까?

선인의 산

산으로 덮인 나라에
선인의 산이 있다
가난해
산으로 들어간 이가 있고
부자라서
언덕으로 올라간 이도 있다
가난을 넘어
선인을 꿈꾸는 이도 있고
부자이면서 홀홀 털고
선인의 길을 가는 이가 있다

산이 가득한 땅에
선인이 모인 산이 있다
암벽 타기로는
갈 수 없어도
빈 몸으로 새 등에 올라
한 번에 갈 수는 있다

가난을 벗은 선인이
금은, 비단 내던진 선인과
한 자리에 마주 보는
선인의 산에
꿈 사람 태운
또 한 마리 난새가 날아든다

승선昇仙

그 집 개는 뭣도 모르고
불사약 끓인 솥에 주둥이 넣은 거다
주린 배 채우려
먹을 게 없나 기웃거리다
솥 바닥 핥은 거다
주인 몰래
혓바닥 갖다 댄 거다

문득 가벼워져
구름 위로 떠오르고
짖을 틈도 없이
신선마을 식구가 된 거다
낑낑거리지도 못한 채
불로불사 개가 된 거다

그래봤자 갠데
사람도 아닌데
세상에서는
다들 고개 젖히고 쳐다본다
아득히 먼 데로 올라갔다고
부러운 눈길 보낸다

도화원

꿈에
복숭아밭을 거닐었단다
귀신 잡는
복숭아 가지를 보았단다
동굴 끝에서
복숭아꽃 향을 맡고
연분홍빛 꽃잎 가득한 거기
발을 내딛었단다

어머니 아기집에서
나올 때
그 길 따라 왔는데
이제
그 길 거슬러 올랐으니
복숭아꽃 천지인
그곳이
내 몸 뉠
고향이구나

신선

불로장생을 꿈꾸는 자들아
서왕모 석굴에는 산 게 없는데
아리따운 여인을 그리며 들여다보는 이들이 있느니라
꿈꾸는 자들아
생명의 끈을 손에 쥔 여인이
다른 손에는 향주머니나 기름병이겠느냐?
잘 드는 가위니
아침과 저녁, 오늘과 내일이
이어지지 못하느니라

동왕공이 봉새의
이 끝에서 저 끝으로
오고 가지 못함이
멀고멀어서냐?
생명을 지키는 자는
가위질도 하느니라
생사는 하나라고 가위손으로
말하느니라

아들아, 딸아
되돌아보며 아쉬워 마라
영생이라도 순간이니
맺고 남길 무엇도 없느니라

제 12 장

소박하고 부드럽게
우아하고 신명나게

| 고대 한국의 풍경 |

백제의 장인은 사납고 무서운
인상을 주는 진묘수가 아니라
부드럽고 온화한 이미지의
진묘수를 만들었다
이 진묘수의 따뜻한 미소가
무덤 안으로 들어와 해코지하려던
사귀의 마음조차 녹인 것인가?

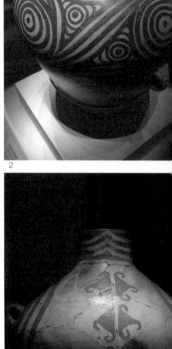

그림1. 빗살문토기(신석기시대, 김천 송죽리 출토, 국립중앙박물관)

그림2. 와문사계채도관(渦紋四系彩陶罐, 마가요문화, 기원전 3200년~기원전 2000, 감숙 영정 삼평 수집, 중국 국가역사박물관)

그림3. 장식문 두 귀 항아리(신석기시대, 피스미스 토프락 출토, 터키 아나톨리아문명박물관)

소박하고 부드럽게

문화유산은 사람이 남기는 것이지만, 그걸 남긴 사람들이 살던 그 시대의 기후환경이 낳은 것이기도 하다. 한 무리의 사람들이 어떤 환경에 어떻게 적응하여 살았는지, 그것을 무엇에 썼는지를 보여주기도 한다. 초원에서 목축으로 살아가던 사람들이 양 떼며 소 떼가 번성하여 쓸 것, 먹을 것이 풍족하면, 물건 하나라도 시간과 노력을 많이 들여 완성도가 극히 높게 만들 수도 있고, 반대로 하루하루 연명하기도 힘들어 아주 긴요한 물건이라도 단시간에 간단하게 만들 수도 있다. 삶이 풍족하건 그렇지 않건 신에게 올리는 제사에 쓰려고 한 번 쓰는 것이라고 해도 정성을 기울여 만들 수도 있고, 일상에 반복적으로 쓰이는 것이라서 사용하면서 자꾸 다듬어 또 쓰고, 또 쓸 수도 있다.

한국은 산지 국가이다. 한반도에는 넓은 평야가 없다. 식생은 다양해도 물산이 풍부하지는 않다. 이웃 일본은 재해가 잦아도 화산재 토양이라 땅이 비옥하다. 곡식을 심으면 풍족히 거둘 수 있다. 중국은 넓은 평야가 많다. 강도 크고 넓으며 길다. 비옥한 강변 평야만 한반도의 몇 배 넓이다. 그 덕에 인구가 빨리 늘었고, 풍부한 물산 덕에 문명의 진전도 빨랐다.

동아시아 3국은 각각 이런 기후환경 및 사회적, 지리적 조건을 바탕으로 역사를 진전시키고 문화에 자기 색채를 넣었다. 신석기시대의 한국에서 처음 만들어진 토기는 빗살무늬토기와 원시민무늬토기이다. 한쪽 끝이 알처럼 둥글면서 뾰족한 느낌을 주는 빗살무늬토기의 아가리와 몸통에는 일정한 길이로 빗금이 그어져 있다. 짧은 것도 있고 긴 것도 있으며 긋는 방향도 바뀌지만, 빗금이 반복되는 점에서는 모두 비슷하다. 보는 이들은 무늬가 참 소박하다고 생각할 것이다.

신석기시대의 중국은 여러 문화권이 병립한 상태이므로 현재의 정치적 단위인 중국과는 다르다. 황하와 장강, 요하 유역의 여러 신석기사회가 처음 만든 토기는 다른 어느 곳과도 차이를 보이지 않을 정도로 단순, 소박하다. 그러나 오랜 시일이 지나지 않아 다양한 무늬로 가득한 채도彩陶를 만들어내는 점에서는 차이를 보인다. 황하 중류권인 섬서와 감숙 지역의 채도는 특히 세련된 무늬로 가득하여 사람들의 눈길을 끈다. 채도는 중근동의 터키나 시리아, 이란 등지에서도 발견되는데, 형태가 다양하고 무늬도 세련되어 이런 토기를 만든 사람들이 토기 표면을 캔버스로 썼다는 사실을 새삼 느끼게 한다. 기벽이 매우 얇고 표면의 무늬가 세련된 중국이나 중근동의 채도들은 제의를 비롯한 특정한 종교 활동에 쓰이기 위해 만든 것일 가능성도 크다.

한국의 청동기는 오르도스 청동기의 영향을 받으며 만들어졌다고 한다. 실제 중국 요녕 지역을 중심으로 발견되는 비파형동검이 한국식 동검인 세형동검으로 바뀌는 과정을 잘 살펴보면 이런 문화의 흐름이 드러난다. 청동기는 제작 방법도 간단히 않지만, 재료를 구하기 어려운 점이 제작에 큰 장애로 작용한다. 구리와 주석, 아연, 납 등의 원료를 구할 수 있는 광산이 근처에 없다면 그곳에 터 잡고 사는 사람들은 제작 기술을 알고 있다고 하더라도 힘들여 원료를 구해 청동기를 만들기보다 가치 있는 물건과 교환하는 등의 방식으로 청동기가 많이 생산되는 지역에서 구해 쓰는 게 더 쉬울 수도 있다.

구하기 쉽지 않은 재료로 어렵게 만드는 도구였던 까닭에 청동기는 가장 효과적인 쓰임새에 필요한 형태로 만드는 게 일반적이었다. 동아시아에서 청동기는 주로 무기와 제의기구로 만들어졌다. 지금도 동아시아 청동기시대 유적에서 발견되는 청동 유물은 대부

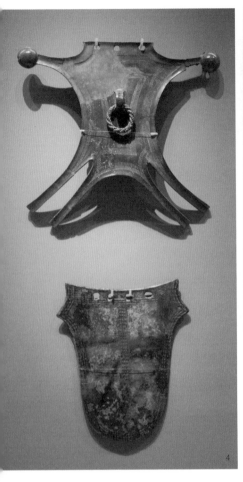

4

5

그림4. 패형 청동기(청동기시대, 대전 괴정동 출토, 국립중앙박물관),
그림5. 수면문가(獸面紋斝; 상대 만기, 수집, 중국 상해박물관),
그림6. 청동 황소(청동기시대, 출토지 미상, 터키 아나톨리아문명박물관)

분이 제의용 그릇이거나 무기다.

한국의 청동기시대 유적에서도 발견되는 청동 유물은 제의용 도구이거나 무기다. 한국의 청동기시대 유적에서 제의용 도구로 수습된 유물들은 제사장이 사용했던 것으로 보이는 방울류이거나 거울이다. 어쩌다 발견되는 청동제 그릇은 초기철기시대의 것이다. 청동기시대 제사장들이 가슴에 달거나 손에 들었던 패식牌式들은 매우 세련된 디자인을 자랑하지만, 형태는 비교적 단순하다. 게다가 평면적이다. 도구들의 형태가 이런 것은 제사장의 제의용 복식 위에 달았기 때문인 듯하다.

비교적 소박한 형태와 크기의 한국 청동기시대 제의용 도구들과 달리 청동기시대 중국의 유적에서 나온 유물들은 입체적이다. 제의용 그릇들이 매우 많은데, 종류가 매우 다양하고 그릇의 표면은 거의 빈틈을 찾을 수 없을 정도로 장식무늬로 가득하다. 장식무늬는 대부분 기괴한 짐승의 형상을 하고 있는데, 그것의 원형은 신석기시대 후기 유적에서 발견되는 옥기玉器에서 볼 수 있다.

중근동의 청동기시대 유적에서도 입체적인 청동 유물들이 많이 출토된다. 제의에 쓰인 것이 대부분이지만, 귀족과 왕족의 일상용품들도 적지 않다. 이런 점이 중국과 다르다고 할 수 있는데, 이는 그 사회에서 제의가 지니는 비중이나 의미와 관련이 깊을 것이다. 중국의 상 왕조의 경우, 왕은 매사를 신들에게 묻고 그 과정과 결과를 갑골甲骨에 남겼다.[1] 심지어 하루에도 몇 차례씩 제사를 올렸으니, 청동으로 만든 제의용 도구의 쓰임새가 매우 컸다고 할 수 있다. 주 왕조에 이르러 제사 횟수가 줄면서 청동기 중 주기酒器의 수가 줄어들고 청동기의 장식무늬도 단순해지는 경향을 보이는 건 청동기의 쓰임새가 어떠하냐에 따라 수와 종류, 장식문 정도가 달라진다는 사실을 확인시켜준다.

청동기의 숫자와 종류, 크기, 장식문 등은 이런 청동기를 제작하는 사회의 규모, 체제, 생산력과 생산성 등과도 관련이 깊다. 사회의 규모가 크고 구성도 복잡하다면, 게다가 농경이나 목축 기술에 바탕을 둔 생산력이 높다면, 그 사회에서 만들어낼 수 있는 청동기의 숫자는 많아질 수밖에 없다. 복잡하고 정교한 제의까지 발달했다면 청동 제의 도구의 종류도 매우 다양해질 것이다. 아마 그 사회가 종교적 제의에서 받드는 신들이 많을수록 제의 도구를 장식하는 무늬도 다양할 것이다.

한국의 경우, 신석기시대에도, 청동기시대에도 중국과 같이 왕이 제후국들을 분봉해야 할 정도로 영역이 넓은 나라가 성립하지 않았다. 상나라나 주나라의 왕처럼 강력한 권력을 지닌 왕이 출현한 것도 아니다. 신석기시대에는 초기 국가에 해당하는 정치체가 출현하지 않았으며 청동기시대에 성립한 고조선과 같은 나라의 생산력은 다양한 종류의 청동제 제의 도구들을 제작할 수 있는 정도에 이르지 않았던 것으로 보인다. 청동기시대 한반도 중남부에 세워졌던 작은 나라들의 규모는 대부분 현재의 시, 군 정도를 넘지 않았다. 더욱이 한반도에는 구리, 아연, 주석 광산이 많지 않았다. 그러니 청동기 제작 원료 산출량도 적을 수밖에 없었다. 청동기시대의 한국에서 미적으로는 세련되었을지라도 크기가 작고 평면적인 청동 제의 도구들이 만들어진 것도 이 때문일 것이다.

무언가 지키려면 험상궂어야 한다. 날카롭다면 더 좋다. 집도 지켜야 하는 공간이다. 사악하고 교활한 것이 들어와 헤집어놓으면 곤란하다. 좋지 않은 기운이 사람들 사이를 이간시키고, 집 안의 물건이 제 자리에 있지 못하게 한다면 평안한 곳이어야 할 집은 불안하고 어지러워 쉴 수 없는 공간이 될 것이다.

고대 동아시아의 집들은 대부분이 목조다. 기둥과 들보는 나무고 창과 문은 얇은 한지로 씌워진 상태다. 불이 나기 쉽고 실제 불도 자주 났다. 바짝 마른 봄에는 산불이 마을을 덮치는 일도 흔했다. 한 집에 난 불이 다른 집으로 옮겨붙는 데에는 오랜 시간이 걸리지도 않았다. 강풍이 겹쳐 작은 불씨가 마을 전체로 번지기도 했다. 게다가 부엌 아궁이에는 늘 불씨가 있다.

삼국시대에는 기와지붕을 덮는 와당 가운데 막새기와나 치미에 도깨비 얼굴(혹은 용 얼굴)을 넣어 사람들 눈에는 보이지 않지만 좋지

않은 기운이 집을 기웃거리지 못하게 하려 했다. 불기운이건 액운이건 막새기와나 치미에 장식된 험상궂은 얼굴로 오금을 저리게 만들려 했다.

북위의 서울 평성(지금의 대동)에서 발견된 막새기와에는 도깨비인지, 어떤 괴수인지 험상궂은 얼굴이 새겨져 있는데, 크게 벌린 아가리 위아래로 난 송곳니가 제법 날카롭다. 틀에서 찍어냈지만, 부라린 눈, 벌름거리는 콧구멍, 날카롭게 벼려낸 듯이 보이는 송곳니가 그럴듯하다. 고구려의 서울 평양에서 수집된 막새기와에도 도깨비인 듯, 용인 듯 보이는 얼굴이 새겨졌는데, 역시 눈을 부라리고 아가리를 크게 벌렸다. 하지만 송곳니가 그리 날카로운 것도 아니고 콧구멍이 크게 벌름거리고 있는 듯이 보이지도 않는다. 형상은 갖추었으나, 얼굴 생김이며 표정에서 배어 나와야 할 험상궂은 느낌이 보는 이에게 충분히 와닿지 않는다. 신라의 서울 경주에서 많이 나오는 치미에 표현된 도깨비며 용의 얼굴에선 송곳니가 더 길게 표현되었지만, 날카롭다는 느낌이 오지는 않는다. 불붙은 등잔처럼 커다랗고 둥근 눈도 험상궂음을 느끼게 하기에는 부족하다. 그냥 크게 떴다는 느낌이 더 강하다.

문화 전반이 소박한 분위기에서 출발한 까닭일까? 고구려의 막새기와든, 신라의 치미든 틀을 만들며 장식문을 넣던 와공瓦工은 나름 험상궂은 얼굴의 괴수며 도깨비, 용을 나타내려 했지만, 그의 손끝이 만들어낸 건 부드럽고 따뜻한 얼굴이다. 짐짓 놀라게 하려 애써도 표정 너머에는 정을 담은 할아버지의 마음이 숨은 그런 얼굴이다. 슬쩍 무섭게 하다가도 바로 미소로 달래주는 그런 얼굴이다. 한국인의 고운 심성이 속에 숨었으니 이런 손길로 만든 틀에서 두렵고 무서운 느낌의 괴수가 튀어나오기는 쉽지 않았을 것이다.

진묘수鎭墓獸는 무덤을 지키기 위해 만들어 무덤칸 돌문 안이나 바깥에 둔다. 사귀邪鬼가 몰래 무덤 안으로 들어와 무덤주인이 평안하게 쉬는 것을 방해하지 못하게 하는 게 맡은 바 일인지라 진묘수의 모습은 사납고 기괴한 게 일반적이다. 보통 눈을 부릅뜨고 노려보는 것으로도 모자라 입을 크게 벌려 소리 지르며 날카로운 송곳니를 한껏 드러내 보이는 게 보통이다. 머리에 솟은 가지가 많고 날카로운 뿔은 주춤거리며 틈을 보아 빠져나가려는 사귀를 받아 찌르기 위한 것이다. 어떤 진묘수는 혀를 길게 빼 허리 아래로 늘어지게

10

11

그림10. 진묘수(백제, 6세기, 공주 무령왕릉 출토, 국립공주박물관)

그림11. 채회도진묘수(彩繪陶鎮墓獸, 북위, 산서 대동 출토, 중국 대동시박물관)

했는데, 보기에도 흉측하다.

　백제 무령왕릉의 진묘수는 이런 진묘수 일반의 분위기와는 다른 모습이다. 다리도 짧고 뭉툭하며 몸은 통통해 마치 귀여운 곰 인형 비슷한 이미지다. 살짝 벌린 입은 반갑게 맞으며 웃는 듯이 보이고, 머리에 달린 작은 쇠뿔은 외뿔인 데다 가지도 갈라져 나가지 않았으며 조금도 날카로운 느낌을 주지 않는다. 몸에 표현된 상서로운 기운은 고사리 모양의 장식을 덧붙인 듯이 보인다. 어떻게 이런 모습으로 사귀를 쫓을 수 있겠는가? 다행히도 무령왕릉은 백제의 왕릉 가운데 유일하게 도굴을 당하지 않았으니, 무덤에 진묘수를 둔 효과는 톡톡히 본 셈이다.

　아마 백제의 장인도 진묘수는 험상궂어야 한다고 생각했을 것이다. 나름 그런 이미지의 석수石獸를 만들려고 애썼음도 확실하다. 무덤 지킴이가 따뜻하고 부드러운 표정으로 주위를 둘러보고 있다면 이건 뭔가 잘못되어도 한참 잘못된 거다. 그런데 백제의 장인은 사납고 무서운 인상을 주는 진묘수가 아니라 부드럽고 온화한 이미지의 진묘수를 만들었다. 이 진묘수의 따뜻한 미소가 무덤 안으로 들어와 해코지하려던 사귀의 마음조차 녹인 것인가?

새롭게, 더 쓰임새 있게

오르도스 청동기의 영향을 받은 것으로 알려진 한국 청동기는 검몸과 검손잡이를 함께 주조하는 이전의 방식대로 만들어지지 않는다. 요녕에서 만들어지는 비파형동검부터 검몸과 검손잡이가 따로 제작된다.[2] 세형동검에도 적용된 이와 같은 분리 제작 방식은 석검을 나무로 만든 손잡이에 끼워 사용하는 사례로도 볼 수 있듯이 한국식 제작법으로 이름을 붙여도 될 듯하다. 이는 외래의 문화를 수용하면서 고유의 시각과 방법론을 적용하여 새롭게 만든 사례로 볼 수 있다.

검몸과 검손잡이를 따로 제작하면 각각의 특성에 맞게 거푸집을 제작하므로 한 틀에 부어 만드는 것보다 전문성을 살릴 수 있다. 날이 잘 서고 단단해야 할 검몸과 잡기에 편하고 든든한 느낌을 주어야 할 검손잡이는 각각의 쓰임새가 다르므로 거푸집의 형태도 달라야한다. 한 틀에서 찍어내듯이 용액을 부어 굳혀내려면 어느 한쪽의 쓰임새가 중심이 되고, 다른 것은 부차적이게 된다. 이런 경우 주조한 뒤 검날을 세우는 작업에 따로 상당한 시간을 쏟아야 하는데, 손잡이가 같이 달려 있으므로 이 일도 번거롭게 이루어질 수밖에 없다.

삼국시대 고구려의 부뚜막은 아궁이의 방향이 굴뚝을 향해 일직선을 이루지 않고 90도 틀려 있다. 이런 까닭에 아궁이 앞에서 열심

히 부채질해도 바람이 굴뚝 방향으로 바로 가지 않는다. 장작불이
활활 타오르기 쉽지 않은 구조로 만들어진 까닭이다. 게다가 아궁
이 위에는 확이 하나만 뚫려 있어 한번 불을 때도 한 가지 음식만 끓
이거나 데울 수 있다. 중국의 부뚜막에 확이 3~4개 있는 것과 대조
적이다. 중국의 부뚜막은 아궁이 방향도 굴뚝과 일직선이어서 불
을 때면 연소가 빨리 되므로 확을 여러 개 뚫어도 그 위에 올려놓은
솥이나 냄비가 한꺼번에 불길을 받는 게 가능하다. 고구려의 부뚜
막은 아궁이에서 굴뚝까지의 거리도 멀다. 확은 하나만 뚫어놓고
굴뚝은 불길과 연기가 한참 가야 닿을 수 있게 만든 것이다.

　중국의 부뚜막은 순전히 조리용으로만 쓰이지만, 고구려의 부뚜

그림12. 청동검(춘추시대, 내몽골 츠펑 출토, 중국 내몽골박물원)
그림13. 비파형동검(요녕식 동검, 청동기시대, 여수 월내동 출토, 국립중앙박물관)
그림14. 세형동검(한국식 동검, 삼한시대, 창원 다호리 출토, 국립중앙박물관)

351

15   16

막은 조리와 난방 겸용이다.[3] 조리에 쓰고 남은 열을 난방에도 쓰는 구조로 만든 것이다. 아궁이 바로 위에 뚫린 확에서 굴뚝까지 사이를 길게 하여 그 아래로 열이 지나가게 하면 그만큼 위가 따뜻한 공간이 길어지는 것이다. 이런 구조를 방으로 만든다면 방에 앉은 사람은 따뜻한 기운을 느끼며 쉬거나 식사를 할 수도 있을 것이다. 이것이 한국 특유의 바닥 난방이다.

확이 뚫리지 않은 부뚜막에서 굴뚝까지의 긴 공간을 'ㅡ'자나 'ㄱ'자 고래로 만들고 그 위에 열에 잘 반응하는 납작한 돌을 올려놓은 뒤 고운 흙을 발라 바닥을 편평하게 한 것이 한국식 온돌이다. 삼국시대에는 이런 흙바닥 위에 얇게 짠 멍석을 간 뒤 그 위에 눕거나 앉았다. 기술적인 한계로 방 한 칸 전체를 온돌로 만들지는 못했지만, 일부라도 그렇게 만들어두면 여름 장마의 습한 기운도 이겨

낼 수 있고, 차갑고 긴 겨울도 잘 견뎌낼 수 있다.

조리와 난방을 겸하는 구조로 만든 까닭에 고구려의 한국식 부뚜막에서는 여러 가지 요리를 동시에 할 수 없다. 가장 긴요한 걸 먼저 조리해야 하므로 주식인 밥을 여기서 짓고 나머지 반찬은 미리 해둔 것을 사용하게 된다. 한국의 음식 구성이 주식과 부식으로 나뉜 것도 이 때문이다. 여러 가지 음식을 동시에 조리할 수 있는 중국식 부뚜막에서 각각 하나의 완성된 요리가 만들어지는 것과 다르다. 중국의 음식 구성이 주식과 부식으로 나뉘지 않고 일품요리 중심인 것도 부뚜막이 조리용으로만 만들어졌기 때문이다.

한국인이 방에 들어갈 때 신발을 벗는 것도 방이 바닥 난방 시스템으로 만들어졌기 때문이다. 방 바닥에 이부자리를 깔고 누워 자고, 방바닥에 앉아 상을 놓고 식사를 하니 신발을 신을 이유가 없는 것이다. 난방 시스템이 벽난로 구조라면 침대와 의자를 놓게 되므로 방에 들어갈 때도 신발을 벗을 까닭이 없지만, 한국은 실내와 실외가 이렇듯 뚜렷이 구별된다. 부뚜막의 구조를 바꾸어 만든 온돌이 한국인의 의식주 전반에 영향을 주었다고 하겠다.

초기철기시대부터 동북아시아 지역은 이전부터 연결되어 있던 내륙아시아 초원문화와의 관계를 유지하면서 중국의 새로운 문화와도 접촉한다. 삼국시대에 불교와 불교 문화가 동방에 전해질 때도 두 길은 그대로 유지되고 기능하였다. 불교 문화의 일부로 동방

그림15. 도제부뚜막(후한, 광동 광주 선열로 출토, 중국 국가역사박물관)
그림16. 쇠부뚜막(고구려, 5~6세기, 운산 용호동무덤 출토, 국립중앙박물관)

17   18   19

에 전해진 연화화생蓮花化生 관념은 중앙아시아에서 중국을 거쳐 고
구려로 들어온 듯하다. 고구려는 새롭게 받아들인 이 관념을 벽화
로도 표현했는데, 흥미롭게도 원형 그대로 그린 것도 있고, 바꾸어
묘사한 것도 있다. 장천1호분 벽화의 연화화생은 고구려식으로 바
꾸어 표현한 사례이다.

　본래 연화화생은 정토에서 태어나는 방법이므로 홀로 이루어져
야 한다. 태어나는 과정에 어떤 인연이라도 생기지 않게 하기 위해
서다. 완전한 자유를 누리려면 어떤 얽힘도 없어야 하는 까닭이다.
장천1호분 벽화의 연화화생에서와 같이 두 사람의 남녀가 함께 난
다면 이건 말 그대로 떼려야 뗄 수 없는 완전한 얽힘이다. 한 배에
서 난 쌍둥이처럼 둘은 정토에서도 서로를 보며 자라고 함께 지내
는 걸 당연시하지 않겠는가? 아마 장천1호분에 남녀쌍인연화화생

을 그린 화공은 주인 부부의 이런 바람을 잘 알고 있었던 모양이다. 비록 불교의 가르침에는 없는 것이지만, 평생 의좋게 살았던 두 분의 바람을 그림으로 그려 남기는 게 이들에게서 은혜를 입었던 화공으로서 마땅히 지켜야 할 도리라고 여겼는지도 모른다.

고구려에서는 5세기 중엽 즈음 연꽃으로만 장식된 벽화고분이 만들어진다. 이전까지 벽화의 중심 제재이던 생활풍속 장면이 벽과 천장에 전혀 그려지지 않고 연꽃만 가득 표현된 사례도 여럿 있다. 오늘날 석가탄신일에 불교사원 내부가 연등으로 온통 장식된 것이나 비슷하다.

이렇게 연꽃으로만 장식된 벽화고분은 고구려에만 보인다.[4] 불교가 크게 유행하던 중국 남북조의 사원이나 무덤에서는 이런 사례를 찾아볼 수 없다. 고구려의 이웃이던 백제의 경우, 연꽃문 장식 벽돌로만 쌓은 무령왕릉을 비슷한 사례로 들 수 있는데, 이 무덤은 중국 남조 양의 영향을 받은 것으로 6세기 전반에 만들어졌다.

고구려의 연꽃 장식 벽화고분은 연화정토를 무덤 안에 구현한 사례로 볼 수 있다. 물론 무덤주인이 꿈꾸던 세계일 것이다. 정토왕생하기를 바라며 화공에게 무덤 안을 연꽃문으로 가득 채워 달라고 부탁한 결과일 것이다. 5세기 중엽 축조된 고구려 환문총은 생활풍속을 주제로 벽화를 그렸다가 회를 발라 덮어버리고 동심원문으로 벽화 주제를 바꾼 경우인데, 이도 무덤주인이 정토왕생을 바라면서

20

21   22

그림20. 천왕지신총 투시도(북한 순천)

그림21. 연꽃과 비천(북위, 산서 대동, 중국 운강석굴 제7굴 주실 천장 부조)

그림22. 연꽃 장식 천장(고구려, 안악2호분, 북한 안악)

일어난 일이 아닐까 생각된다.[5]

　종교신앙은 몰입이 쉽게 이루어질 수 있는 분야이다. 특정한 믿음에 깊이 빠져들면 믿어서 갈 수 있는 자기 신앙의 세계를 가장 큰 소망으로 삼게 된다. 그러나 현실은 늘 만만치 않아서 그런 식의 몰입이 가능하도록 내버려두지 않는다. 현실은 현실이다. 할 일이 있고, 또 해야만 한다. 그러나 죽어서 가는 곳에 대한 소망을 무덤 안에 그리는 건 누구도 막을 수 없다. 온전히 죽음의 공간을 장식하는 데에 빠져든다고 누가 뭐라 하겠는가?

　순전히 연꽃만 장식된 벽화고분은 5세기 중엽 즈음 고구려에 불교에 깊이 몰입한 사람들이 상당수 있었음을 알게 한다.[6] 일반적으로 어딘가에 깊이 빠져들어도 그것을 온전히 표현해내기 어려운 걸 고려하면, 연꽃 장식 벽화고분은 매우 특별한 사례라고 할 수 있다. 고구려에만 이런 유형의 벽화고분이 출현하기 때문이다.

흥을 넣어 신명나게

한국인의 특징 가운데 하나로 '흥'과 '신명'에 빠져드는 성향이 있음을 거론한다.[7] '흥'과 '신명'은 샤머니즘에서 샤먼이 제의 중에 빠진다고 언급되는 '엑스터시'와 비슷한 개념이다. 실제 우리말에는

신난다, 신명이 났군, 흥에 빠졌어! 같은 표현이 있다. 고구려의 연꽃 장식 벽화고분도 그런 사례일 수 있다. 무덤주인과 화공 모두 불교 신앙이라는 흥에 빠지고 정토왕생할 수 있다는 소망에 신명이 나서 남긴 그림일 수 있는 것이다. 그렇지 않으면 고구려에 이런 유형의 벽화고분이 출현하는 이유를 설명하기 힘들다.

초원제국과 중국을 통해 동방에 전해진 불교에 깊이 빠져든 흔적은 신라에서도 나타난다. 경주의 남산은 한때 불교사원과 바위산을 그대로 다듬어 만든 불상, 보살상, 그 위를 덮은 닷집, 남산의 바위로 만든 탑으로 가득했는데, 신라 사람들이 인도를 서천축西天쓰, 신라를 동천축東天쓰이라고 부르면서 신라의 서울 서라벌을 불교의 낙원인 정토처럼 여겼기 때문이다. 서라벌이 동천축의 중심,

곧 부처님이 깨달음에 이르고 처음 설법을 시작한 인도의 부다가야라는 걸 입증하기 위해 경주 남산을 부처와 보살의 산으로 만든 것이다. 지금까지 남산에서 확인된 절터가 122곳이고, 조사된 석불이 57개소에 있으며, 산재한 석탑도 64기에 이른다.

왕명을 불교식으로 짓고, 김씨 왕가가 석가모니 붓다와 종족이 같다고 주장한 것도 같은 맥락에서다. 오죽하면 진흥왕이 자신의 두 아들 이름을 불교를 전하는 전륜성왕의 이름, 곧 금륜金輪, 동륜銅輪이라 짓고, 진평왕의 두 동생 이름이 석가모니의 두 삼촌 이름과 같았겠는가? 진평왕의 정비는 이름이 마야로 석가모니의 어머니와 이름이 같다. 신라도 불교에 깊이 빠져들어 그 흔적을 뚜렷이 남기고 있는 점에서는 고구려와 다르지 않다.

고구려의 후기 고분벽화의 주제는 사신四神이다. 우주적 방위신인 청룡, 백호, 주작, 현무가 무덤칸의 널방 벽화 주인공이다. 흥미로운 것은 중국 남북조 및 수당시대 고분벽화에도 사신이 표현되지만, 주인공으로 그려지지는 않는다는 사실이다. 사신을 우주적 방위신으로 인식하고 벽화의 중요한 제재로 선택해 그리면서도 대개는 다른 존재와 동반시켜 벽화에 그려진 유일한 존재로 남기지는 않는다. 고구려와 중국 왕조들이 남긴 고분벽화에서 이런 차이가 나타나는 이유는 무엇일까?

사신은 천문신앙과 관련이 깊다. 음양오행론이 적용된 방위 관

그림23. 마애불(신라, 경주 남산)   359

24

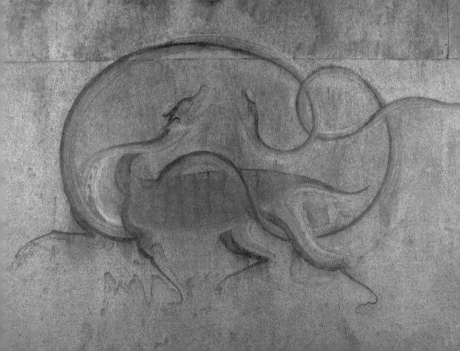

25

넘에 하늘의 별자리가 인간 세상의 삶에 영향을 끼친다는 믿음이 더해지면서 사신신앙이 강화되었다. 청룡, 백호, 주작, 현무를 우주 동서남북 일곱 별자리의 화신으로 인식하면서 인간 세상에 있는 사신 형상의 지세地勢 한가운데인 황룡黃龍의 자리는 극히 상서로운 기운이 가득한 곳으로 여겨지게 되었다. 한마디로 복지福地인 것이다. 사람이 사는 집이나 마을도 그런 자리에 있으면 좋은 일이 많을 테고, 죽은 이를 모시는 무덤도 그런 데 있다면 본인에게도 좋고, 그를 그런 자리에 있게 한 후손에게도 복락이 계속될 것이다. 사신 지세四神之勢를 찾아내는 지관地官의 몸값이 하늘 높은 줄 모르게 솟아오르게 된 것도 이 때문이다.

고구려 고분벽화에 처음 사신이 그려질 때, 벽화 구성에서 지니는 사신의 비중은 그리 높지 않았다. 그러나 고구려의 후기 고분벽화에서는 사신이 벽화의 주인공이다.[8] 벽화로 그려진 사신의 완성도가 극히 높은 강서대묘의 경우, 사신은 벽화의 유일한 제재이자 주제이다. 무덤칸 널방 네 벽에 그려진 건 사신뿐이다. 그런데 중국 왕조가 남긴 고분벽화에서는 사신만 그려지지 않았다. 사신이 처음 신앙의 대상으로 떠오른 중국에서 말이다.

순수한 사신도 고분벽화는 연꽃 장식 고분벽화처럼 특정한 인식이나 관념에 몰입하는 고구려인의 성향과 관련지어 이해하고 설명하는 수밖에 없을 듯하다. 청룡, 백호, 주작, 현무를 우주적인 방위

그림24. 현무와 선인(북제, 551년, 산동 임구 최분묘, 중국 산동)
그림25. 현무(고구려, 강서대묘, 북한 남포)

신이라고 하면서도 신선이 다룰 수 있는 하위적인 존재, 선계의 다른 신수와 크게 다르지 않은 생명체로 여기고 표현하는 중국 고분 벽화와 달리, 고구려에서는 정말 신통력이 무궁한 우주적 차원의 신수로 받아들인 것이다. 고구려인이 사신신앙에 온전히 몰입했다면 벽화의 주인공으로 묘사하는 게 무어 이상한가? 너무 당연할 일 아닌가? 화공이 신명에 빠져 사신 하나하나를 실재하는 신수로 생생함이 가슴에 와닿게 그리는 게 너무 자연스럽지 않은가? 어떤 경우에는 입체감과 운동감이 잘 살아 있는 중국 고분벽화의 사신이 회화 기법상 뛰어나다고 할 수 있지만, 신앙이 가미되어 그려지고 배경을 생략하여 공간적 깊이까지 함께 느낄 수 있게 표현된 고구려 후기 고분벽화의 사신에 점수를 더 줄 수도 있지 않겠는가? 고구려 사람들의 흥과 신명을 느끼면서 말이다.

한국인의 흥, 신명과 관련하여 신라의 황금 문화도 눈여겨볼 만하다. 황금 문화는 마립간시대의 신라를 설명하는 표제어이기도 하고, 일본이나 아라비아에 알려진 신라의 이미지이기도 하다. 황금은 김씨 왕족의 정체성을 나타내는 금속이었다. 시조 김알지도 시림 수풀 속 금빛 함에서 나왔다.[9] 황금에 대한 과도한 집착은 신라 김씨 왕가의 특징이기도 했다. 마립간기에 만들어진 경주의 적석목곽분에서는 거의 예외 없이 다량의 황금 유물이 쏟아져 나온다. 봉황대나 황남대총 같은 대형 고분에 비하면 작은 무덤이라고 할

수 있는 경주 천마총에서도 금관을 비롯하여 엄청난 양의 황금 유물이 수습되었다. 대형 무덤인 황남대총에서는 금관, 금제허리띠, 금목걸이, 금팔찌, 금반지, 황금그릇 등이 쏟아져 나왔는데, 금관, 유리병을 포함한 4종의 유물이 국보로, 10여 종의 유물이 보물로 지정되었다.[10]

서울의 국립중앙박물관 신라실과 경주의 국립경주박물관 역사고고관에는 신라의 황금 유물만 따로 전시하는 공간이 있을 정도로 신라 황금 문화의 화려함과 풍부함은 삼국시대의 이웃인 고구려와 백제뿐 아니라 동아시아의 다른 나라들과도 비교할 수 없다. 심지어 한때 동아시아의 중심으로 자처하고 내외가 이를 인정했던 중국의 당나라에서도 신라와 비교할 수 있을 정도로 황금 제품을 많이

그림26. 금제 굽다리접시(신라, 5세기, 경주 황남대총 북분 출토, 국립경주박물관)
그림27. 금목걸이(신라, 5세기, 경주 출토, 국립중앙박물관)

만들지는 않았다.

마립간시대에 번성했던 신라의 황금 문화는 마립간시대가 끝나고, 때마침 불교가 공인되어 널리 믿어지게 되자 종막을 고한다. 황금이 불교 신앙의 대상을 장식하는 데 쓰이게 되기 때문이다.[11]

불상과 보살상을 만들고, 불교사원을 장엄하는 데에 황금이 사용되면서 황금으로 귀걸이와 목걸이를 만들고 왕의 장례에 쓰일 여러 가지 기구를 제작하는 데에는 쓰이지 않게 된 것이다. 물론 황금 문화가 휩쓸던 150년 정도의 기간에 신라 사람들이 황금 제작에 쏟은 정성과 노력이 이제는 불상을 만들고 사원을 장엄하는 일로 옮겨진 점이 이전과 다르다면 다를 것이다. 신라 사람들이 흥과 신명을 쏟을 대상을 옮겼다고 할까?

어울림

다르면 그걸로 그만이
아니다
거기서 첫 걸음이 나와야 한다
어우러져 하나 되는
거기까지 가야 한다
이인삼각처럼
호흡 맞추기부터 해야 한다

다르면 거기서 그치는 게
아니다
톱니 맞추듯
나사 끼우듯
들고 나는 데를 찾아
꼭 맞는 순간을 경험해야 한다

달라야 비로소
시작할 수 있다
어우러짐의 기쁨이
더 하다는 걸
알 수 있다
서로에게 거울이 되어
끝까지 함께 가기로
마음 걸어야 한다

생명

끝없이 쌓고, 나누고 나누어도
생명만 한 건 없다.
쌓고 나누어 생명을 대신할 수 있을까?
숨 쉬며 먹고 사랑하면
그것으로
감사하고
더하고 뺄 것도 없다
생명이다
생명이 시작이고 끝이다
덧없이 흐르고 쓰러지는 그때도
생명이 모두다

알파와 오메가, 그 너머에도
생명이 있다
모래 더미 백골에도
얼음 더미 뼈다귀에도
생명이 한 조각이라도 있으면
그것이 모두다
녹이고 부스러뜨려
물이 되고, 가루가 되어도
생명이 남아 있다면
그것이 다다

생명이
너와 나로
숨 쉬게 하면
사랑을 나누고
울고 웃게 하면
무얼 더 바라겠는가

생명이다
생명이 시작이고
끝이다
알파고 오메가고 그 너머다
님은 생명으로
와
여기
너와 나 사이에
있다

네가 사랑이면

네가 사랑이면
닿지 않아도 따뜻하다
네가 사랑이면
이슬 한 방울로도 목마름을 잊는다
네가 사랑이면
눈빛에서 그걸 읽고
한달음에 광야도 건너고
바다도 한숨에 지난다

파랑새 깃털 하나에
마음을 담아
말없이 네게 건네면
넌
그것에 사랑을 담아
들숨 날숨 사이
내 가슴에 올려놓을 텐데

네가 사랑이면
둘은 이미 하나일 텐데

제 1 장

1) 전호태, 2021, 『바위그림 이야기』, 푸른역사.

2) 전호태, 이하우, 박초아, 2018, 『국보 285호 울산 반구대암각화』, 울산대학교 출판부.

3) 세계식량기구는 인도네시아 럼바따섬 라마레라 마을 사람들이 생계를 위해 고래사냥을 할 수 있도록 허용했다. 마을 사람들은 펠레당이라고 부르는 작은 나무배를 사용하여 사냥에 나선다. 펠레당에는 7명에서 14명 정도가 탈 수 있다(2013.5.30. 『매일경제신문』).

4) 북미 블랙풋 인디언들 사이에 공유되던 들소의 춤 이야기는 조지프 캠벨 지음, 구학서 옮김, 2016, 『여신들: 여신은 어떻게 우리에게 잊혔는가』, 청아출판사.

5) 임세권, 2002, 「미국 암각화에 나타나는 수족과장형 인물상」『한국암각화연구』 3; 이하우, 2007, 「알타이의 제단·제의 장소 바위그림」『중앙아시아연구』 12.

6) 마리아 김부타스 저, 고혜경 역, 2016, 『여신의 언어』, 한겨레출판, 도판 1~16 참조.

7) 우크라이나와 러시아 평원지대에서는 매머드의 뼈로 지은 원형구조물이 지금까지 70개 정도 발견되었다고 한다. 최근에는 러시아 보로네시 인근 돈강 유역(코스텐키 11)에서 2만 5천년 전 60마리 정도의 매머드 뼈로 만들어진 대형 구조물이 발견되었다(2020.3.17. 『연합뉴스』).

8) 그리스 신화에 등장하는 사냥의 신 아르테미스 여신도 본래는 동물의 주인이었
   다(토머스 불핀치 지음, 박경미 옮김, 2011, 『그리스 로마 신화』, 혜원출판사).

9) 이성구, 1991, 「中國古代의 市의 觀念과 機能」, 『동양사학연구』 36.

10) 나카자와 신이치 지음, 김옥희 옮김, 2005, 『곰에서 왕으로-국가 그리고 야만
    의 탄생』, 동아시아.

제 2 장

1) 전호태, 2020, 「울산 천전리 각석 암각화 기하문 연구」, 『역사와 세계』 58.

2) 심지어 신들은 세대별로 나뉘고 뒷 세대로 내려갈수록 능력이 분화되고 전문
   화된다. 토머스 불핀치 지음, 박경미 옮김, 2011, 『그리스 로마 신화』, 혜원출
   판사 참고.

3) 매년 입춘 아침에 토관(土官, 지방관아)에 모이게 하고는 관문(官門) 길 위에
   서 나무로 만든 소(木牛)를 몰아 밭을 갈고 씨를 뿌려 심고 거두는 형태에 따라
   해를 점치고 곡식의 풍년을 기원한다. 이때 밭을 가는 자와 씨를 뿌리는 자는
   반드시 옷을 벗게 한다. 『眉巖集』 卷3, 「雜著」(국립민속박물관, 2004, 『한국세
   시풍속사전』 2, 「정월(正月)」, 절기, 목우희(木牛戲))에 수록.

4) 권오영, 2008, 「古代의 裸耕」, 『고고학』 7-2.

5) 전호태, 2017, 「고령 장기리암각화 연구」, 『한국고대사연구』 88.

6) 조현종·신상효·선재명·신경숙, 2002, 『광주 신창동 저습지유적IV—목제유물
   을 중심으로』, 국립광주박물관.

7) 桑原久男, 1999, 「銅鐸과 武器의 祭リ」, 『古代史의 論点 -神と祭り』, 小学館.

8) 전호태, 2018, 「울산 천전리 암각화 동물문 연구」, 『한국사연구』 182.

9) 아버지가 아들의 뜻을 알고 삼위태백(三危太伯)을 내려다보니 인간을 널리 이
   롭게 할 만한지라, 이에 천부인(天符印)세 개를 주며 가서 다스리게 하였다.
   『三國遺事』 卷1, 「紀異」 1, 古朝鮮 王儉朝鮮.

10) 전호태, 2020, 「울산 천전리 각석 암각화 기하문 연구」 『역사와 세계』 58.

제 3 장

1) 왕은 이 말을 듣지 않고 그를 시켜 말을 먹이게 하였다. 주몽은 그 중에 날쌘 놈을 알아서 먹이를 적게 주어 여위도록 만들고 굼뜬 놈은 잘 먹여서 살이 찌도록 하였다. 왕은 살찐 놈을 자신이 타고 여윈 놈을 [주]몽에게 주었다. 『三國遺事』 卷1, 「紀異」 1, 高句麗.

2) 특정한 식물이나 동물의 생존 전략 차원에서 사람과 협조하는 상태로 이해할 수도 있다(엘리스 로버츠 지음, 김명주 옮김, 2019, 『세상을 바꾼 길들임의 역사』, 푸른숲; 제임스 C. 스콧 지음, 전경훈 옮김, 2019, 『농경의 배신』, 책과함께).

3) 이런 면에서 역사지도는 보는 이 모두에게 농경 국가 중심의 시각과 관념을 강요하고 왜곡의 결정체라고 할 수도 있다. 이런 왜곡된 사고에 기반한 역사지도에서 유목세계는 언제나 농경 국가의 변두리이고, 문명을 둘러싼 야만이다.

4) 왕의 두 동생 발기와 연우 가운데 누가 자기를 더 잘 돌볼지 알아보려 했던 고국천왕의 왕비 우씨, 이로 말미암아 연우가 산상왕으로 즉위한 뒤 발기가 요동 공손씨 정권에 망명하여 군대를 이끌고 고구려에 쳐들어왔다가 또 다른 동생 계수의 설득에 스스로 목숨을 끊은 이야기는 오랫동안 고구려 사람들의 기억에 남아 있었다(『三國史記』 卷1, 「高句麗本紀」 1, 山上王). 고구려 전기에는 형사취수제를 왕실에서도 유지할 정도로 사회적 관습으로 남아 있었음을 알게 하는 일화이다.

5) 전호태, 2018, 「울산 천전리 암각화 동물문 연구」 『한국사연구』 182.

6) 왕이 주몽에게 말을 기르게 하여 그 뜻을 시험하였다. 주몽이 마음으로 한을 품고 어머니에게, "나는 천제의 손자인데 남을 위하여 말을 기르니 사는 것이 죽는 것만 못합니다. 남쪽 땅에 가서 나라를 세우려 하나 어머니가 계셔서 마음대로 못합니다"하였다. 그 어머니가, "이것은 내가 밤낮으로 고심하던 일이

다. 내가 들으니 장사가 먼 길을 가려면 반드시 준마가 있어야 한다. 내가 말을 고를 수 있다"하고, 드디어 목마장으로 가서 긴 채찍으로 어지럽게 때리니 여러 말이 모두 놀라 달아나는데 한 마리 붉은 말이 두 길이나 되는 난간을 뛰어 넘었다. 주몽은 이 말이 준마임을 알고 가만히 바늘을 혀 밑에 꽂아놓았다. 그 말은 혀가 아파서 물과 풀을 먹지 못하여 심히 야위었다. 왕이 목마장을 순시하며 여러 말이 모두 살찐 것을 보고 크게 기뻐서 인하여 야윈 말을 주몽에게 주었다. 주몽이 이 말을 얻고 나서 그 바늘을 뽑고 도로 먹였다 한다(이규보, 『東國李相國集』卷3,「東明王篇 並序」).

7) 전호태, 2018,「울산 천전리 암각화 동물문 연구」『한국사연구』182.

8) 일반적으로 알려진 스핑크스의 모습은 사람의 머리에 사자의 몸인 이집트 피라미드 앞의 수호신이다. 이집트인이 아누비스, 호루스의 상으로 알고 있던 것을 그리스 사람들이 스핑크스라고 부른 경우이다. 그리스와 메소포타미아의 스핑크스는 날개가 달려 있다. 이외 새의 머리나 양의 머리가 달린 스핑크스도 있다.

9) 큰 새의 깃털을 사용하여 장사를 지내는데, 그것은 죽은 사람이 새처럼 날아다니라는 뜻이다. 『三國志』卷30,「魏書」30, 烏桓鮮卑東夷傳 30, 韓.

10) 박원길, 2001, 『유라시아 초원제국의 샤머니즘』, 민속원.

11) 미르치아 엘리아데, 1992, 『샤머니즘』, 까치.

제 4 장

1) 기원전 7400년부터 2000여 년 동안 번성했던 도시의 자취가 동서 두 개의 언덕으로 남아 있는 차탈휘육 신석기시대 유적에는 한때 6,000명 정도의 사람이 함께 거주했을 것으로 추정되고 있다.

2) 보통 적당한 크기의 세 칸짜리 기와집 한 채의 지붕을 덮는 데만 2,800여 장의 암키와, 수키와, 망와(막새기와)가 필요하다고 한다.

3) 전호태, 2016, 『고구려 생활문화사 연구』, 서울대학교출판문화원.

4) 송기호, 2019, 『한국 온돌의 역사』, 서울대학교출판문화원.

5) 브뤼노 모레유 지음, 김성의 옮김, 2015, 『최초의 장례』, 알마.

6) 마리아 김부타스 지음, 고혜경 옮김, 2016, 『여신의 언어』, 한겨레출판.

7) 김원룡, 1963, 「춘천 교동 혈거유적과 유물」『역사학보』 20; 한림대학교 아시아문화연구소, 1986, 『강원도의 선사문화』.

8) 국립경주박물관, 1991, 『蔚珍 厚浦里遺蹟』.

9) 국립진주박물관, 1993, 『烟臺島 I』; 임학종, 2007, 「신석기시대의 무덤」『한국신석기학보』 15.

10) 국립문화재연구소, 2001, 『나주 신촌리9호분』.

11) 金正基外, 1985, 『皇南大塚(北墳)發掘調查報告書』, 文化財管理局; 文化財研究所, 1994, 『皇南大塚(南墳)發掘調查報告書』.

12) 서울대학교박물관 · 고고학과, 1975, 『석촌동 적석총 발굴조사보고』; 석촌동유적발굴조사단, 1983, 『석촌동3호분(적석총) 발굴조사보고서』.

13) 전호태, 1999, 『고분벽화로 본 고구려 이야기』, 풀빛.

14) 전호태, 2018, 「고구려 고분벽화의 鎭墓者」『역사와 세계』 54.

제 5 장

1) 엘리스 로버츠 지음, 김명주 옮김, 2019, 『세상을 바꾼 길들임의 역사』, 푸른숲; 제임스 C. 스콧 지음, 전경훈 옮김, 2019, 『농경의 배신』, 책과함께.

2) 신숙정, 1997, 「신석기시대의 유물: 토기」『한국사』 2, 국사편찬위원회; 한국고고학회, 2015, 『한국고고학 강의』, 사회평론아카데미.

3) 임효재, 1973, 「토기의 시대적 변천 과정」『한국사론』 12, 국사편찬위원회; 한국고고학회, 2015, 『한국고고학 강의』, 사회평론아카데미.

4) 이청규, 1988, 「남한지방 무문토기의 전개와 공렬토기의 위치」『한국상고사

학보』 1; 한국고고학회, 2015, 『한국고고학 강의』, 사회평론아카데미.

5) 국립중앙박물관, 2012, 『창원 다호리』; 국립중앙박물관, 2008, 『갈대밭 속의 나라 다호리―그 발굴과 기록』.

6) 국립중앙박물관, 1997, 『한국 고대의 토기』.

7) 삼한문화재연구원, 2012, 『울진 죽변도시계획도로(중로3-3호선) 개설공사구간 내 울진 죽변리 유적』.

8) 국립중앙박물관, 2004, 『동삼동패총』 I ~ III.

9) 경남고고학연구소, 2006, 『늑도패총 IV―A지구 패총편』.

10) 한국토지공사 토지박물관, 1998, 『연천 호로고루 지표조사 보고서』.

11) 고난을 이기지 못하고 1년 만에 그 집을 떠나, 동촌(東村)사람 재모(再牟)와 함께 소금 장사를 하였다. 『三國史記』 卷17, 「高句麗本紀」 5, 美川王.

12) 박순발·이홍종, 2016, 「韓國 古代 製鹽 試論」 『중서부지역 고고학 연구』, 진인진.

13) 전호태, 2018, 「천전리 각석 명문 연구」 『한국고대사연구』 91.

14) 사공정길, 2014, 「고구려의 취사용기와 취사방식」 『고구려발해연구』 49.

15) 윤온식, 2016, 「瑞鳳塚 再發掘調査 槪要」 『고고학지』 22, 국립중앙박물관.

16) 일길찬(一吉飡) 김흠운(金欽運)의 어린 딸을 부인으로 맞이하고자 하여 먼저 이찬(伊飡) 문영(文穎)과 파진찬(波珍飡) 삼광(三光)을 보내어 날짜를 정하고 대아찬(大阿飡) 지상(智常)에게 납채(納采)하게 하였다. 폐백이 15수레, 쌀, 술, 기름, 꿀, 장(醬), 메주, 포(脯), 식초가 135수레, 조(租)가 150수레였다. 『三國史記』 卷8, 「新羅本紀」 8, 神文王.

제 6 장

1) 중국의 전국시대에 연(燕)의 위만(衛滿)이 고조선으로 망명하면서 일부러 북상투를 틀고 고조선 사람이 입는 옷을 입고 온 이야기는 유명하다. 연왕(燕王) 노관(盧綰)이 [한(漢)을] 배반하고 흉노로 들어가자 만(滿)도 망명하였다. 무리

천여인(千餘人)을 모아 북상투에 오랑캐의 복장을 하고서, 동쪽으로 도망하여 [요동(遼東)의] 요새를 나와 패수를 건너 진(秦)의 옛 공지(空地)인 상하장(上下鄣)에 살았다. 『史記』 卷115, 「列傳」 朝鮮列傳.

2) 『三國史記』 卷33, 「雜誌」 2, 色服.

3) 『新唐書』 卷220, 「列傳」 145, 「東夷」 高麗.

4) 『北史』 卷94, 「列傳」 82, 百濟.

5) 노모가 대답하였다. "내 아들은 가난하고 여긴 누추합니다. 귀한 분께서 가까이할 사람이 못됩니다. 지금 그대의 냄새를 맡으니 향기롭기가 보통이 아니고, 손을 만져보니 부드럽기가 솜과 같습니다. 반드시 천하의 귀한 분이실 겁니다. 누구의 속임수에 빠져서 여기까지 오셨습니까? 내 아들은 굶주림을 참지 못하고, 산속으로 느릅나무 껍질을 벗기러 가서 아직 돌아오지 않고 있습니다." 『三國史記』 卷45, 「列傳」 5, 溫達; 향분은 백분을 담은 그릇에 정향을 넣어 향이 배도록 해서 만들었다고 한다(『齊民要術』 卷5). 222년 위(魏) 조식(曹植)이 읊은 낙신부(樂神賦)에는 '향기로운 기름을 바르거나 백분도 바르지 않았으며' 라는 구절이 나와 몸을 씻고 향기로운 기름을 바르던 당시의 관습을 알게 한다. 『三國志』 「왕찬전(王粲傳)」에는 날이 매우 덥자 조식이 시종에게 물을 가져오게 해 씻은 뒤 분을 발랐다는 위략(魏略) 인용 기사가 나온다.

6) 전호태, 2016, 『고구려 생활문화사 연구』, 서울대학교출판문화원; 위진남북조 시기 중국에서 남자가 몸에 분을 바르는 것은 자연스럽게 받아들여졌다. 벽화 인물도로 보아 같은 시기의 고구려에서도 남자의 화장은 이상스럽게 여겨지지 않았을 것으로 보인다. 위(魏)의 하안(何晏)은 손에서 분백(粉白)이 떠나지 않았다고 하며(『三國志』 「王粲傳」, 何晏), 남조 양(梁)의 귀족 자제들은 하나같이 향내를 옷에 쐬고 수염을 말끔히 민 다음 분 바르고 연지를 찍었다고 한다(『顏氏家訓』 卷8, 勉學).

7) 당의 시인 백낙청의 시 시세장(時世粧)에 나오는 '검은 연지 입술 위에 그리고'

라는 시구처럼 유행하는 연지색도 때에 따라 바뀌었음을 고려하면, 안악3호분 귀부인의 윗입술이 검은 색인 것도 당시 유행하던 연지색 때문이었을 가능성이 있다. 4세기 중엽에 유행했던 검은색 연지가 백낙천이 시세장이라는 시를 짓던 9세기 전반에 다시 유행했을 수도 있다.

8) 눈썹을 깎아내고 눈썹먹으로 굵게 그려 넣는 것은 당시의 보편적인 화장법 가운데 하나였다. 중국 남조 양(梁)의 소명태자(昭明太子) 소통(蘇統)이 지은 미인신장(美人新粧)이라는 시에는 '깎아낸 눈썹 따라 눈썹 굵게 그려 넣고, 연지 바른 붉은 볼이 그제야 피어난다'라는 구절이 나온다.

9) 당나라 영호징(令狐澄)의 『신라국기(新羅國記)』에는 "귀인(貴人) 자제(子弟) 가운데 아름다운 이를 선발하여 분을 바르고 곱게 꾸며 이름을 화랑(花郎)이라고 하였는데, 나라 사람들이 모두 떠받들며 섬겼다"라고 하였다. 『三國史記』 卷4, 「新羅本紀」4, 眞興王 37年.

10) 당말오대(唐末五代)의 저술인 『장태기(粧台記)』에는 당대 귀부인들의 눈썹 그리는 법 열 가지, 입술 그리는 법 열여섯 가지가 소개되는데, 당대 유적에서 발굴된 수많은 여인 도용은 볼에 홍(紅)을 넣고, 이마에 꽃무늬를 넣는 것도 시대에 따라 유행이 변했음을 확인시켜준다(전호태, 2020, 『중국인의 오브제』, 성균관대학교출판부). 당의 유명한 시인 백낙천이 읊은 상양백발인(上陽白髮人)은 장안 여인들 사이에 유행하는 눈썹 모양이 바뀐 걸 모르고 여전히 젊을 때의 가늘고 긴 눈썹을 그리는 궁중 여인의 모습을 그린 시이다.

11) 잇꽃을 재배하여 연지를 비롯한 다양한 종류의 분(粉)을 만드는 방법이 530년 대 저술인 북위 가사협의 『제민요술(齊民要術)』 卷5에 자세히 소개되어 있다. 잇꽃과 관련된 이러한 지식이 이후 고구려를 통해 삼국에 알려지고 후대에 전해졌을 가능성도 크다.

12) 외국에 사신으로 갈 때는 비단이나 모직물로 만든 옷을 입고, 금이나 은으로 만든 장신구로 허리를 장식한다. 『晉書』 「東夷列傳」 夫餘; 금·보화·비단·모직

물 등을 귀하게 여기지 않으며, 소와 말을 탈 줄 모르고, 오직 구슬을 귀중히 여겨서 옷에 꿰매어 장식하기도 하고 목이나 귀에 달기도 한다. 『後漢書』卷85, 「列傳」 75, 韓: 馬韓.

13) 정치영, 2016, 「사이토 다다시[齋藤忠]의 공주 교촌리 전실분 발굴조사와 가루베 지온[輕部慈恩] 비판」 『백제연구』 64.

제 7 장

1) 해마다 10월이면 하늘에 제사를 지내는데, 주야로 술 마시며 노래 부르고 춤추니 이를 '무천(舞天)'이라 한다. 『三國志』卷30, 「魏書」 30, 烏桓鮮卑東夷傳 30, 濊.

2) 임이여 물을 건너지 마오. 임은 결국 물을 건너네. 물에 빠져 죽었으니, 장차 임을 어이할꼬. 崔豹『古今注』公無渡河歌.

3) 『三國志』卷30, 「魏書」 30, 烏桓鮮卑東夷傳 30, 高句麗.

4) 왕이 나무 아래서 휴식을 맛보다 꾀꼬리[黃鳥]가 날아와 모여드는 걸 보고 탄식하며 노래하기를, '훨훨 나는 저 꾀꼬리는 암수 서로 정다운데, 외로운 이 내 몸은 누구와 함께 돌아갈꼬.' 『三國史記』卷13, 「高句麗本紀」 1, 琉璃王.

5) 전덕재, 2020, 『한국 고대음악과 고려악』, 학연문화사.

6) 『樂書』卷158, 「樂圖論: 胡部」歌: 四夷歌, 東夷: 高麗.

7) 모든 기녀는 「정읍사(井邑詞)」를 노래하고 향악(鄕樂)으로 그 곡을 연주한다. 『高麗史』卷71, 「志」 25, 樂2, 俗樂: 舞鼓; 달아 높이높이 돋으시어/ 어기여차 멀리멀리 비치게 하시라/ 어기여차 어강됴리/ 아으 다롱디리/ 시장에 가 계신 가요/ 어기여차 진 곳을 디딜세라/ 어기여차 어강됴리/ 어느 것에다 놓고 계시는가/ 어기야차 나의 가는 곳에 저물세라/ 어기여차 어강됴리 아으 다롱디리 『樂學軌範』卷5, 時用鄕樂呈才條, 井邑詞.

8) 『高麗史』卷71, 「志」 25, 樂2, 三國俗樂: 百濟.

9) 8월 15일에 이르러 그 성과의 다소를 살펴, 진 쪽이 술과 음식을 마련해 이긴

쪽에 사례하였다. 이렇게 하고서 가무와 온갖 놀이를 했는데, 그것을 가배(嘉俳)라고 불렀다. 이때 진 쪽 여자 한 명이 일어나 춤을 추며 탄식하기를, "회소, 회소"라고 하였으니, 그 음이 슬프면서 우아하므로 훗날 사람들이 그 소리를 따라서 노래를 지어 회소곡(會蘇曲)이라고 이름을 붙였다. 『三國史記』卷1, 「新羅本紀」1, 儒理尼師今 9年; 그가 영묘사의 장륙상을 만들 때는 스스로 입정(入定)하여 정수(正受)의 태도로 대하는 것을 법식(揉式)으로 삼으니 이 때문에 성안의 남녀가 다투어 진흙을 날랐다. [그때 부른] 풍요(風謠)는 다음과 같다. 오다 오다 오다/ 오다 슬픔 많아라/ 슬픔 많은 우리 무리여/ 공덕 닦으러 오다 지금도 그곳 사람들이 방아를 찧거나 다른 일을 할 때 모두 이 노래를 부르는데, 대개 이로부터 시작되었다. 『三國遺事』卷4, 「義解」5, 良志使錫.

10) 내가 당신을 위하여 절구 찧는 소리를 내어서 위로해주리라. 이에 거문고를 연주하여 절구공이 [찧는] 소리를 내었다. 세상에 전하기를 방아타령[대악(碓樂)]이라고 하였다. 『三國史記』卷48, 「列傳」8, 百結先生.

11) 무검지희: 황창랑은 신라 사람이다. 민간에 전하기를, "나이 칠 세에 백제로 들어가 칼춤을 추니 구경꾼이 담처럼 모였다. 백제왕이 이 소문을 듣고 불러들여 보고는 당으로 올라와 칼춤을 추라고 명령했다. 황창랑은 그리하여 칼춤을 추다가 백제왕을 찔러 죽였다. 이에 백제 사람들이 황창랑을 죽였다. 신라 사람들이 그를 가엾게 여겨 그의 형상을 본떠서 가면을 만들어 쓰고 칼춤을 추었다"라고 한다. 지금까지 그 칼춤이 전해 내려온다. 『東京雜記』卷1, 「風俗條」.

12) 처용이 밖에서 집에 돌아와 잠자리에 두 사람이 있는 것을 보고, 이에 노래를 부르고 춤을 추며 물러났다. 노래는 이렇다. 동경 밝은 달에/ 밤들어 노니다가 / 집에 들어와 자리를 보니/ 다리가 넷이어라/ 둘은 내 것이고/ 둘은 뉘 것인고 / 본디는 내 것이다마는/ 앗긴 것을 어찌할꼬. 『三國遺事』卷2, 「紀異」2, 處容郎 望海寺.

13) 여러 국읍(國邑)에는 각각 한 사람이 천신(天神)의 제사를 주재하는데 [그 사

람은 '천군(天君)'이라 부른다. 또 소도(蘇塗)를 만들어 거기다가 큰 나무를 세우고서 방울과 북을 매달아놓고 귀신을 섬긴다. 『後漢書』卷85, 「列傳」75, 韓: 馬韓.

14) 조현종·신상효·장제근, 1997, 『광주 신창동저습지 유적』 I , 국립광주박물관.

15) 전호태, 2018, 『한류의 시작, 고구려』, 세창미디어.

16) 전호태, 2016, 『고구려 생활문화사 연구』, 서울대학교출판문화원.

17) 이에 도림은 거짓으로 죄를 짓고 도망가 백제로 들어갔다. 당시 백제왕 근개루(近蓋婁)는 장기와 바둑을 좋아하였다. 도림이 대궐 문에 이르러 아뢰기를, "신이 어려서부터 바둑을 배워 자못 신묘한 경지에 들었으니 바라건대 대왕의 곁에서 알려 드리고자 합니다"라고 하였다. 왕이 불러들여 바둑을 두어보니 과연 국수(國手)였다. 마침내 그를 높여 상객(上客)으로 삼고 매우 친하게 지내면서 서로 늦게 만난 것을 아쉬워하였다. 『三國史記』卷25, 「百濟本紀」3, 蓋鹵王 21年.

18) 유신은 아해(阿海)에게 명하여 옷고름을 달아드리게 했다. 아해는 "어찌 사소한 일로 가벼이 귀공자를 가까이하겠어요?"했다. 고본(古本)에 이르기를 병을 핑계로 나아가지 않았다 한다. 이에 아지(阿之)에게 명하였다. 춘추공이 유신의 뜻을 알고 마침내 아지와 사랑을 나누었다. (중략) 왕이 말하기를 "이는 너의 소행이니 얼른 가서 그 여자를 구하도록 하여라"하였다. 춘추공이 왕명을 받고 말을 달려 왕명을 전하여 이를 막았다. 그 뒤, 그 자리에서 혼례를 올렸다. 『三國遺事』卷1, 「紀異」1, 太宗 春秋公.

19) 『樂書』卷158, 「樂圖論: 胡部」歌: 四夷歌, 東夷 高麗; 同書 卷185, 偶人戲.

20) 『通典』卷146, 窟礧子.

21) 갑자기 병이 나서 한 달을 지냈는데 한 비구니가 와서 그를 문안하고 『화엄경』의 착한 친구가 병을 고친 이야기를 말하였다. "지금 법사의 병은 근심이 이른 바이니 즐겁게 웃으면 나을 것입니다"하고 곧 열한 가지 모습을 만들고 각각

광대와 같은 춤을 추니 뾰족하기도 하고 깎은 듯도 하여 변하는 모습이 이루 말할 수 없을 정도였다. 모두 너무 우스워 턱이 빠질 것 같았다. 법사의 병이 자기도 모르게 나았다. 『三國遺事』卷5,「感通」第7, 憬興遇聖.

22) 해마다 연초에는 패수(浿水)가에 모여 놀이를 하는데, 왕은 요여(腰輿)를 타고 나가 우의(羽儀)를 나열해놓고 구경한다. 놀이가 끝나면 왕이 의복을 물에 던진다. [백성은] 좌우로 편을 나누어 물과 돌을 서로 [그 옷에다] 뿌리거나 던지고, 소리치며 쫓고 쫓기기를 두세 번 되풀이하고 그친다. 『隋書』卷81,「列傳」第48, 東夷 高麗.

23) 山口昌男, 1987,「相撲における儀禮と宇宙觀」『國立歷史民俗博物館硏究報告』15.

24) 『三國史記』卷44,「列傳」4, 居道.

25) 『三國史記』卷44,「列傳」4, 異斯夫.

26) 고구려에서는 매년 봄 3월 3일마다 낙랑 언덕에 모여 사냥하였는데, 잡은 돼지와 사슴으로 하늘과 산천에 제사지냈다. 『三國史記』卷45,「列傳」5, 溫達.

27) 다른 날에 왕이 길을 떠나 반쯤 갔을 때 멀리서 소리가 나기를 "가지 마시오!" 하는 것 같았다. 왕이 돌아보며, "소리가 어디에서 나는가?"라고 물었다. 시종하던 사람이 아뢰기를, "저것은 이찬 후직의 무덤입니다"라고 하였다. 마침내 후직이 죽을 때 한 말을 말하였다. 대왕이 눈물을 줄줄 흘리며, "그대의 충성스러운 간함은 죽어서도 잊지 않았으니, 그대가 나를 사랑함이 깊구나. 만일 끝내 고치지 않는다면 살아서나 죽어서나 무슨 낯이 있겠는가?"하였다. 마침내 다시는 사냥을 하지 않았다. 『三國史記』卷45,「列傳」第5, 金后稷.

28) 『三國史記』卷25,「百濟本紀」第3, 辰斯王 8年11月.

29) 『三國史記』卷25, 『三國史記』第3, 阿莘王 元年.

30) 『養鷹紀』; 『古今要覽』.

31) 『三國史記』卷3,「新羅本紀」第3, 訥祇麻立干 18年 2月.

32) 『黃龍寺刹柱本記』.

33) 『三國遺事』卷4, 「義解」第5, 二惠同塵.

34) 『三國史記』卷27, 「百濟本紀」第5, 法王 元年 12月.

35) 『三國遺事』卷3, 「塔像」第4, 靈鷲寺條.

36) 『三國史記』卷8, 「新羅本紀」第8, 聖德王 22年 4月.

37) 『三國史記』卷11, 「新羅本紀」第11, 景文王 9年 7月.

제 8 장

1) 전호태, 2016, 『고구려 벽화고분』, 돌베개.

2) 전호태, 2015, 「고구려 덕흥리벽화분 연구」 『역사와 경계』 95.

3) 전호태, 2000, 『고구려 고분벽화 연구』, 사계절.

4) 『三國志』卷30, 「魏書」30, 烏丸鮮卑東夷傳 30, 烏丸.

5) 전호태, 2018, 「고구려 고분벽화의 鎭墓者」 『역사와 세계』 54.

6) 전호태, 2020, 『중국인의 오브제』, 성균관대학교출판부.

7) 전호태, 2007, 『중국 화상석과 고분벽화 연구』, 솔.

8) 왕이 왕위에 싫증을 내니, 황룡을 보내 내려와서 왕을 맞이하였다. 왕은 홀본(忽本) 동쪽 언덕에서 용의 머리를 딛고 서서 하늘로 올라갔다. 『廣開土王陵碑』.

9) 경북대학교 고고인류학과·경북대학교박물관·대가야박물관, 2009, 『고령 지산동44호분—대가야왕릉』.

10) 가을 9월에 왕이 돌아가셨다. 시원(柴原)에 장사지냈다. 이름을 동천왕이라 하였다. 나라 사람들이 왕의 은덕을 생각하여 슬퍼하지 않는 자가 없었다. 가까운 신하로서 스스로 목숨을 끊고 따라 죽으려고 하는 자가 많았으나, 새 왕이 예(禮)가 아니라 하여 이를 금하였다. 장례일에 이르러 무덤에 와서 스스로 죽는 자가 매우 많았다. 나라 사람들이 잡목[柴]을 베어 그 시체를 덮었으므로, 마침내 그 땅의 이름을 시원(柴原)이라 하였다. 『三國史記』卷17, 「高句麗本紀」

5, 東川王 22年.

11) 사람을 죽여 순장(殉葬)을 하는데, 많을 때는 백 명가량이나 된다. 『後漢書』卷 85, 「列傳」75, 夫餘.

12) 봄 2월에 영을 내려 순장(殉葬)을 금하게 하였다. 이전에는 국왕이 죽으면 남녀 다섯 명씩 순장하였는데, 이때 이르러 금하게 한 것이다. 『三國史記』卷4, 「新羅本紀」4, 智證麻立干 3年.

13) 중국 한대의 관리 임용법인 향거리선제(鄕擧里選製)의 인물 평가 항목은 효렴·현량·방정·직언·문학·계리·수재 등이었다. 이 중 효렴(孝廉)이 상장례를 화려하게 하는 빌미가 되었다.

제 9 장

1) 여름 6월에 진(秦)왕 부견(符堅) 사신과 승려 순도(順道)를 보내 불상과 경문(經文)을 주었다. 왕이 사신을 보내 사례하고 토산물을 바쳤다. 『三國史記』卷 18, 「高句麗本紀」6, 小獸林王 2年.

2) 봄 2월에 처음에 초문사(肖門寺)를 창건하고 순도를 두었다. 또 이불란사(伊弗蘭寺)를 창건하고 아도(阿道)를 두었다. 이것이 해동 불교의 시작이었다. 『三國史記』卷18, 「高句麗本紀」6, 小獸林王 5年.

3) 9월에 외국 승려[胡僧] 마라난타(摩羅難陁)가 진(晉)나라에서 오니 왕이 맞아 궁궐 안으로 모시고 예우하며 공경하였다. 불교[佛法]가 이로부터 시작되었다. 『三國史記』卷24, 「百濟本紀」2, 枕流王 元年.

4) 처음 눌지왕 때에 승려 묵호자(墨胡子)가 고구려에서 일선군(一善郡)으로 왔는데, 일선군 사람인 모례(毛禮)가 집 안에 굴을 파서 방을 만들고 편히 머물게 하였다. 『三國史記』卷4, 「新羅本紀」4, 法興王 15年.

5) 마침내 관리가 목을 베려고 하니, 이차돈이 죽음에 임하여 말하기를, "나는 불법(佛法)을 위하여 형장에 나아가니, 부처님께서 만약 신통력이 있으시다면

내가 죽은 뒤에 반드시 이상한 일이 일어날 것이다"라고 하였다. 목을 베자 피
가 잘린 곳에서 솟구쳤는데 색깔이 우윳빛처럼 희었다. 여러 사람이 괴이하게
여겨 다시는 불교에서 행하는 일[佛事]에 대해 헐뜯지 않았다. 『三國史記』卷4,
「新羅本紀」4, 法興王 15年.

6) 『資治通鑑』卷45, 「漢紀」卷37, 明帝 永平 8年.

7) 4세기 말 북위의 승통이 되었던 법과(法果)는 황제즉여래설을 주장하여 5세기
후반 대동(大同) 운강(雲岡)에 담요오굴(曇曜五窟)이 개착될 때 북위 오대제
왕(五代帝王)의 얼굴이 불상의 얼굴로 조각되는 이론적 기초를 놓았다(鈴木哲
造, 1962, 「皇帝卽菩薩と皇帝卽如來說について」『佛敎史學』10卷 1號; 吉村
怜, 1969, 「曇曜五窟論」『佛敎藝術』73).

8) 3월에 교서를 내려 불교를 숭상하여 복을 구하게 하였다. 『三國史記』卷18,
「高句麗本紀」6, 故國壤王 8年.

9) 9개의 절을 평양에 창건하였다. 『三國史記』卷18, 「高句麗本紀」6, 廣開土王 2年.

10) 전호태, 2016, 『고구려 벽화고분』, 돌베개.

11) 『阿毗達磨俱舍論』(『大正新修大藏經』卷29, 44項上).

12) 전호태, 1990, 「高句麗 古墳壁畫에 나타난 하늘연꽃」『미술자료』46, 국립중
앙박물관.

13) 전호태, 2020, 「영주 신라 벽화고분 연구」『先史와 古代』64.

14) 사인이 발원하고 옥리(獄吏)가 목을 베니 흰 젖이 한 길이나 솟아올랐다. 하늘
은 사방이 침침해지고 사양(斜陽)이 빛을 감추고, 땅이 진동하면서 꽃비가 내
렸다. 『三國遺事』卷3, 「興法」3, 原宗興法 厭髑滅身.

15) 법흥왕이 이미 폐지된 [불교를] 일으켜 절을 세우고, 절이 낙성됨에 면류관을
벗고 가사를 입었으며, 궁중의 친척들을 내놓아 절의 종으로 삼았다. 그 절의
주지가 되어 몸소 불교를 널리 폈다. 『三國遺事』卷3, 「興法」3, 原宗興法 厭髑
滅身.

1) 남궁승원, 2017,「〈天象列次分野之圖〉에 나타난 역사계승의식」『韓國史論』63.

2) 구만옥, 2007,「'天象列次分野之圖' 연구의 爭點에 대한 檢討와 提言」『東方學志』140.

3) 김일권, 2008,『우리 역사의 하늘과 별자리』, 고즈윈.

4) 각 방위별로 일곱 개의 별자리를 하나의 신수로 형상화했음은 언어 사전인『이아(爾雅)』의 다음 구절에 잘 묘사되어 있다. "四方皆有七宿 各成一形 東方成龍形 西方成虎形 皆南首而北尾 南方成鳥形 北方成龜形 皆西首而東尾."『爾雅』「釋天」.

5) 천문학, 지리학에 능했던 후한의 학자 장형(張衡)이 지은『영헌(靈憲)』에는 하늘세계의 사신(四神)을 논한 다음과 같은 구절이 나온다. "紫宮爲皇極之居 太微爲五帝之延 明堂之房 大角有席 天市有坐 蒼龍連권於左 白虎猛據於右 朱雀奮翼於前 靈龜垂首於後." 張衡,『靈憲』.

6) 김일권, 2008,『고구려 별자리와 신화』, 사계절.

7) 전호태, 2007,『중국 화상석과 고분벽화 연구』, 솔.

8) 濮陽市文物管理委員會·濮陽市博物館·濮陽市文物工作隊, 1988,「河南濮陽西水坡遺址發掘簡報」『文物』1988年 3期.

9) 또 호랑이를 신으로 여겨 제사지낸다.『三國志』卷30,「魏書」30, 烏丸鮮卑東夷傳30, 濊.

10) 咸陽市文管會·咸陽市博物館, 1982,「咸陽市空心塼漢墓淸理簡報」『考古』1982年 3期.

11) 陝西省考古硏究所·西安交通大學, 1990,「西安交通大學西漢壁畵墓發掘簡報」『考古與文物』1990年 4期.

12)『산해경』에는 봉황이 닭과 비슷한 형태의 새로 묘사되었다("有鳥焉狀鷄 五彩而文 名曰鳳凰."『山海經』「南山經」). 이와 달리『설문해자』에서는 여러 짐승

과 새의 특징을 지닌 존재로 설명한다("鳳神鳥五色備 麟前鹿後 蛇頸魚尾 龍
文龜背 燕頷鷄喙."『說文解字』卷4, 鳳).

13) 사람도 사당이라는 열매를 먹으면 물에 빠지지 않는다("西南四百里曰崑崙之
丘…有木焉 其狀如棠黃華赤實 其味如李無核 名曰沙棠 可以禦水 食之不使人
溺."『山海經』「西山經」).

14) 전호태, 2000, 『고구려 고분벽화 연구』, 사계절.

15) 전호태, 2000, 「高句麗 後期 四神系 古墳壁畫에 보이는 仙·佛 混合의 來世觀」
『울산사학』 7.

16) 전호태, 2000, 「고구려 고분벽화―강서대묘(江西大墓)의 현무도(玄武圖)를 중
심으로」『한국사시민강좌』 23.

제 1 1 장

1) 나라를 다스린 지 61년 만에 왕이 하늘로 올라갔는데 이레 뒤에 유해가 땅에
흩어져 떨어졌다. 왕후도 역시 죽었다. 국인들이 합장하려고 했더니 큰 뱀이
나와서 내쫓아 못하게 하므로 오체(五體)를 오릉(五陵)에 각각 장사지내고 이
름을 사릉(蛇陵)이라고도 하니 담엄사 북쪽 왕릉이 바로 이것이다.『三國遺
事』卷1,「紀異」1; 新羅 始祖 赫居世王.

2) "여기에 사람이 있느냐?" 아홉 간이 답하기를 "저희가 있습니다"하였다. 또
말하기를 "내가 있는 곳이 어디냐"하자, 대답하기를 "구지입니다"하였다. 또
말하기를 "황천(皇天)이 나에게 명하기를 이곳에 가서 나라를 새로 세우고 임
금이 되라고 하여 이런 까닭에 여기에 내려왔으니, 너희들은 모름지기 산봉우
리 꼭대기의 흙을 파면서 '거북아, 거북아, 머리를 내밀어라. 만일 내밀지 않으
면 구워 먹으리'라고 노래 부르고, 뛰면서 춤을 추어라. 그러면 곧 대왕을 맞이
하여 기뻐 뛰게 될 것이다." 구간들이 이 말을 따라 모두 기뻐하면서 노래하고
춤을 추었다. 얼마 지나지 않아 우러러 쳐다보니 다만 자줏빛 줄이 하늘에서

드리워져서 땅에 닿았다. 그 줄이 내려온 곳을 따라가 붉은 보자기에 싸인 금합(金合)을 발견하고 열어보니 해처럼 둥근 황금알 여섯 개가 있었다. 『三國遺事』 卷2, 「紀異」 2, 駕洛國記.

3) 정재서, 2004, 『산해경』, 민음사.

4) 정재서, 1995, 『불사의 신화와 사상』, 민음사.

5) 전호태, 2007, 『중국 화상석과 고분벽화 연구』, 솔.

6) 『山海經』 「西山經」에 묘사된 서왕모는 사람의 형상이면서도 '표범 꼬리에 호랑이 이빨'을 지녔으며 '휘파람 소리를 잘 내는' 존재이다("又西三百五十里 曰玉山 是西王母所居也 西王母其狀如人 豹尾 虎齒 而善嘯 蓬髮戴勝 是司天之厲及五殘." 『山海經』 「西山經」).

7) "崑崙… 山高平地三萬六千里 上有三角 方廣萬里 形似偃盆 下狹上廣 故名曰崑崙山," 『十洲記』; 小南一郎, 1989, 「壺型の宇宙」 『東方學報』 61.

8) "崑崙 弱水 非乘龍不至 有三足神鳥 爲王母取食也," 『史記』 卷123, 「列傳」 大宛列傳 索隱引 『括地圖』.

9) 전호태, 2000, 『고구려 고분벽화 연구』, 사계절.

10) 우노 하르바 지음, 박재양 옮김, 2014, 『샤머니즘의 세계』, 보고사.

11) "本大伽倻國詳見金海府山川下 自始祖伊珍阿豉王一云內珍朱智 至道設智王凡十六世五百二十年按崔致遠釋利貞傳云伽倻山神正見母主乃爲天神夷毗訶之所感生大伽倻王惱窒朱日 金官國王惱窒靑裔二人則惱窒朱日爲伊珍阿豉王之別稱靑裔爲首露王之別稱然與駕洛國古記六夘之說俱荒誕不可信又釋順應傳大伽倻國月光太子乃正見之十世孫父曰異腦王求婚於新羅迎夷粲比枝輩之女而生太乃惱窒朱日之八世孫也子則異腦王然亦不可考 『輿地圖書』 下, 慶尙道 高靈 建置沿革."

12) 그 후 1,500년 동안 나라를 다스렸다. 주(周)의 호왕(虎王)이 즉위한 기묘에 기자(箕子)를 조선에 봉하니 단군은 곧 장당경(藏唐京)으로 옮겼다가 뒤에 아사

달에 돌아와 숨어 산신(山神)이 되었으니 나이가 1,908세다"라고 하였다. 『三國遺事』 卷1,「紀異」 1, 古朝鮮 王儉朝鮮.

13) 鄭璟喜, 1991,「삼국시대 도교의 연구」 『國史館論叢』 21; 정재서, 2003,「高句麗 古墳壁畵에 表現된 道敎 圖像의 意味」 『高句麗研究』 16.

14) 『三國史記』 卷44,「列傳」 4, 居柒夫.

15) 이 해 고려가 크게 어지러워 죽임을 당한 자가 많았다. 『백제본기(百濟本記)』 에는 "12월 갑오에 고려국 세군(細群)과 추군(麤群)이 궁문(宮門)에서 싸웠는데 북을 치면서 전투를 벌였다. 세군이 패하고 군사를 해산하지 않은지 사흘이 되자 세군의 자손을 모두 사로잡아 죽였다. 무술에 박국(狛國)의 향강상왕(香岡上王)이 죽었다"라고 하였다. 『日本書紀』 卷19,「天國排開廣庭天皇 欽明天皇」 6年.

16) 겨울 12월 병신(丙申) 초하루 경자(庚子) [천황을] 남야릉(藍野陵)에 장사지냈다. 어떤 책에는 천황이 28년 갑인(甲寅)년에 죽었다고 하였다. 그러나 여기에서 25년 신해(辛亥)년에 죽었다고 한 것은 『백제본기』를 취하여 쓴 것이다. 거기에 "신해년 3월에 군대가 나아가서 안라(安羅)에 이르러 걸탁성(乞乇城)을 쌓았다. 이달에 고려는 그 왕 안(安)을 죽였다." 『日本書紀』 卷17,「男大迹天皇 繼體天皇」 25年 겨울 12月.

제 1 2 장

1) 전호태, 2020, 『중국인의 오브제』, 성균관대학교출판부.

2) 김종일·성정용·성춘택·이한상, 2019, 『한국 금속문명사—주먹도끼에서 금관까지』, 들녘.

3) 전호태, 2016, 『고구려 생활문화사 연구』, 서울대학교출판문화원.

4) 전호태, 2004, 『고구려 고분벽화의 세계』, 서울대학교출판부.

5) 전호태, 2014, 『비밀의 문 환문총』, 김영사.

6) 전호태, 2008, 『고구려 고분벽화 읽기』, 서울대학교출판부.

7) 전호태, 2013, 「2010년대 한국인의 일상과 문화유전자」 『울산사학』 17.

8) 전호태, 2000, 『고구려 고분벽화 연구』, 사계절.

9) 봄 3월에 왕이 밤에 금성(金城)의 서쪽 시림(始林)의 나무 사이에서 닭이 우는 소리를 들었다. 날이 밝자 호공(瓠公)을 보내 살피게 하니 금빛의 작은 궤짝이 나뭇가지에 걸려 있고, 흰 닭이 그 아래에서 울고 있었다. (중략) 이에 이름을 알지(閼智)라고 하고, 금궤에서 나왔기에 성을 김씨라고 하였다. 시림의 이름을 계림(雞林)이라고 바꾸었는데, 이로 인해 계림이 국호가 되었다. 『三國史記』 卷1, 「新羅本紀」 1, 脫解尼師今 9年.

10) 국립중앙박물관, 2010, 『황금의 나라, 신라의 왕릉 황남대총』.

11) 전호태, 2019, 『황금의 시대 신라』, 풀빛.

물관)

그림5. 단지(신석기시대, 부산 가덕도, 국립중앙박물관)

그림6. 절대문채도통상배(折帶紋彩陶筒狀杯, 마광문화, 기원전 2350~기원전 2050, 수집, 중국 감숙성박물관)

그림7. 채회도관(彩繪陶罐, 기원전 18~기원전 17세기, 내몽골 츠펑 대전자묘지(大甸子墓地)M1117 출토, 중국 오한기박물관)

그림8. 현문심복관(弦紋深腹罐, 앙소문화 조기, 기원전 5000~기원전 4000, 감숙 진안대지만(秦安大地灣) 출토, 중국 감숙성 박물관)

그림9. 삼각문채도발(三角紋彩陶鉢, 앙소문화 조기, 기원전 5000~기원전 4000, 감숙 진안대지만 출토, 중국 감숙성 박물관)

그림10. 저면문세경채도호(猪面紋細頸彩陶壺, 앙소문화 조기, 기원전 5000~기원전 4000, 감숙 진안왕가음와(秦安王家陰洼) 출토, 중국 감숙성 박물관)

그림11. 채도호(彩陶壺, 마가요문화, 기원전 3300~기원전 2050: 반산(半山)유형, 기원전 2650~기원전 2350, 북중국 수집, 미국 메트로폴리탄미술관)

그림12. 장식문 바리(신석기시대, 피스미스 토프락 출토, 터키 아나톨리아문명박물관)

그림13. 장식문 바리(신석기시대, 피스미스 토프락 출토, 터키 아나톨리아문명박물관)

그림14. 장식문 바리(신석기시대, 피스미스 토프락 출토, 터키 아나톨리아문명박물관)

그림15. 장식문 두 귀 항아리(신석기시대, 피스미스 토프락 출토, 터키 아나톨리아문명박물관)

그림16. 장식문 두 귀 단지(신석기시대, 피스미스 토프락 출토, 터키 아나톨리아문명박물관)

그림17. 장식문 병(신석기시대, 피스미스 토프락 출토, 터키 아나톨리아문명박물관)

그림18. 장식문 바리(신석기시대, 피스미스 토프락 출토, 터키 아나톨리아문명박물관)

그림19. 장식문 바리(기원전 5500~4500, 서북 이란 체쉬메흐 알리 출토, 영국 대영박물관)

그림20. 장식문 바리(기원전 4500~4000, 남부 이란 톨-이 바쿤 출토, 영국 대영박물관)

그림21. 가지무늬 토기(청동기시대, 사천 출토, 국립중앙박물관)

그림22. 미송리식 토기(청동기시대, 의주 미송리, 복제품, 국립중앙박물관)

그림23. 팽이 모양 토기(청동기시대, 평양 호남리 남경유적 출토, 국립중앙박물관)

그림24. 붉은 간토기(청동기시대, 함안 도항리 출토, 국립중앙박물관)

그림25. 검은 간토기(청동기시대, 강계 풍룡동 출토, 국립중앙박물관)

그림26-27. 항아리와 그릇 받침(가야, 5~6세기, 부산, 경남, 경북 일원 출토, 국립
김해박물관)

그림28. 짚신 모양 토기(가야, 5~6세기, 부산 동래 복천동 출토, 국립중앙박물관)

그림29. 수레 모양 토기(가야, 5~6세기, 전 경상도 출토, 국립중앙박물관)

그림30. 말 탄 사람 토기(국보 91호, 신라, 6세기, 경주 금령총 출토, 국립중앙박물관)

그림31. 토우 장식 항아리 부분(국보 195호, 경주 미추왕릉 지구 출토, 국립경주박물관)

그림32. 토우(신라, 5세기, 경주 월성로 출토, 국립경주박물관)

그림33. 사람 얼굴이 표현된 토기 조각(신석기시대, 울진 죽변유적 출토, 국립중
앙박물관)

그림34. 장식무늬 항아리(신라, 6세기, 경주 덕천리무덤 출토, 국립중앙박물관)

그림35. 단지에 새겨진 말 탄 사람(가야, 3세기, 김해 양동리195호무덤 출토, 동의
대학교박물관)

그림36. 장식무늬 토기 뚜껑(가야, 5~6세기, 함안 우거리 출토, 국립김해박물관)

그림37. 또아리병(고구려, 서울 구의동보루 출토, 서울대학교박물관)

그림38. 오절판(고구려, 구리 아차산4보루 출토, 서울대학교박물관)

그림39. 병그림(고구려, 서울 구의동보루 출토, 서울대학교박물관)

그림40. 귀잔(고구려, 서울 용마산2보루 출토, 서울대학교박물관)

그림41. 사발(고구려, 서울 구의동보루 출토, 서울대학교박물관)

그림42. 네귀 달린 항아리(고구려, 구리 아차산4보루 출토, 서울대학교박물관)

그림43. 동이(고구려, 구리 아차산 시루봉보루 출토, 서울대학교박물관)

그림44. 원통형 세발토기(고구려, 평양 출토, 국립중앙박물관)

그림45. 나팔입 항아리(고구려, 서울 몽촌토성 출토, 서울대학교박물관)

그림46. 긴목 항아리(고구려, 서울 구의동보루 출토, 서울대학교박물관)

그림47. 패총 단면(신석기시대, 부산 동래 동삼동, 국립김해박물관)

그림48. 멧돼지 그림이 있는 토기 조각(신석기시대, 창녕 비봉리 출토, 국립김해
박물관)

그림49. 고래 귀뼈(신석기시대, 부산 동래 동삼동 출토, 부산박물관)

그림50. 사슴 그림이 있는 토기 조각(신석기시대, 부산 동삼동 출토, 복제품, 국립
중앙박물관)

그림51. 갈판과 갈돌(신석기시대, 부산 가덕도 출토, 국립중앙박물관)

그림52. 홈돌과 공이(신석기시대, 부산 동래 동삼동 출토, 국립중앙박물관)

그림53. 쇠뿔 손잡이 시루를 사용한 음식 조리

(시루: 가야, 3~4세기, 부산 동래 낙민동 출토, 국립중앙박물관)

그림54. 쇠뿔 손잡이 시루와 토제 항아리 솥을 사용한 음식 조리(한성백제박물관)

그림55. 토제 시루(삼국시대, 5~6세기, 구입, 국립중앙박물관)

그림56. 부뚜막에서 음식을 조리하는 모습(안악3호분 벽화, 북한 안악)

그림57. 토제 시루와 쇠솥(고구려, 5~6세기, 서울 구의동 보루 출토, 국립중앙박물관)

그림58. 쇠부뚜막(고구려, 5~6세기, 운산 용호동무덤 출토, 국립중앙박물관)

그림59. 팥, 밀, 오이씨(가야, 4~5세기, 부산 기장 용수리 출토, 국립중앙박물관)

그림60. 박씨, 복숭아씨, 호두껍질(가야, 4~5세기, 부산 기장 용수리 출토, 국립중
앙박물관)

그림61. 생선 뼈가 담긴 굽다리 접시(가야, 5세기, 고령 지산동 출토, 국립중앙박물관)

그림62. 닭뼈가 담긴 굽다리 접시(신라, 5세기, 경주 황남대총 출토, 국립경주박물관)

그림63. 생선 뼈가 담긴 굽다리 접시(가야, 5세기, 고령 지산동 출토, 국립중앙박물관)

그림64. 고둥이 담긴 굽다리 접시(가야, 5~6세기, 고령 지산동 출토, 국립중앙박물관)

악), 15. 투구를 쓴 무사(삼실총, 중국 집안), 16. 투구를 쓴 기사(통구12호분, 중국 집안)

그림11. 고구려 고분벽화에 보이는 각양 머리의 여자: 1. 귀족부인(각저총, 중국 집안), 2. 귀족부인(삼실총, 중국 집안), 3. 귀족부인(천왕지신총, 북한 순천), 4. 귀족부인(357년, 안악3호분, 북한 안악), 5~8. 시녀(357년, 안악3호분, 북한 안악), 9. 귀족부인(수산리벽화분, 북한 남포), 10. 귀족부인(삼실총, 중국 집안), 11. 시녀(무용총 벽화 모사화, 중국 집안), 12. 시녀(감신총 벽화 모사화, 북한 남포), 13. 연주자(장천1호분, 중국 집안), 14. 시녀(삼실총, 중국 집안), 15. 시녀(각저총, 중국 집안), 16. 시녀(수산리벽화분, 북한 남포)

그림12. 금제 허리띠(신라, 6세기, 경주 천마총 출토, 국립경주박물관)

그림13. 흰 허리띠를 맨 귀족 남자(고구려, 무용총, 중국 집안)

그림14. 검은 허리띠를 맨 노인(고구려 각저총, 중국 집안)

그림15. 흰 허리띠를 맨 시종(고구려, 팔청리벽화분 벽화 모사도, 북한 순천)

그림16. 검은 허리띠를 맨 무용수(고구려, 무용총, 중국 집안)

그림17. 고구려 유적, 유물에 보이는 신발: 1. 귀족 남자(무용총, 중국 집안), 2. 사냥꾼(무용총, 중국 집안), 3. 고구려 사신(중국 섬서성박물관), 4. 무용수(무용총, 중국 집안), 5. 귀족 남자(쌍영총, 북한 남포), 6. 의장기수(안악3호분, 북한 안악), 7. 승려(무용총, 중국 집안), 8. 금동 못신(국립중앙박물관)

그림18. 고구려 고분벽화 인물도에 보이는 화장의 사례: 1~2. 귀족 여인(수산리벽화분, 북한 남포), 3. 시녀(수산리벽화분, 북한 남포), 4. 귀족 여인(동암리벽화분, 북한 순천), 5. 시녀(동암리벽화분, 북한 순천), 6. 귀족 여인(쌍영총, 북한 남포), 7. 무용수와 연주자(장천1호분, 중국 집안), 8. 시녀(쌍영총벽화 모사화, 북한 남포)

그림19. 돌과 뼈, 조가비로 만든 장신구(신석기시대, 인천 운서동 및 완도 여서도 출토, 국립중앙박물관)

그림20. 조가비 팔찌(신석기시대, 부산 동삼동, 국립중앙박물관)

그림21. 상어 이빨 및 뼈로 만든 장신구(신석기시대, 부산 가덕도 출토, 국립중앙
박물관)

그림22. 옥제 장신구(신석기시대, 부산 가덕도, 통영 연대도, 춘천 교동 출토, 국립
중앙박물관)

그림23. 목걸이(초기철기시대, 창원 삼동동 및 천안 청당동 출토, 국립중앙박물관)

그림24. 옥제 장신구(청동기시대, 진주 대평리, 여수 평여동, 칠곡 복성리 출토, 국
립중앙박물관)

그림25. 각종 머리꽂이로 장식된 귀족 여인의 고리 튼 머리(안악3호분, 북한 안악)

그림26. 감보석금계지(嵌寶石金戒指, 서진, 요녕조양 북표방신촌 출토, 중국 요녕
성박물관)

그림27. 금제 귀걸이(백제, 6세기, 공주 무령왕릉 출토, 국립중앙박물관)

그림28. 금제 팔찌(백제, 6세기, 공주 무령왕릉 출토, 국립중앙박물관)

그림29. 목걸이(가야, 5~6세기, 합천 저포리 및 의령 천곡리 출토, 국립중앙박물관)

그림30. 금방울(신라, 6세기, 경주 금령총 출토, 국립중앙박물관)

그림31. 금반지(신라, 6세기, 경주 출토, 국립중앙박물관)

그림32. 금구슬과 금제 드리개(신라, 경주 출토, 국립경주박물관)

그림33. 금팔찌(신라, 5세기, 황남대총 북분 출토, 국립중앙박물관)

그림34. 금귀걸이(신라, 6세기, 경주 보문동무덤 출토, 국립중앙박물관)

그림35. 목걸이(신라, 6세기, 경주 금령총 출토, 국립중앙박물관)

그림36. 금목걸이(보물456호, 신라, 6세기, 경주 노서동1호분 출토, 국립중앙박물관)

제 7 장

그림1. 춤과 노래(고구려, 무용총, 중국 집안)

그림2. 오현금 연주에 맞춘 춤(고구려, 장천1호분, 중국 집안)

제 1 0 장

그림25. 해신과 달신(고구려, 오회분4호묘, 중국 집안)

그림26. 불의 신(고구려, 오회분4호묘, 중국 집안)

그림27. 수레바퀴의 신과 대장장이 신(고구려, 오회분4호묘, 중국 집안)

그림28. 해와 선인들(고구려, 오회분5호묘, 중국 집안)

그림29. 달과 선인들(고구려, 오회분5호묘, 중국 집안)

그림30. 사귀를 잡는 괴수(고구려, 통구사신총, 중국 집안)

그림31. 하늘을 받치는 우주괴수 (고구려, 오회분5호묘, 중국 집안)

그림32. 하늘을 받치는 우주괴수(고구려, 오회분4호묘, 중국 집안)

제 1 2 장

그림1. 빗살문토기(신석기시대, 김천 송죽리 출토, 국립중앙박물관)

그림2. 와문사계채도관(渦紋四系彩陶罐, 마가요문화, 기원전 3200년~기원전
      2000, 감숙 영정 삼평 수집, 중국 국가역사박물관)

그림3. 장식문 두 귀 항아리(신석기시대, 피스미스 토프락 출토, 터키 아나톨리아
      문명박물관)

그림4. 패형 청동기(청동기시대, 대전 괴정동 출토, 국립중앙박물관),

그림5. 수면문가(獸面紋斝; 상대 만기, 수집, 중국 상해박물관),

그림6. 청동 황소(청동기시대, 출토지 미상, 터키 아나톨리아문명박물관)

그림7. 괴수얼굴무늬 수막새(북위, 산서 대동 출토, 중국 명당유지진열관)

그림8. 괴수얼굴무늬 수막새(고구려, 5~6세기, 국립중앙박물관)

그림9. 괴수얼굴무늬 기와(신라, 8-9세기, 경주 용강동 원지 출토, 국립경주박물관)

그림10. 진묘수(백제, 6세기, 공주 무령왕릉 출토, 국립공주박물관)

그림11. 채회도진묘수(彩繪陶鎭墓獸, 북위, 산서 대동 출토, 중국 대동시박물관)

그림12. 청동검(춘추시대, 내몽골 츠펑 출토, 중국 내몽골박물원)

그림13. 비파형동검(요녕식 동검, 청동기시대, 여수 월내동 출토, 국립중앙박물관)

『廣開土王陵碑』, 『三國史記』, 『三國遺事』, 『東國李相國集』, 『東京雜記』, 『高麗史』, 『樂學軌範』, 『眉巖集』, 『輿地圖書』, 『매일경제신문』, 『연합뉴스』

*

『史記』, 『後漢書』, 『三國志』, 『晉書』, 『北史』, 『隋書』, 『新唐書』, 『資治通鑑』, 『通典』, 『山海經』, 『說文解字』, 『爾雅』, 『靈憲』, 『十洲記』, 『古今注』, 『樂書』, 『文獻通考』, 『養鷹紀』, 『古今要覽』, 『日本書紀』, 『阿毘達磨俱舍論』

*

경남고고학연구소, 2006, 『늑도패총IV-A지구 패총편』.

경북대학교 고고인류학과 · 경북대학교박물관 · 대가야박물관, 2009, 『고령 지산동44호분-대가야왕릉-』.

구만옥, 2007, 「'天象列次分野之圖' 연구의 爭點에 대한 檢討와 提言」 『東方學志』 140.

국립경주박물관, 1991, 『蔚珍 厚浦里遺蹟』.

국립문화재연구소, 2001, 『나주 신촌리9호분』.

국립민속박물관, 2004, 『한국세시풍속사전』 2.

국립중앙박물관, 1997, 『한국 고대의 토기』.

국립중앙박물관, 2004, 『동삼동패총』 I ∼Ⅲ.

국립중앙박물관, 2008, 『갈대밭 속의 나라 다호리―그 발굴과 기록』.

국립중앙박물관, 2010, 『황금의 나라, 신라의 왕릉 황남대총』.

국립중앙박물관, 2012, 『창원 다호리』.

국립진주박물관, 1993, 『烟臺島 I』.

권오영, 2008, 「古代의 裸耕」『고고학』 7-2.

김원룡, 1963, 「춘천 교동 혈거유적과 유물」『역사학보』 20.

김일권, 2008, 『고구려 별자리와 신화』, 사계절.

김일권, 2008, 『우리 역사의 하늘과 별자리』, 고즈윈.

金正基外, 1985, 『皇南大塚(北墳)發掘調査報告書』, 文化財管理局.

김종일·성정용·성춘택·이한상, 2019, 『한국 금속문명사―주먹도끼에서 금관까지』, 들녘.

남궁승원, 2017, 「〈天象列次分野之圖〉에 나타난 역사계승의식」『韓國史論』 63.

文化財研究所, 1994, 『皇南大塚(南墳)發掘調査報告書』.

박순발·이홍종, 2016, 「韓國 古代 製鹽 試論」『중서부지역 고고학 연구』, 진인진.

박원길, 2001, 『유라시아 초원제국의 샤머니즘』, 민속원.

사공정길, 2014, 「고구려의 취사용기와 취사방식」『고구려발해연구』 49.

삼한문화재연구원, 2012, 『울진 죽변도시계획도로(중로3-3호선) 개설공사구간 내 울진 죽변리 유적』.

서울대학교박물관·고고학과, 1975, 『석촌동 적석총 발굴조사보고』.

석촌동유적발굴조사단, 1983, 『석촌동3호분(적석총) 발굴조사보고서』.

송기호, 2019, 『한국 온돌의 역사』, 서울대학교출판문화원.

신숙정, 1997, 「신석기시대의 유물: 토기」『한국사』 2, 국사편찬위원회.

윤온식, 2016, 「瑞鳳塚 再發掘調査 槪要」『고고학지』 22, 국립중앙박물관.

이성구, 1991, 「中國古代의 市의 觀念과 機能」『동양사학연구』 36.

이청규, 1988, 「남한지방 무문토기의 전개와 공렬토기의 위치」 『한국상고사학보』 1.

이하우, 2007, 「알타이의 제단․제의 장소 바위그림」 『중앙아시아연구』 12.

임세권, 2002, 「미국 암각화에 나타나는 수족과장형 인물상」 『한국암각화연구』 3.

임학종, 2007, 「신석기시대의 무덤」 『한국신석기학보』 15.

임효재, 1973, 「토기의 시대적 변천 과정」 『한국사론』 12, 국사편찬위원회.

전호태, 1990, 「高句麗 古墳壁畫에 나타난 하늘연꽃」 『미술자료』 46, 국립중앙박물관.

전호태, 1999, 『고분벽화로 본 고구려 이야기』, 풀빛.

전호태, 2000, 「高句麗 後期 四神系 古墳壁畫에 보이는 仙·佛 混合的 來世觀」 『울산사학』 7.

전호태, 2000, 「고구려 고분벽화—강서대묘(江西大墓)의 현무도(玄武圖)를 중심으로」 『한국사시민강좌』 23.

전호태, 2000, 『고구려 고분벽화 연구』, 사계절.

전호태, 2004, 『고구려 고분벽화의 세계』, 서울대학교출판부.

전호태, 2008, 『고구려 고분벽화 읽기』, 서울대학교출판부.

전호태, 2007, 『중국 화상석과 고분벽화 연구』, 솔.

전호태, 2013, 「2010년대 한국인의 일상과 문화유전자」 『울산사학』 17.

전호태, 2014, 『비밀의 문 환문총』, 김영사.

전호태, 2015, 「고구려 덕흥리벽화분 연구」 『역사와 경계』 95.

전호태, 2016, 『고구려 벽화고분』, 돌베개.

전호태, 2016, 『고구려 생활문화사 연구』, 서울대학교출판문화원.

전호태, 2017, 「고령 장기리암각화 연구」 『한국고대사연구』 88.

전호태, 2018, 「고구려 고분벽화의 鑛墓者」 『역사와 세계』 54.

전호태, 2018, 「울산 천전리 암각화 동물문 연구」 『한국사연구』 182.

전호태, 2018, 「천전리 각석 명문 연구」 『한국고대사연구』 91.

전호태, 2018, 『한류의 시작, 고구려』, 세창미디어.

전호태, 2019, 『황금의 시대 신라』, 풀빛.

전호태, 2020, 「울산 천전리 각석 암각화 기하문 연구」 『역사와 세계』 58.

전호태, 2020, 『중국인의 오브제』, 성균관대학교출판부.

전호태, 2020, 「영주 신라 벽화고분 연구」 『先史와 古代』 64.

전호태, 2021, 『바위그림 이야기』, 푸른역사.

전호태, 이하우, 박초아, 2018, 『국보 285호 울산 반구대암각화』 울산대학교출판부.

鄭璟喜, 1991, 「삼국시대 도교의 연구」 『國史館論叢』 21.

정재서, 1995, 『불사의 신화와 사상』, 민음사.

정재서, 2003, 「高句麗 古墳壁畵에 表現된 道敎 圖像의 意味」 『高句麗研究』 16.

정재서, 2004, 『산해경』, 민음사.

정치영, 2016, 「사이토 다다시(齋藤忠)의 공주 교촌리 전실분 발굴조사와 가루배지온(輕部慈恩) 비판」 『백제연구』 64.

조현·신상효·장제근, 1997, 『광주 신창동저습지 유적』 I , 국립광주박물관.

조현종·신상효·선재명·신경숙, 2002, 『광주 신창동 저습지유적Ⅳ-목제유물을 중심으로』, 국립광주박물관.

한국고고학회, 2015, 『한국고고학 강의』, 사회평론아카데미.

한국토지공사 토지박물관, 1998, 『연천 호로고루 지표조사 보고서』.

한림대학교 아시아문화연구소, 1986, 『강원도의 선사문화』.

*

吉村怜, 1969, 「曇曜五窟論」 『佛敎藝術』 73.

나카자와 신이치 지음, 김옥희 옮김, 2005, 『곰에서 왕으로-국가 그리고 야만의 탄생』, 동아시아.

마리아 김부타스 지음, 고혜경 옮김, 2016, 『여신의 언어』, 한겨레출판.

미르치아 엘리아데, 1992, 『샤마니즘』, 까치.

濮陽市文物管理委員會·濮陽市博物館·濮陽市文物工作隊, 1988,「河南·陽西水坡 遺址發掘簡報」『文物』 1988年 3期.

브뤼노 모레유 지음, 김성의 옮김, 2015, 『최초의 장례』, 알마.

山口昌男, 1987,「相撲における儀禮と宇宙觀」『國立歷史民俗博物館研究報告』 15.

桑原久男, 1999,「銅鐸과 武器의 祭り」『古代史の論点 -神과 祭り』, 小学館.

陝西省考古研究所·西安交通大學, 1990,「西安交通大學西漢壁畵墓發掘簡報」 『考古與文物』 1990年 4期.

小南一郎, 1989,「壺型の宇宙」『東方學報』 61.

鈴木哲造, 1962,「皇帝卽菩薩と皇帝卽如來說について」『佛教史學』 10卷1號.

우노 하르바 지음, 박재양 옮김, 2014, 『샤머니즘의 세계』, 보고사.

엘리스 로버츠 지음, 김명주 옮김, 2019, 『세상을 바꾼 길들임의 역사』, 푸른숲.

제임스 C. 스콧 지음, 전경훈 옮김, 2019, 『농경의 배신』, 책과함께.

조지프 캠벨 지음, 구학서 옮김, 2016, 『여신들: 여신은 어떻게 우리에게 잊혔는가』, 청아출판사.

토머스 불핀치 지음, 박경미 옮김, 2011, 『그리스 로마 신화』, 혜원출판사.

咸陽市文管會·咸陽市博物館, 1982,「咸陽市空心塼漢墓淸理簡報」『考古』 1982年 3期.

가

총서 　知의회랑 을 기획하며
arcade of knowledge

대학은 지식 생산의 보고입니다. 세상에 바로 쓰이지 않더라도 언젠가는 반드시 인류에 필요할 지식을 생산하고 축적하며 발전시키는 일을 끊임없이 해나갑니다. 오랫동안 대학에서 생산한 지식은 책이란 매체에 담겨 세상의 지성을 이끌어왔습니다. 그 책들은 콘텐츠를 저장하고 유통시키며 활용하게 만드는 매체의 차원을 넘어, 인간의 비판적 사유 능력과 풍부한 감수성을 자극하는 촉매의 역할을 충실히 해왔습니다.

이와 같은 '책을 읽는다'는 것은 단순히 지식과 정보를 습득하는 데 멈추지 않고, 시대와 현실을 응시하고 성찰하면서 다시 그 너머를 사유하고 상상함을 의미합니다. 그러므로 '세상의 밑그림'을 그리는 책무를 지닌 대학에서 책을 펴내는 것은 결코 가벼이 여겨선 안 될 일입니다.

이제 우리는 다양한 방식으로 존재하는 지식과 정보, 그리고 사유와 전망을 담은 책을 엮어 현존하는 삶의 질서와 가치를 새롭게 디자인하고자 합니다. 과거를 풍요롭게 재구성하고 미래를 창의적으로 기획하는 작업이 다채롭게 펼쳐질 것입니다.

대학의 심장부에 해당하는 도서관이 예부터 우주의 축소판이라 여겨져 왔듯이, 그곳에 체계적으로 배치된 다양한 책들이야말로 이른바 학문의 우주를 구성하는 성좌와 다름없습니다. 우리는 그 빛이 의미 없이 사그라들지 않기를, 여전히 어둡고 빈 서가를 차곡차곡 채워가기를 기대합니다.

앎을 쉽게 소비하는 시대를 살고 있지만, 다양한 앎을 되새김함으로써 학문의 회랑에서 거듭나는 지식의 필요성에 우리는 공감합니다. 정보의 홍수와 유행 속에서도 퇴색하지 않을 참된 지식이야말로 인간이 가야 할 길에 불을 밝혀줄 수 있기 때문입니다. 앞으로 대학이란 무엇을 하는 곳이며, 왜 세상에 남아 있어야 하는 곳인지 끊임없이 되물으며, 새로운 지의 총화를 위한 백년 사업을 시작하겠습니다.

총서 '知의회랑' 기획위원
안대회 · 김성돈 · 변혁 · 윤비 · 오제연 · 원병묵

지은이 전호태

서울대학교 국사학과와 동 대학원을 졸업하고 고구려 고분벽화 연구로 박사학위를 받았다. 국립중앙박물관 학예연구사를 거쳐 울산대학교 역사문화학과 교수로 재직하고 있다. 미국 캘리포니아대학(버클리) 동아시아연구소 및 하버드대학 한국학연구소 방문교수, 울산광역시 문화재위원, 문화재청 문화재 전문위원, 한국암각화학회장, 울산대학교 박물관장 등을 역임했다. 암각화를 비롯한 한국 고대의 역사와 미술 그리고 문화를 활발히 연구해왔으며, 이를 바탕으로 동아시아 문화를 탐구하는 작업에 매진하고 있다.

그간 쉼 없는 저술 활동을 이어나가며 어린이부터 청소년과 일반 시민 그리고 대학생과 전문 연구자들에 이르기까지 다양한 독자들과 만나왔다. 『중국인의 오브제』, 『고대에서 도착한 생각들』, 『황금의 시대 신라』, 『고구려에서 만난 우리 역사』, 『비밀의 문 환문총』, 『고구려 고분벽화 연구여행』, 『글로벌 한국사 1-문명의 성장과 한국고대사』, 『화상석 속의 신화와 역사』 등의 교양서와 『고구려 벽화고분의 과거와 현재』, 『무용총 수렵도』, 『고구려 생활문화사 연구』, 『고구려 벽화고분』, 『울산 반구대암각화 연구』, 『고구려 고분벽화의 세계』, 『고구려 고분벽화 연구』 등의 연구서를 포함해 다수의 저서가 있다. 백상출판문화상 인문과학부문 저작상, 고구려발해학술상 등을 수상했다.

🏛 知의회랑
arcade of knowledge
021

고대 한국의 풍경
옛사람들의 삶의 무늬를 찾아서

1판 1쇄 인쇄 2021년 8월 30일
1판 1쇄 발행 2021년 9월 10일

지 은 이   전호태
펴 낸 이   신동렬
책임편집   현상철
편   집   신철호 · 구남희
마 케 팅   박정수 · 김지현

펴 낸 곳   성균관대학교 출판부
등   록   1975년 5월 21일 제1975-9호
주   소   03063 서울특별시 종로구 성균관로 25-2
전   화   02)760-1253~4 팩스 02)762-7452
홈페이지   http://press.skku.edu

ISBN 979-11-5550-485-7 03910